U0755315

老子的军事智慧

BUZHAN ER
SHANSHENG

Laozi de
Junshi zhihui

冯国超 著

当代中国出版社
Contemporary China Publishing House

图书在版编目（CIP）数据

不战而善胜：老子的军事智慧／冯国超著．

北京：当代中国出版社，2025．5． -- ISBN 978 - 7 - 5154 - 1420 - 1

Ⅰ．B223．15；E292．5

中国国家版本馆 CIP 数据核字第 2025D27H35 号

出 版 人	蔡继辉
责任编辑	徐 芳
责任校对	贾云华 康 莹
印刷监制	刘艳平
封面设计	宋 涛 鲁 娟
出版发行	当代中国出版社
地 址	北京市地安门西大街旌勇里 8 号
网 址	http://www.ddzg.net
邮政编码	100009
编 辑 部	(010) 66572154
市 场 部	(010) 66572281 66572157
印 刷	中国电影出版社印刷厂
开 本	710 毫米×1000 毫米 1/16
印 张	24 印张 1 插页 350 千字
版 次	2025 年 5 月第 1 版
印 次	2025 年 5 月第 1 次印刷
定 价	88.00 元

版权所有，翻版必究；如有印装质量问题，请拨打 (010) 66572159 联系出版部调换。

目 录

下编　将帅素质

关于本书所引《老子》原文的说明

附　录　《老子》

如《老子》第六十九章："用兵有言：'吾不敢为主，而为客；不敢进寸，而退尺。'是谓行无行，攘无臂，执无兵，扔无敌。祸莫大于轻敌，轻敌几丧吾宝。故抗兵相若，哀者胜矣。"全章都是论述军事的。

如《老子》第八十章中，"虽有甲兵，无所陈之"两句就是与军事直接相关的。

● 《老子》第三十一章：
　　夫佳兵者，不祥之器，物或恶之，故有道者不处。

● 《老子》第三十章：
　　善者果而已，不敢以取强。

前　言

在《老子》一书中，有着十分丰富的军事思想，如第三十章、第三十一章、第四十六章、第六十九章的文字都是专门论述军事的，第五十章、第五十七章、第六十七章、第六十八章、第七十三章、第七十六章、第八十章中则有部分文字涉及了军事。另外，还有一些章，虽非专门论述军事，但其中的一些文字，亦可用于指导军事实践，如第二章中的"功成而弗居"，第二十八章中的"知其雄，守其雌"，第三十六章中的"柔弱胜刚强"等，对于提升军事将领的素质，都有积极的作用。据笔者统计，在《老子》中，属于此类情况的有二十章左右。综上，则在《老子》八十一章中，共有三十一章，或直接论述军事，或其中的一些文字与军事相关。

通过对《老子》中与军事相关的三十一章文字的系统分析、归纳，笔者发现，它们大致可以分为三大类。第一类是论述战争之道的，它主要体现老子对待战争的态度，如第三十一章中说，精良的兵器是不吉利的东西，让人厌恶，所以有道的人不会使用它，这反映了老子反对发动战争的思想；第三十章中说，善于用兵的人，只求获得成功罢了，不敢依靠兵力来逞强，这反映了老子认为在迫不得已的情况下可以用兵，但要适可而止；等等。第二类是老子专门论述用兵之术的，如第五十七章"以正治国，以奇用兵，以无事取天下"中的"以奇用兵"；第三十六章"柔弱胜刚强。鱼不可脱于渊，国之利器不可以示人"中的"柔弱胜刚强"和"国之利器不可以示人"；第六十七章"不敢为天下先，故能成器长"中体现的"后发制人"思想；第三十六章"将欲夺之，必固与之"中体现的"欲取先予"思想；等等。第三类是对为将者的素质提出的具体要求，如第二章中的"生而不有，为而不恃，功成而弗居"；第二十六章"重为轻根，静为躁君"中体现的"清静持重"思想；第三十章中的"果而勿矜，果而勿伐，果而勿骄"；第六十七章"我有三宝，持而宝之。一曰慈，……慈，故能勇"中体现的慈爱思想；第六十八章中的"善为士者，不武；善战者，不怒"；等等。

而且，老子的上述军事思想对后世亦产生了巨大的影响，如《孙子兵法》素称"百世谈兵之祖"，然而，《孙子兵法》中的许多重要思想即直接承自《老子》或与《老子》思想存在重要的关联。如《老子》第七十三章中说："天之道，不争而善胜"，《孙子兵法·谋攻篇》中说："不战而屈人之兵，善之善者也"；《老子》第五十七章中说："以奇用兵"，《孙子兵法·势篇》中说："凡战者，以正合，以奇胜"；《老子》第三十三章中说："知人者智，自知者明"，《孙子兵法·谋攻篇》中说："知己知彼，百战不殆"；《老子》第六十八章中说："善战者，不怒"，《孙子兵法·火攻篇》中说："主不可怒而兴师，将不可愠而致战"；等等。诸如此类，还可以举出很多的例子，在此就不赘述了。

关于《老子》与《孙子兵法》孰先孰后的问题，古今学界一直存在争议，这里按照较为通行的观点，即老子早于孔子，孔子生于公元前 551 年，卒于公元前 479 年；孙子则与孔子几乎同时。

然而，令人遗憾的是，对于《老子》中丰富而有价值的军事思想，学术界仅有一些研究。为使读者能更好地认识和掌握老子的军事思想，笔者撰写了《不战而善胜：老子的军事智慧》一书。该书主要有以下几个方面的特点。

　　一是把全书分为上、中、下三编，上编为"战争之道"，中编为"用兵之术"，下编为"将帅素质"。在每一编中，又分设若干专题。全书共有二十个专题，对老子的军事思想作系统而详细的介绍。

　　二是对其中的每一个专题，都是先依据《老子》原文，作贯通式的介绍；然后再结合中国军事史上的典型事例，作进一步深入的剖析和说明；最后是对《老子》中相关原文的深度讲解，涉及《老子》原文的文字表述、文字含义、古今学者的不同解读及其应有之义，等等。

　　三是本书采用了一种新型的版式，具体而言，便是每一页均采用左小栏、右大栏的格式。右侧的大栏为本书的正文，在正文中，原则上不出现古书的原文，而只出现原文的白话文，古书的原文（以及某些需要说明的文字）则置于与正文内容位置相应的左侧小栏中，以确保读者能对本书进行无障碍的阅读。

　　四是配有与正文内容密切相关的精美插图，既有助于读者更好地理解正文意思，亦有很好的欣赏价值。

　　最后需要指出的是，当今世界很不太平，地区之间冲突不断，国与国之间战争频发，且大有愈演愈烈之势。面对此百年未有之大变局，系统地了解和掌握老子军事思想，对于我们更好地处理冲突或战争双方的关系，优化我们的生存环境，必将起到积极的作用。

冯国超

2024 年 10 月

上编 战争之道

老子的军事思想与后世军事著作的一个十分显著的区别，就是后世的军事著作大多是就军事而论军事，故其重点多集中于如何用兵打仗上。老子的军事思想则不同，它首先对军事行为本身作了反思，明确提出了反对发动战争、反对逞强用兵的思想。虽然在迫不得已的情况下，老子亦赞同用兵，但同时又反复强调用兵必须适可而止，要见好就收，能不用兵，就尽量不要用兵。老子的这一对待战争的态度，与他以"道"为核心的哲学思想存在密切的关联。因为老子认为，人与万物均是由"道"创造的，故人生最重要的任务，便是学道修道，最终与"道"合一，因此，老子极其重视生命的价值。而战争则往往造成大量生命的死亡，故老子必然会反对战争。本编题为"战争之道"，主要介绍和论述老子对待战争的态度及原因，以及在迫不得已而用兵的情况下，应该如何正确地用兵。

一、老子对待战争的态度及原因

老子崇尚清静无为，提倡无思无欲。他认为人的生命（包括宇宙万物）是由"道"创造的，因此，人生最重要的任务、最值得去做的事情，便是学道修道，最终与"道"合一，"死而不亡"。如他在第六十二章中说：即使被立为天子，封为三公，享受前有大璧、后随驷马的隆重礼仪，都不如安坐着进修这个道。而修道需要安静，最怕别人打扰，因此他反对人与人之间的交往，在第八十章中明确主张人们之间应该"老死不相往来"。持有上述思想的这么一个人，你去与他谈论战争，问他对战争是什么态度，答案当然是可想而知的：反对！坚决反对！那么，老子是如何反对战争的，他反对战争又有哪些具体理由，这是需要我们详加分析的。

（一）旗帜鲜明地反对发动战争

在《老子》一书中，关于老子对待战争的态度，首先见于第三十一章，在该章中，老子明确指出，只要发动战争，便需使用兵器，而兵器（尤其是精

● 人为什么能与"道"合一

在《老子》第二十五章中，老子说"道法自然"，因此，"道"最重要的特性便是无思无欲，自然无为。一个人，如果其心灵能达到无思无欲、自然无为的境界，也就是与"道"合一了。

● 《老子》第六十二章：

故立天子，置三公，虽有拱璧以先驷马，不如坐进此道。

● 《老子》第三十一章：

夫佳兵者，不祥之器，物或恶之，故有道者不处。……兵者不祥之器，非君子之器。

● "死而不亡"的确切含义

《老子》第三十三章中说："死而不亡者寿"，对此，学者们多释为身死而精神长存，所以长寿。笔者认为，这句话应该解释为：身死而不丧失"道"的人长寿，亦即"抱道而亡"的意思。

也就是说，一个人活着的时候求道修道，达到了与"道"合一的境界，这样的人死时便属于"抱道而亡"，即虽死而没有丧失"道"；而"道"是不生不灭、永恒存在的，因此，这样的人就可以说是长寿，即永恒存在。

●《老子》第四十六章：
　　天下有道，却走马以
粪；天下无道，戎马生
于郊。

●《老子》第八十章：
　　小国寡民。使有什伯
之器而不用，使民重死而
不远徙。虽有舟舆，无所
乘之；虽有甲兵，无所
陈之。

●《老子道德经河上公
章句》：
　　君能为民兴利除害，
各得其所，则民重死而贪
生也。

良的兵器）是最不吉祥的一种东西，人人都讨厌它，一个有道的人，一个君子，或者说一个有理想、有追求、有素质的人，是不会主动去发起战争的。

　　也许是觉得说得还不够透彻，老子在第四十六章中进一步强调：战争，是天下无道，即政治黑暗的表现。当天下政治清明的时候，是不会有战争的，在那个时候，善于奔跑的马都在忙着给田地施肥；只有在天下政治黑暗的时候，才会战乱频仍。在那个时候，连怀孕的战马都无法在马厩中分娩，而只好无奈地把小马驹生在战火纷飞的郊外。

　　因此，老子认为，在一个理想的社会里，是不会有战争的；而且，不光没有战争，甚至连与战争有关的舟船兵器等，也都是没有的，这便是他在第八十章中所描述的：很小的国家，很少的人民。使人民有各种各样的器具而不使用，使人民重视死亡而不向远方迁移。虽然有船和车辆，却不去乘坐；虽然有武器装备，却不去陈列。在这段文字中，有两个关键之处：一是"重死"，即重视死亡，爱惜生命，不肯轻易去死，也可以理解为贪生怕死，如《老子道德经河上公章句》中说："重死"就是贪生，即过分眷恋生命的意思。一个重视死亡、贪生怕死的人，当然是最怕发生战争、最怕上战场的。因此，一个国家中，如果人人都贪生怕死，也就不可能去发动战争了。二是"虽有甲兵，无所陈之"，即虽然有武器装备，却不去陈列。为什么不去陈列呢？因为老子在第三十一章中明确说过："夫佳兵者，不祥之器"，既然精良的兵器属于不吉祥的东西，那为什么要去陈列它呢？又有谁会把晦气的东西供奉起来，陈列在醒目的地方呢？因此，在一个"小国寡民"的社会里，一群"贪生怕死"的百姓，他们只拥有一些简陋至极的生活用品，心里又成天想着过清静无为的生活，战争又何从发生呢？

由以上的介绍可知，老子反对发动战争，集中体现在第三十一章、第四十六章、第八十章的三段文字中，从这三段文字中，我们可以发现这样一个特点，就是老子并没有明确说过反对发动战争之类的话，但是，我们却可以清楚地读出老子反对发动战争的意思，因为在上面的三段文字中，所谓"佳兵"（即精良的兵器）、"戎马"（即战马）、"甲兵"（即武器装备）等，它们在这里都是战争的代名词：既然精良的兵器是不吉祥的东西，人人避之唯恐不及，又会有谁愿意拿着它去打仗呢？既然怀孕的战马在郊外的战场上生小马驹是天下政治黑暗的表现，又会有谁希望生活在黑暗的环境中，去支持发动战争呢？既然老子认为没有武器装备是一个理想社会的重要象征，这不就等于明白无误地告诉大家，老子是旗帜鲜明地反对发动战争的吗？！

老子通过称兵器是不吉祥的东西，来表达他反对发动战争的态度，这样的做法，在中国历史上产生了很大的影响，如有的兵书甚至直接引用《老子》中的文字，来表达自己的观点，如秦汉之际的《黄石公三略·下略》中即说："夫兵者，不祥之器，天道恶之。"有的兵书或经典著作中则发展了老子的这一思想，进一步把兵器称为"凶器"，即容易引起祸端的不祥之器，如战国时期的《尉缭子·武议篇》中有"故兵者，凶器也；争者，逆德也"的说法。

▲ 对于老子提出的"小国寡民"的理想社会，学者们或认为其宣扬复古倒退思想，或认为其勾画了理想社会
之蓝图。然而，从历代中国人居于主流的态度来看，对之加以褒扬者还是居大多数。如晋代陶渊明作《桃
花源记》，其中说："土地平旷，屋舍俨然，有良田、美池、桑竹之属。阡陌交通，鸡犬相闻。……黄发垂髫
（tiáo），并怡然自乐。"仿佛是对老子"小国寡民"思想的进一步具象化描述。此为清代黄慎绘制的《桃花
源图》。

● 《史记·越王句践世家
第十一》:

范蠡谏曰:"不可。臣
闻兵者凶器也,战者逆德
也,争者事之末也。阴谋
逆德,好用凶器,试身于
所末,上帝禁之,行者
不利。"

大致编纂于战国时期的《国语·越语下》中亦说:
"兵者,凶器也;争者,事之末也。"诸葛亮的《便
宜十六策·治军篇》中也有类似的表述:"故兵者凶
器,不得已而用之。"

老子反对发动战争、认为兵器是不吉祥之器的
思想不仅影响了后世的军事理论,也在实际的历史
进程中产生了具体的影响。如据《史记·越王句践
世家》记载,春秋时期,吴国和越国两国相争,吴
王阖庐在与越王句践打仗时因受伤而去世,继位的
吴王夫差发誓为父报仇,便日夜不停地练兵。越王
句践对此深感忧虑,心想:与其恐惧不安地等待吴
国前来进攻,不如我主动出击算了,于是便想抢在
吴国没有发动攻击前进攻吴国。大臣范蠡得知后,
急忙劝阻句践,说:此事万万不可。我听说兵器是
引起祸端的不祥之器,战争是有背慈善仁爱的事情,
与人相争是处理问题的下策。在暗中谋划有背慈善
仁爱的事情,喜欢动用引起祸端的不祥之器,亲身
尝试去做属于下策的事情,这是上帝所禁止的,这
样去做一定会失败。范蠡说兵器属于"凶器",并认
为喜欢动用"凶器",必会导致失败,其说法当与
《老子》存在直接的联系。然而句践却听不进去,他
自负地对范蠡说:"吾已决之矣",即我已经决定出
兵了,此事没有商量的余地。那么结果如何呢?结
果就是越军被吴军打败,句践只带着五千残兵败将
逃到会稽山上,而会稽山则被吴国的大军团团包围。

句践至此才彻底醒悟:正是由于自己轻率地去
动用兵器,发动战争,才使自己陷于濒临国亡身死
的绝境。同时他也对范蠡的先见之明佩服之至,于

是便虚心地向范蠡请教：当初由于没有听从你的劝告，才落到这般田地，接下来该怎么办呢？后来，正是按照范蠡的周密策划，句践卑辞厚礼，向吴王讨饶，才躲过一劫；之后又卧薪尝胆，发愤图强，才最终打败吴国，大仇得报。

以上故事告诉我们，在国际关系中，因为每个国家都有各自的利益和考量，因此，国与国之间存在矛盾冲突，在所难免。关键是要采取理性的、合乎公道的方式去解决此矛盾冲突。对于句践而言，当他得知吴王夫差日夜练兵，准备复仇时，最好的办法，是一方面向吴国派出和平使节，对吴王阖庐之死表示慰问，希望两国友好相处；另一方面则是加强武备，使吴国轻易不敢发动战争。而在准备不足的情况下，主动去进攻吴国，无疑是下下之策。因此，作为一国的统治者，当他准备采取战争手段去解决与别国的矛盾冲突时，若能时时想到老子所说的"夫佳兵者，不祥之器，物或恶之，故有道者不处"，不仅能挽救众多无辜的生命，也能使自己免于陷入众叛亲离、万劫不复的境地。

类似的事情也发生在战国时期。公元前260年，秦国与赵国在长平（今山西省晋城高平市）发生大决战，因赵国任用只知纸上谈兵的赵括为将，赵军盲目地向秦军发动进攻，导致赵军大败，赵括被射杀，四十五万赵军被坑杀，赵国军力大损。到公元前251年，燕王派国相栗腹去与赵国结盟，用五百金给赵王祝酒。栗腹回来后，向燕王报告说：赵国的壮年人大多在长平之战中战死，他们的遗孤还没有长大成人，现在攻打赵国，是最好的时机。燕王

● 《史记·燕召公世家
第四》：

大夫将渠谓燕王曰：
"与人通关约交，以五百金
饮人之王，使者报而反攻
之，不祥，兵无成功。"

认为有理，便调集军队准备发动进攻。大夫将渠劝
阻说：与别人开放边境，结盟交好，用五百金为别
国的国君祝酒，使者一回来后就翻脸出兵攻打，这
是不吉祥的事情，这样的军事行动是不可能获得成
功的。但是燕王根本听不进去，面对将渠的反复劝
告，他甚至用脚猛踢将渠。那么结果怎么样呢？结
果就是在赵军的反击下，燕军大败，燕王逃回国都，
赵军随后就包围了燕都。燕王无奈，只得向赵国求
和。赵国人提出条件：只有将渠出来主持和议，赵
国才会撤军。燕王派国相将渠主持和议，赵国人才
解除了对燕国国都之围。

　　将渠劝燕王时说"使者报而反攻之，不祥"，虽
然并未说"兵者，不祥之器"，但认为对赵国发动战
争，是不吉祥之事，这与说"兵者，不祥之器"并
无实质的区别，因此亦可以看作老子反战思想具体
运用的典型例子。燕国与赵国接壤，两国之间有很
长的边境线，在兼并战争激烈的战国时代，燕国与
赵国很难和平相处，这是可以理解的。然而，对于
燕国来说，当时真正的威胁来自秦国，而不是赵国，
燕国只有与赵国等国并肩联手，才能抵御强秦的吞
并。然而，燕王却想利用赵国长平大败后国力削弱
的时机，去火中取栗。其实，当时的昌国君乐间已
经明确告诫燕王：赵国虽然在长平大败，但是，赵
国是四面都有强敌的国家（赵国除了与燕国接壤，
还与秦国、魏国、齐国接壤），人民熟悉战争，因此
攻打赵国不可能取胜。然而，燕王利令智昏，仍然
盲目地发动进攻，导致燕国几近亡国。因此，"兵
者，不祥之器"，这不仅是圣人的教导，亦是历史的

教训，后人必须牢牢铭记。

【深度透讲】

本节论述老子反对发动战争的思想，主要依据的是《老子》中的三段文字：一是第三十一章中的"夫佳兵者，不祥之器，物或恶之，故有道者不处。……兵者不祥之器，非君子之器"；二是第四十六章中的"天下有道，却走马以粪；天下无道，戎马生于郊"；三是第八十章中的"小国寡民。使有什伯之器而不用，使民重死而不远徙。虽有舟舆，无所乘之；虽有甲兵，无所陈之"。关于这三段文字的确切含义及文字表述，需要我们深入分析的，主要有以下三个方面。

1."夫佳兵者，不祥之器"的含义及围绕"佳"字的文字表述之争

关于"夫佳兵者，不祥之器"的含义，值得我们注意的主要有以下两种解释。

一是认为这里的"佳"指美、好，"兵"，指兵器，因此，"佳兵"指的是精良的兵器，如锋利的刀剑之类；"不祥之器"，即不吉利的器具、凶器。故所谓"夫佳兵者，不祥之器"，指精良的兵器是不吉利的器具，如王安石《老子注》说：所谓"佳兵"，是指坚固的盔甲、锋利的兵器。兵器，是一种凶器，所以称之为不吉祥的器物。蒋锡昌在《老子校诂》中说："'佳兵'，美利之兵器也，老子谓此美利之兵器为不祥者，因兵戈所至，无物不受其害也。"

二是认为这里的"佳"指喜爱、爱好，"兵"指军队或军事谋略，因此，"佳兵"指爱好运用军事谋

● 王安石《老子注》：

佳兵者，坚甲利兵也。兵，凶器也，所以为不祥之器。

●陆希声《道德真经传》：
夫佳尚兵谋之人，非祥善之材器。

●林希逸《道德真经口义》：
佳兵，喜用兵者也。以用兵为佳，此不祥之人也。以不祥之人而行不祥之事，故曰"不祥之器"。

●王念孙《读书杂志》：
"佳"当为"隹"字之误也。"隹"，古"唯"字也。……唯兵为不祥之器，故有道者不处，上言"夫唯"，下言"故"，文意正相承也。……古钟鼎文"唯"字作"隹"，石鼓文亦然。又夏竦《古文四声韵》载《道德经》"唯"字作"隹"。据此则今本作"唯"者，皆后人所改。

略；"器"在这里指人。故所谓"夫佳兵者，不祥之器"，指的是爱好用兵或爱好运用军事谋略的人，是不祥之人。如陆希声的《道德真经传》说：喜欢军事谋略的人，不是具有吉利美好的才能与器识的人。林希逸的《道德真经口义》说：所谓"佳兵"，指的是喜爱用兵的人。把用兵看作好事，这是不吉祥的人。不吉祥的人去做不吉祥的事情，所以说是"不祥之器"。

那么哪一种解释更有道理呢？笔者认为，上述两种解释虽然在道理上均能说通，但是相比之下，第一种解释要更为恰当些，因为既已称为"不祥之器"，而"器"是器物的意思（虽也可释为人，但不如释为器物意思更直接），则把前面的"兵"释为兵器，意思上要更显顺畅。

需要指出的是，关于这两句文字，不同的本子有不同的表述，如傅奕的《道德经古本篇》作"夫美兵者，不祥之器"，吴澄的《道德真经注》作"夫佳兵者不祥"，磻溪宫道德经幢作"夫隹（wéi）兵者，不祥之器"，等等。对于上述文字上的不同，学者们提出了各种不同的看法，如劳健在《老子古本考》中认为，傅奕的《道德经古本篇》中，"佳兵"作"美兵"，是因为第三十一章中有"胜而不美""而美之者"等涉及"美"的文字，从而产生了错误。这样的观点当然有很大的猜测的成分。卢文弨（chāo）的《抱经堂文集》中则认为，"不祥之器"中的"之器"二字系衍文，应该删除。

其中特别值得我们注意的，是王念孙的观点。王念孙的《读书杂志》中认为，这里的"佳"，当是

● 卢文弨《抱经堂文集》：
　　或曰，"佳"乃"唯"
字之文脱耳。"唯"古作
"佳"，故讹为"佳"也。
曰：是不然。《老子》之
文，凡云"夫唯"者众矣，
其语势皆不若是也。……
承上文则语势当紧，而此
下乃云"物或恶之"，其节
舒缓，与上所引亦皆不
类也。

"佳"字之误，"佳"即古"唯"字，意为"因为"，"夫唯兵者"，正好与后面"故有道者不处"中的"故"字相应，而且在《老子》一书中，也有诸多"夫唯……故"的句子，如"夫唯不争，故天下莫能与之争"之类。

王念孙的观点得到一些学者的支持，如奚侗的《老子集解》、朱谦之的《老子校释》、董平的《老子研读》均认为，"佳"是"佳"字之误，而"佳"是"唯"的意思。

不过，也有一些学者明确反对王念孙的观点，如卢文弨在《抱经堂文集》中就明确指出，《老子》中确实有不少"夫唯……故"的句子，但均是承上文而言的，而第三十一章中的"夫佳兵者"则是一章的开头，并无上文可承，因此，这里的"佳"并非"佳"字之误，"佳"就是"喜欢"的意思。劳健的《老子古本考》、蒋锡昌的《老子校诂》亦支持卢文弨的观点。

笔者认为，卢文弨的观点是很有道理的。"夫唯"的"夫"是助词，用于句首，表发端，"唯"是"因为"的意思，因此，在《老子》一书中，凡用到"夫唯"一词，均是承上文而来。"夫佳兵者"是第三十一章开头的一句，若"夫佳兵者"为"夫唯兵者"，无疑是十分突兀的，《老子》原文不应如此。

值得注意的是，郭店竹简本中无这两句，而马王堆帛书甲乙本中，该两句则均作"夫兵者，不祥之器也"，无"佳"字。因此，高明的《帛书老子校注》、刘笑敢的《老子古今》等认为，今本"佳兵"的"佳"字系衍文，当据帛书本予以删除。

另外，一些当代学者如陈鼓应、沙少海、傅佩荣等在其《老子》注译著作中均直接把原文改成了"夫兵者"。

笔者认为，以帛书本为依据，删去"佳"字，作"夫兵者"，确实能使该句的意思变得简单明晰，但就目前情况而言，还是以作"夫佳兵者"为妥，理由如下。

一是历史上有代表性的《老子》本子，如河上公本、王弼本、景龙碑本等多作"夫佳兵者"（河上公本无句末的"者"字），郭店竹简本无该句，只有帛书甲乙本作"夫兵者"，若完全以帛书本为准，则显得证据过于单薄。且通行本为什么偏偏会多出一个"佳"字来，也需要有合理的解释。若无合理的解释即把"佳"字直接删除，无疑是不够慎重的。

二是据前所述，所谓"佳兵"，指精良的兵器，老子在此之所以要强调精良的兵器，而不是泛泛地说兵器，或是因为精良的兵器体现了制作者的好杀之心，或是因为兵器越精良，则杀人的威力越大，老子尤其厌恶之，故特别予以强调。当然，必须承认，这里用"佳兵"一词，也确实存在一些问题，如下文作"兵者不祥之器，非君子之器"，该如何理解这一区别？且兵器既是不吉利的东西，专门加"佳"字来强调，似并无很大的必要，关键是它还会造成理解上的种种歧义，如王念孙认为"佳"为"隹"字之误，是因为作"佳兵"，在意思上显得很别扭。因此，对于"佳兵"的"佳"字，我们不妨姑且存疑，以待更为有力的证据，而不应简单地把它一删了之。

2. "却走马以粪" 中的 "粪" 的含义：种田，还是施肥？

对于 "却走马以粪" 中 "粪" 字的含义，当代学者多把它释为耕种、种田，如任继愈的《老子绎读》说："'粪'，种田。" 陈鼓应的《老子今注今译》说："'粪'，耕种。" 古代学者则多把它释为 "粪田"，如《老子道德经河上公章句》说："粪者，粪田也。" 成玄英的《老子道德经开题序诀义疏》说："却驰走之马，以粪农亩。""农亩" 意为农田，因此，"粪农亩" 即 "粪田" 的意思。

那么 "粪田" 又是什么意思呢？对此，一些权威的工具书中均无解释。楼宇烈在《老子道德经注校释》中说："粪田，即治理田。" 笔者认为，此说值得商榷。《汉语大词典》释这里的 "粪" 说："肥田，施肥。《老子》：'天下有道，却走马以粪。'" 据此，则 "粪田" 当是给田施肥的意思。因 "粪" 通常指粪便，粪便可作肥料，因此 "粪田" 的 "粪" 系名词作动词用，故有施粪于田，即给田施肥的意思。当然，"治理田" 亦包含给田施肥的意思，但它还包含给田除草、灌溉以及耕种等含义，因此，把 "粪田" 释为 "治理田"，含义过于宽泛，没有反映 "粪田" 的准确意思。由此来反观一些当代学者对 "粪" 字的解释，笔者认为，把这里的 "粪" 释为种田、耕种是不准确的，释义亦过于宽泛，这里的 "粪" 应该释为施肥、肥田。因此，所谓 "却走马以粪"，指的是把善跑的马退回去用于给田施肥。而所谓用马来给田施肥，既可以指施肥时用马来运载肥料，如高亨的《老子注译》说："天下有道，没有战

目前出版的不少《老子》注译本有一个较为明显的不足，就是对一些字词的注释较为随意，这无疑会影响读者对《老子》五千言含义的精准把握。这里以对 "粪" 的注释为例，来说明这一问题。

● 吴澄《道德真经注》：

　　"粪"下诸家并无"车"字，惟《朱子语录》所说有之，而人莫知其所本。今按：张衡《东京赋》云："却走马以粪车"，是用老子全句，则后汉之末"车"字未阙，魏王弼注去衡未远而已阙矣。盖其初偶脱一字，后人承舛，遂不知补。"车""郊"叶韵，阙"车"字则无韵。

争，却下战车上的马来送田粪"，也含有用马粪来作肥料的意思。

　　需要说明的是，"却走马以粪"一句，吴澄的《道德真经注》《大明太祖高皇帝御注道德真经》作"却走马以粪车"，对于"粪"下为什么要加"车"字，吴澄提出了三个依据：一是《朱子语录》中所说作"粪车"；二是张衡《东京赋》所引作"粪车"；三是"车"与"郊"叶韵，若无"车"字，则失韵。

　　我们先来看第一条依据。据《朱子语类》卷一百二十五载："'天下无道，却走马以粪车'是一句，谓以走马载粪车也。顷在江西见有所谓'粪车'者，方晓此语。"由此可见，朱熹并未说该句作"却走马以粪车"有何依据。且他说"天下无道，却走马以粪车"也明显有误，其中的"无"当作"有"。因此，朱熹这里的话并不能作为依据。故劳健的《老子古本考》说："朱子则有在江西见所谓粪车者，方晓此之说，并不足据。"

　　再来看第二条依据。张衡的《东京赋》中说："行不变玉，驾不乱步。却走马以粪车，何惜騕褭（yǎoniǎo）与飞兔。"对此，吴澄说，张衡所用是老子全句，说明东汉时"车"字未缺。笔者认为，吴澄所说无疑过于主观，一是他说"'却走马以粪车'，是用老子全句"，仅凭张衡赋中之句，怎么就能断定"粪"下加"车"是老子全句？二是他说"后汉之末'车'字未阙"，然而，《韩非子·解老》引该句说："故曰：'天下有道，却走马以粪也。'"《韩非子·喻老》引该句说："故曰：'却走马以粪。'"又《淮南子·览冥训》中说："故却走马以粪，而车轨不接于远方之外"，"粪"后皆无"车"字，说明吴澄所说明显不确定。三是吴澄说"车、郊叶韵"，对此，易顺鼎的《读老札记》明确指出："'车''郊'音亦相远，吴氏以为叶韵，尤所未详。"

因此，综上所述，"却走马以粪"一句，"粪"后不应有"车"字。

3. "戎马生于郊"是指戎马在郊外生驹，还是戎马出现于郊外？

老子说"天下无道，戎马生于郊"，所谓"天下无道"，即天下政治黑暗，其特征是人们（尤其是君主）贪欲无度，战争频仍。如范应元的《老子道德经古本集注》说："天下无道之时，人皆躁动多欲，遂有交争。"奚侗的《老子集解》说："无道之世，战争叠起。"

正因为"战争叠起"，兵连祸结，所以才有了"戎马生于郊"的状况。这里的"戎马"，意为战马。对于这里的"郊"字，学者们主要有两种解释：一种认为，这里的"郊"指两个国家相交的边境；另一种认为，这里的"郊"指郊野、郊外、四郊，亦即城邑之外的地方。笔者认为，"郊"的本义指距离都城百里以内的地方，距离都城百里以外的地方则称为郊外，后来也泛称城邑以外的地方为郊外、郊野、四郊，故这里的"郊"，当以指郊外、郊野为妥。

"戎马生于郊"中的"生"字，学者们多释为生育，因此，"戎马生于郊"，指的是战马在郊外产下马驹。战马为什么会在郊外产驹呢？学者们认为，那是因为战争持续不断，造成怀孕的战马无法归厩

●吴澄《道德真经注》：

无道之世寇敌日侵，郊外数战，戎马不能归育于国厩，而生育于郊外也。

●陆希声《道德真经传》：

天下无道之时，……兵甲动于境内，戎马驰于四郊。

生育，故只好把马驹生在郊外的战场上。如吴澄的《道德真经注》说：在天下无道的时候，敌寇天天侵犯，郊外多次交战，导致戎马不能回到马厩生育，而把小马驹生在郊外。张默生的《老子章句新释》说："天下无道的时候，兵连祸结，即将要生驹的牝马，也须作战马用，所以戎马产驹于郊。"

不过，也有学者认为，这里的"生"，是出现、兴起的意思，因此，"戎马生于郊"，指的是战马在郊野出现、兴兵征战的意思。如陆希声的《道德真经传》说：天下无道的时候，兵甲在国境内兴动，战马在四郊奔驰。陈鼓应的《老子今注今释》说："'生'，兴。言大兴戎马于郊野，指兴兵征战，'兴戎马'正与'却走马'相对为文。"

笔者认为，"生"既有生育的意思，也有出现的意思。因此，从这个角度说，上述两种理解均是可以成立的。但是，从"天下无道，戎马生于郊"整句话的意思来看，所谓"天下无道"之时，必是君主昏聩，奸佞当道，内忧外患不断，天灾人祸频仍。因此，连年用兵，征战不断，也是必然之事。对于这样的状况，说连怀孕的母马都要上战场，且只好在战场上产驹，反映了战争之残酷，战事之惨烈，比泛泛地说战马出现在郊野上，要更为恰当些。如董平的《老子研读》说："本句的'生'若作'出现'解，那么意思就是戎马出现在了郊野，意指发生了战争。窃以为'生'字二解都能讲通，但就对战争之残酷性的揭露而言，则以'生产'义胜。"这么说是很有道理的。

（二）老子为什么反对发动战争

　　由前面的介绍可知，老子反对发动战争的态度是十分明确的。那么，老子为什么会反对发动战争呢？对此，我们在前面已有涉及：老子认为人生最重要的事情是修道得道，而修道得道需要和平安宁的环境；战争是不吉祥之事；战争是天下政治黑暗的表现；等等。除此之外，老子反对发动战争的一个重要原因是，战争是统治者内心贪欲的表现，它必将带来巨大的灾祸。

　　战争通常是由统治者发动的，而统治者发动战争的目的，无非就是两个：一是为了利益，为了获得更多的土地、人民和财物；二是为了获得美好的名声，建立所谓不朽的功业。然而，在老子看来，所谓的财物、名声等，都比不上生命重要。因此，通过牺牲人的生命去获得财物和名声，去建立所谓的功业，这在老子看来是十分危险且愚蠢的事情。如在第四十四章中，老子提出这样一连串的问题：名声与生命，哪一个更亲近？生命与财物，哪一个更重要？得到名利与失去生命，哪一个更有害？对于上述问题，虽然老子没有直接作出回答，但是答案是十分明显的：没有生命，什么名声、财物等，一切都无从谈起。既然生命比名声和财物重要，那么为什么历史上还有那么多的统治者要去发动战争呢？这是因为，发动战争的统治者往往是用民众的生命去换取名声和财物，以使自己能更好地享受生命，如果要统治者拿自己的生命去换取名声和财物，那历史上的大多数战争就都不会发生了。也就是说，统治者并非不知道生命的重要，但是他们只知道自

●《老子》第四十四章：
　　名与身孰亲？身与货孰多？得与亡孰病？甚爱必大费，多藏必厚亡。故知足不辱，知止不殆，可以长久。

己生命的重要，并认为财物与名声比民众的生命更重要，故战争往往难以避免。正是针对此种情况，老子在第四十四章中明确告诫统治者："甚爱必大费，多藏必厚亡"，即过分追求某种东西，一定会造成巨大的耗费；储藏过多，一定会造成很多亡失。你对名声和财物的追求，不仅会让你付出很大的代价，而且即使得到了，也往往很难守住，既然如此，为什么还要费心费力地去发动战争呢？故老子语重心长地劝告统治者：人的欲望是没有止境的，与其为了满足自己的欲望而去抢夺，去发动战争，还不如从源头上管理好自己的欲望，让自己的心灵始终处于知道满足的状态，这样就既不会被欲望牵着鼻子走，而且还能确保自己的统治长久存在："知足不辱，知止不殆，可以长久"，意即知道满足就不会受到侮辱，知道适可而止就不会有危险，这样就能长久存在。

为了防止统治者受贪欲的支配而发动战争，在第四十六章中，老子进一步明确警告统治者：没有比过分的欲望更大的罪过，没有比不知道满足更大的祸患，没有比一定要得到想要的东西更大的灾殃。这段文字紧接"天下有道，却走马以粪；天下无道，戎马生于郊"而来，说明在老子看来，之所以在天下政治黑暗时会发生"戎马生于郊"的惨烈战争，都是因为那个时候的统治者内心充满贪欲，而提倡无思无欲的老子，当然会反对此种受贪欲支配的行为。

从历史事实来看，历史上有不少战争，都是由统治者的贪欲引起的。如据《史记·秦本纪第五》记载，春秋时期，秦国国君秦缪（mù）公突然收到

● 《老子》第四十六章：
　　天下有道，却走马以粪；天下无道，戎马生于郊。罪莫大于可欲，祸莫大于不知足，咎莫大于欲得。故知足之足，常足矣。

一份情报，一个自称是郑国国都城门守门人的人，说如果秦国派军队偷袭郑国国都，他可以为秦军打开城门。秦缪公觉得机会难得，便准备派兵出征。然而，当他征求大臣蹇叔、百里傒的意见时，两人都表示反对，理由十分充分：一是从秦国出发去郑国，通常需要经过晋国和周国，这么长距离地出动大军奔袭，很难做到严格保密，一旦郑军有了准备，行动就会归于失败；二是郑国有我们的内应，怎么能确保在秦国就没有帮助郑国传递情报的人？然而，秦缪公已利令智昏，他什么劝告都听不进去，就是觉得此事有利可图，机不可失，他甚至十分自负地对两位大臣说：你们不知道其中的奥妙，我已经决定了！于是，攻郑大军就这样出发了。但是，当秦国军队穿越晋国的领土，到达一座名叫滑邑的小城的时候，出人意料发生了有趣的一幕：一个名叫弦高的郑国商贩，赶着十二头牛，准备到周国去贩卖；秦国大军与牛群迎头相撞，一时便堵在了路中。弦高害怕秦兵会因此杀了自己，便急中生智，谎称自己是郑国国君派来的，郑国国君听说秦军要攻打郑国，便派自己把这十二头牛送给秦军将士，以示慰问。秦军将领一听，原来郑国已经知道秦军要攻打郑国了，这样一来，偷袭变成了明攻，那这仗还怎么打？这不跟去送死一样吗？大家一商量，觉得不如先把滑邑灭了吧，先有个落脚之处再说，于是便占领了滑邑。然而，对于这种明目张胆的强盗行为，晋国国君不干了，于是发动大军把秦军全歼了。

出动大军去偷袭另一个国家，而且中间还隔着另外两个国家，这样的事情成功的概率之低谁都能想到，可是秦缪公却坚信自己能取得成功，这与掩耳盗铃何异？而秦缪公之所以会这么做，完全是因为他内心的贪欲在作祟。可怜的是无数秦军将士的性命，就这样白白地丧失了。

秦缪公的行为已经够荒唐的了，可是在中国历史上，还有比秦缪公更荒唐的行为，这便是汉武帝发动的征伐大宛的军事行动。因为不管怎么说，秦缪公出动大军，贪图的是郑国的整个国家，而汉武帝出动大军，却仅仅是贪图大宛的所谓"汗血宝马"。

据《资治通鉴卷第二十一·汉纪十三》记载，汉武帝时，派出很多使节出使西域。公元前104年，有从西域归来的使节向汉武帝报告说，在大宛国的贰师城有一种优质的马，身上汗出如血，被称为"汗血马"，可以日行千里。但是大宛国的人把这种马藏了起来，不让汉朝人看到。汉武帝听说后怦然心动，便专门派出一个使节团，带着千两黄金和一个黄金马像，请求跟大宛国交换马匹。

大宛国国王毋寡就此事跟大臣们商量，一致认为：汗血马是我们的国宝，不能轻易送人；何况大宛国与汉朝相距遥远，中间隔着罗布泊和无数流沙，而且还要面对匈奴军队的威胁，汉朝人不敢把我们怎么样。于是便拒绝了汉朝使节的要求。

大宛国不愿意把马卖给汉朝，这本来也是很正常的一件事，买卖嘛，总得以双方自愿为前提。可谁想到，汉朝使节竟然恼羞成怒，他不仅破口大骂，还当众把金马像砸烂，然后扬长而去。大宛国的君臣对此无法忍受，觉得受到严重侮辱，于是就把使

●《资治通鉴卷第二十一·汉纪十三》：

汉使入西域者言："宛有善马，在贰师城，匿不肯与汉使。"天子使壮士车令等持千金及金马以请之。

节团的人全部杀死，把财物全部抢走。

大宛人这么做实在是太过分了，于是汉武帝决定实施报复。他任命自己宠爱的李夫人的哥哥李广利为"贰师将军"，发动数万人征讨大宛，夺取汗血马。

然而从汉朝到大宛的路途又远又荒凉，加上沿途的小国都紧闭城门，拒绝供应粮草。因此，当汉朝远征军到达葱岭西侧的郁成城时，很多人不是战死，就是饿死；不是渴死，就是病死，数万人的部队，只剩下数千人，而且已经失去了战斗力。李广利只好率军撤退，等撤到汉朝境内的敦煌时，仅剩数百名残兵败将。

得知情况后的汉武帝虽然对李广利的无能十分恼怒，但是大汉王朝的面子不能丢，于是决定继续增派部队，共计有十万人以上的战士和数不清的牛马补给加入远征队伍中。李广利得到庞大的增援后，再次西进。因为这次的部队规模实在过于庞大，沿途的小国都不敢抵抗，一律大开城门表示欢迎，因此汉朝军队在付出惨重代价后，终于来到大宛国的国都，并对国都实行了包围。

面对危局，大宛国的王族认为，都是因为大宛王毋寡把汗血马藏起来，又杀掉了汉朝使节，才导致现在的灭国之祸。于是他们发动政变，杀死了毋寡，把毋寡的人头送给李广利，同时请求道：如果汉军不再进攻，我们就献出所有的汗血马，任凭挑选，并且负担汉朝军队的一切费用；如果汉军拒绝，我们就杀光所有汗血马，继续死战。李广利在权衡利弊后，答应了大宛人的请求，于是两国休战，汉朝人挑选了优良的数十匹汗血马后，西征大军即行撤退。

对于此次汉武帝发动的对大宛的大规模战争，柏杨在《现代语文版资治通鉴》中有这样的评价："这是一场不名誉战争，中国先后伤亡十余万人，目的只不过为了几十匹汗血马。"当然，就这场战争的具体经过来看，大宛国杀死汉朝使节，夺取汉朝财物，这才是汉武帝发动大军的直接原因。但是，不可否认，汉武帝贪图大宛的汗血马，这一目的在这场战争中始终起着重要的决定作用。由此可见，统治者的一念之贪，便使十余万鲜活的生命葬身异域。因此，老子说"祸莫大于不知足，咎莫大于欲得"，可谓千古至理。

【深度透讲】

本节讲述老子反对发动战争的原因，主要依据的是第四十四章中的"名与身孰亲，身与货孰多？得与亡孰病？甚爱必大费，多藏必厚亡。故知足不辱，知止不殆，可以长久"，以及第四十六章中的"罪莫大于可欲，祸莫大于不知足，咎莫大于欲得。故知足之足，常足矣"。关于这两段文字，需要我们深入分析的，主要有以下两个方面。

1.老子提倡"贵生"或"贵身"吗？

前面讲到，老子反对发动战争的一个重要原因是重视生命，认为生命比名声、财物等更重要。在第四十四章中，他向大家发问：名声与生命，哪一个更亲近？生命与财物，哪一个更重要？得到名利与失去生命，哪一个更有害？答案是显而易见的：

●苏辙《老子解》：

　　先身而后名，贵身而贱货，犹未为忘我也。夫忘我者，身且不有，而况于名与货乎？然贵以身为天下，非忘我不能。故使天下知名之不足亲，货之不足多，而后知贵身；知贵身，而后知忘我。此老子之意也。

当然是生命更亲近，生命更重要，失去生命更有害了。据此，一些学者进一步指出：这几句话反映的是老子的"贵生"或"贵身"思想，而"贵生"或"贵身"思想的实质是把生命本身视作目的。如王淮的《老子探义》说："名与货既是身外之物，皆无益于生。岂只无益于生，甚且为生之累而有害于生。庄子以为烈士殉名，贪夫殉利，所殉虽不同，其为殉则一。所谓'殉'者，以身从物之谓也。老庄贵生之思想在先秦为一大发明，贵生思想之精义，在视生命本身为一'目的'，且为一绝对之'主体'，具有绝对之'价值'，凡无益于生之身外之物，皆不值得重视。"董平的《老子研读》说："老子的三个设问，……表达了独特的'贵身'思想，表达了对于生命自身价值的深沉关切。在他那里，'贵身'即是'贵生'。"

　　然而，苏辙的《老子解》的理解则明显与上述不同。苏辙认为，"贵身"只不过是一个过渡环节，老子真正的目的是通过"贵身"而忘我，而忘我的实质是"身且不有"，即无身：以身体为先而名声为后，以身体为贵而财物为贱，这仍然未能做到忘我。忘我的实质是：无视身体的存在，更何况名声与财物呢？然而看重让自己为天下人服务，只有忘我才能做到。所以使天下人知道名声不值得亲近，财物不值得重视，然后才知道贵身；知道贵身，然后才知道忘我。这才是老子的本意。

　　笔者认为，从"名与身孰亲？身与货孰多？得与亡孰病"这一段文字来看，老子只是强调生命比名利更重要，并无其他意思。上述学者由此提出老

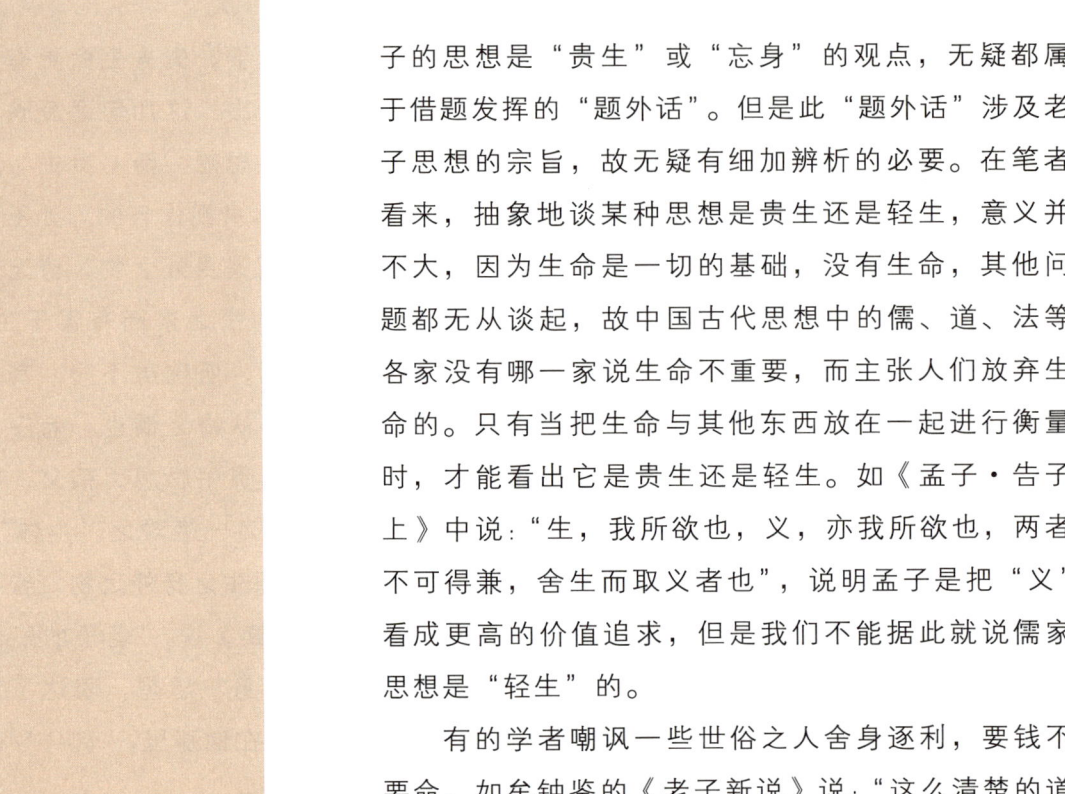

子的思想是"贵生"或"忘身"的观点，无疑都属于借题发挥的"题外话"。但是此"题外话"涉及老子思想的宗旨，故无疑有细加辨析的必要。在笔者看来，抽象地谈某种思想是贵生还是轻生，意义并不大，因为生命是一切的基础，没有生命，其他问题都无从谈起，故中国古代思想中的儒、道、法等各家没有哪一家说生命不重要，而主张人们放弃生命的。只有当把生命与其他东西放在一起进行衡量时，才能看出它是贵生还是轻生。如《孟子·告子上》中说："生，我所欲也，义，亦我所欲也，两者不可得兼，舍生而取义者也"，说明孟子是把"义"看成更高的价值追求，但是我们不能据此就说儒家思想是"轻生"的。

有的学者嘲讽一些世俗之人舍身逐利，要钱不要命，如牟钟鉴的《老子新说》说："这么清楚的道理有些人就是不明白，他们……宁要虚名不要活命，宁要钱财不要脑袋，利令智昏，欲使理丧，直到走上黄泉之路，这是十分可笑可悲的。"董平的《老子研读》亦说："在现实的生活经验之中，人们却往往以身徇名，舍身逐利，为名誉货利之'得'而舍身忘死"。这样的观点当然是很有现实意义的，但是我们必须注意的是，说有的人为名利而不要生命，只是从旁观者的角度而言的，一些人在追逐名利时，虽然也意识到会有生命危险，但是他们往往抱有侥幸心理，总认为自己既能把名利追到手，又可确保生命无虞。假如明确告诉他这些名利到手时必死无疑，那么他肯定也就不会再去追逐这些名利了。因此，《韩非子·内储说上七术》中的这段话是很有道

● 《韩非子·内储说上七术》：

　　荆南之地，丽水之中生金，人多窃采金。采金之禁：得而辄辜磔（zhé）于市。甚众，壅离其水也，而人窃金不止。大罪莫重辜磔于市，犹不止者，不必得也。故今有于此，曰："予汝天下而杀汝身。"庸人不为也。夫有天下，大利也，犹不为者，知必死。故不必得也，则虽辜磔，窃金不止；知必死，则有天下不为也。

理的：楚国的法律明文规定，偷采金的人一旦被抓住，就要砍头分尸并在闹市示众。面对如此严厉的刑罚，却还是有不少人去偷偷采金，因此有很多人被砍头分尸，然而偷采金的行为却还是不能被制止。韩非子假设说，如果有人宣布：把天下给你，但要把你杀掉。对此，即使是十分愚蠢之人也不会接受。那么人们为什么宁可选择不要天下这样的大利，而去选择偷偷采金呢？韩非子分析说，那是因为得到天下则必死无疑，而偷偷采金则不一定会被抓到，若不被抓到，不就是既得到了利益，又保全了生命吗？因此，那些为了名利而付出生命代价的人，并不是他们轻生或不重生，他们也重生，而且从某种意义上说，他们更重生：因为他们为了能更好地享受生活，甚至不惜冒付出生命的风险。所以，由老子这里的几句话便得出老子"贵生"的结论，似有发挥过度之嫌。

因此，笔者认为，在如何认识老子对待生命的态度的问题上，苏辙的观点无疑更有启发意义。一个思想家如何看待生命，如果只依据其关于生命和名利何者为重的论述，是不能得出完整结论的，因为从终极的意义上说，名利与生命没有可比性，没有人会主张为了名利而不要生命。真正能在终极意义上与生命相比较的，唯有仁、义、道等超越性的东西。如孟子主张"舍生取义"，我们并不能因此就说孟子"轻生"、不"贵生"，只能说明在孟子看来，义比生命更有价值，更为重要，因此当两者发生冲突时，只好"舍生取义"。因此，我们如果以此来推论老子的思想，便可发现："道"是老子思想的核心，其地位肯定要高于生命，故当两者发生冲突时，相信老子肯定也会"舍生取道"。在《老子》第三十三章中，老子说"死而不亡者寿"，意即身死而"道"不亡失的长寿，就反映了老子对待"道"与生命的态度。而要达到"道"的境界，就必须做到无思无欲，虚无自然，也就是必须忘身。因此，苏辙说"知名之不足亲，货之不足多，而后知贵身；知贵身，而后知忘我"，是较为契合老子对待生命之态度的。

2. "罪莫大于可欲"的含义及其是否应该删除

上文说到，老子反对发动战争的主要原因，除了重视生命，还与他认为战争通常是出于统治者内心的贪欲有关，故他把贪欲视作最大的罪过和祸患。他在《老子》第四十六章中明确指出："罪莫大于可欲，祸莫大于不知足，咎莫大于欲得。"然而，关于上述三句话的确切含义及其文字表述，学者们有诸多不同的理解，特别是其中的"罪莫大于可欲"一句，有作深入辨析的必要。

"罪莫大于可欲"中的"可欲"，指足以引起欲念的事物，如范应元的《老子道德经古本集注》说："欲，贪也。可欲谓凡可贪之事物也。"因此，所谓"罪莫大于可欲"，直译的意思，便是没有比能引起欲念的事物更大的罪过了。

然而，这样的表述无疑是存在问题的，因为所谓能引起欲念的事物，无非是珍宝玩好、财富权势、美色美境之类的东西，可是这些东西本身并无罪过，只有人们对这些东西过分的、不合理的追求才是罪过，故一些学者在解释该句的含义时，往往增字作解，把"可欲"释为人之贪欲、纵欲之类。如《唐

●《唐玄宗御制道德真经疏》：

欲心兴动，将起贪求，此罪之大者，故云"罪莫大于可欲"也。

玄宗御制道德真经疏》说：人的欲念兴起，将要产生贪求之心，这是一种大罪，所以说"罪莫大于可欲"。张松如的《老子说解》说："罪孽没有再大于任情纵欲。"

然而，把"可欲"释为贪欲、纵欲之类，毕竟也是不恰当的。因此，一些学者指出，这里的"可欲"，《韩诗外传》所引《老子》作"多欲"，意义更为合理。如孙诒让的《札迻（yí）》说："《韩诗外传》引'可欲'作'多欲'，义较长。"刘笑敢的《老子古今》亦说："'罪莫大于可欲'一句，'可欲'二字可疑，'可欲'如指'可欲之物'，则此句不通，'可欲之物'何罪之有？'可欲'二字，《韩诗外传》引为'多欲'，意义合理。"

值得注意的是，该句文字，郭店竹简本作"罪莫厚乎甚欲"，"甚欲"意为过分的欲望，与"多欲"意思相近，故刘笑敢的《老子古今》说："竹简本作'罪莫厚乎甚欲'，恰与《韩诗外传》所引意义相合。"因此，把"可欲"改为"多欲"或"甚欲"，是较为恰当的。

需要指出的是，"罪莫大于可欲"一句，河上公本、傅奕本、景龙碑本等均有，帛书甲乙本、竹简本亦有（只是个别文字不同），唯独王弼本无。当代学者的一些《老子》注译著作，如林语堂的《老子的智慧》、任继愈的《老子绎读》、陈鼓应的《老子今注今译》等亦均无该句。对于王弼本无"罪莫大于可欲"一句，一些学者如蒋锡昌、高亨等指出，王弼本系缺漏，应据各本补上。

不过，刘笑敢的《老子古今》认为，王弼本无此句，可能是王弼有意删去的："此句帛书本以后皆作'可欲'，不通，加之下文两句句义已经完整，可能是王弼本有意删去了这不通的一句。"

笔者认为，对于"罪莫大于可欲"中的"可欲"是否恰当，是否应作"多欲"或"甚欲"，我们可以进行讨论，但是《老子》原文中有该句文字，应是确凿无疑的。因此，若正如刘笑敢所说，王弼是"有意删去了这不通的一句"，则这样的做法无疑是不可取的。

二、反对依靠兵力逞强于天下

●《老子》第三十章：

以道佐人主者，不以兵强天下。

在如何对待战争的问题上，老子除了旗帜鲜明地反对战争，还有一个十分重要的观点，就是反对依靠兵力逞强于天下，该观点见于《老子》第三十章：用道辅佐君主的人，不靠兵力逞强于天下。所谓不靠兵力逞强于天下，就是不仗着自己兵多将广，随便去欺侮其他弱小的国家，向别的国家耀武扬威。老子不说君主不靠兵力逞强于天下，而说用道辅佐君主的人，不靠兵力逞强于天下，是因为在他看来，战争虽然是君主宣布发动的。但是，如果没有大臣在君主身边递刀拱火，或者，当君主想发动战争时，身边的大臣纷纷劝阻，不支持发动战争，仗可能就打不起来了。

老子反对依靠兵力逞强于天下，也就是反对逞强用兵，这与他前面所说的反对发动战争的观点是一脉相承的，因为通常都是军事力量强大的一方主动发动战争，因此，反对逞强用兵，实质上也就是反对发动战争。故反对逞强用兵，可以看作老子反对发动战争思想的进一步具体化。值得我们注意的是，在《老子》中，老子对自己为什么反对逞强用兵，作了很充分的说明，其理由主要有这样三点：一是逞强用兵的人容易遭到报应；二是逞强用兵的人容易遭受失败；三是逞强用兵不符合"道"的原则。

（一）逞强用兵的人容易遭到报应

在日常生活中，我们碰到一个强横无理的人或团体准备或正在做坏事，可是又无力阻止的时候，便会说：你（或你们）这样做是会遭报应的！既有恐吓的意思，亦有无奈的成分。老子也一样，老子生活在春秋末期，当时的战争次数和规模虽比不上战国时期，但亦是相当频繁的。据相关资料记载，在春秋时期的两百多年间，共发生了三百多场战争，即平均每年都有一场以上的战争。老子反对发动战争，但他仅是一个"国家图书馆"的管理人员，人微言轻，故除了对战争的发动者发出警告、恐吓，似乎也做不了更多的事情。

那么老子是怎么警告或恐吓发动战争的人的呢？在第三十章中，老子在说了用道辅佐君主的人，不靠兵力逞强于天下之后，接着说："其事好还"，即这件事，也就是逞强用兵这件事，很容易遭到报应，所谓"好还"，就是容易遭到报应的意思。虽然也有学者认为"好还"不是指容易遭到报应，但是绝大多数学者都是这么理解的，少数服从多数，我们就说"好还"是容易遭到报应的意思。因为我们在前面说了，老子反对逞强用兵，可是当统治者就是要逞强用兵的时候，老子除了说你这么做是会遭到报应的，他还能说什么呢？

那么会遭到什么样的报应呢？也是在第三十章中老子说，逞强用兵之后，必会田地荒芜，导致灾年：军队驻扎过的地方，会荆棘丛生；重大的军事行动之后，一定会有荒年。听到这样的回答，读者们或许会感到奇怪：在人们的心目中，老子一向都

● 《老子》第三十章：
　　其事好还。师之所处，荆棘生焉。大军之后，必有凶年。

▲清代绘制的战争图，描绘了战场上残酷杀戮的情形。

是高深莫测的，怎么会说出如此稀松平常的话来？因为打仗会造成田地荒芜，粮食歉收，这种事情，哪个不知，谁人不晓？不过这样也好，它至少可以让我们觉得，原来《老子》中并不都是高深莫测的句子，也有很接地气的言论，这至少可以为我们读懂《老子》带来自信和动力。

　　然而，刚刚建立起来的信心，却有可能被一些学者无情地摧毁，因为目前已知最早的《老子》本子——郭店竹简本《老子》中并无传世本中的"其事好还。师之所处，荆棘生焉。大军之后，必有凶年"这五句话。另外，唐代的景龙碑本、敦煌本《老子》及唐代成玄英所著的《老子道德经开题序诀义疏》中均无"大军之后，必有凶年"二句。因此，一些学者认为，《老子》原本中应该没有从"其事好还"到"必有凶年"这五句，或者至少应该没有"大军之后，必有凶年"这两句。对于这样的观点，我们最好是理直气壮地把它怼回去。历史上流传的有代表性的《老子》本子中，除了极少数的本子，绝大多数都有这五句；而且，说"大军之后，必有凶年"，哪里说错了？在"师之所处，荆棘生焉"后，加上"大军之后，必有凶年"两句，读起来既顺畅，又朗朗上口，就不要人为地去制造麻烦了！

　　而且，话又说回来，老子反对逞强用兵，是说给那些颟顸（mān hān）、愚蠢而又骄横的统治者听的，对他们就应该讲浅显通俗的话，若讲得太高深了，他们听不懂，那就白讲了。所以，老子用浅显的道理来反对逞强用兵，这正是其高明之处。因为统治者逞强用兵的目的，不过是获得土地、财物，显示自己的威风，如果逞强用兵的后果，是田野上荆棘丛生，人民流离失所，饿殍遍野，那他在发动战争前就得好好掂量掂量了。

至于老子说"师之所处，荆棘生焉。大军之后，必有凶年"，这不仅是他对历史经验的总结，也为以后的历史所不断地证明。看《三国演义》时，我们往往为诸葛亮的计谋气度、关羽的武功义气等所折服，甚至隐隐有某种神往之心，可是大家知道吗？在东汉末年，全国的人口有五千多万，然而有一种说法称，到了公元208年，赤壁大战后，人口降到仅剩一百四十万，与现在一个县的人口差不多，这是经历了怎样残酷的杀戮啊！接下来，我们再来看《资治通鉴》中关于战争带来惨祸的两则记载。

《资治通鉴卷第一百八十七·唐纪三》载，隋朝末年，朱粲称楚帝，有部众二十万人，在汉水、淮河之间劫掠。每攻破一个州县，临走时都会把其中的物资全部焚毁，导致饿死的民众的尸体堆积如山。到了最后，因抢不到粮食，朱粲就鼓动士卒吃妇女、婴儿，声称："没有比人肉更美味的东西了，只要能找到人，何必担心没有粮食呢！"

《资治通鉴卷第二百五十五·唐纪七十一》载，唐末黄巢起义时，因军中缺粮，黄巢命部下掳掠附近的农民充当粮食，把人投入特制的石磨中，连同骨头一并捣碎或磨碎吞食，人们把军中供给此种粮食的地方称为"舂磨寨"。

这些血淋淋的事实告诉我们，战争会把人世间变成一座活地狱，人们不光吃不上粮食，连自己的身体都有可能成为他人口中的粮食。

【深度透讲】

以上论述老子反对逞强用兵及其原因，主要依据的是《老子》第三十章中的文字："以道佐人主者，不以兵强天下。其事好还。师之所处，荆棘生焉。大军之后，必有凶年。"关于这段文字，需要我们深入分析的，主要有以下三个方面。

1. "以道佐人主者"中的"道"是什么意思

"以道佐人主"中的"以"，是用的意思；"佐"，是辅佐、辅助的意思；"人主"，则指君主。因此，所谓"以道佐人主者"，即用"道"辅佐君主的人。那么这里的"道"的含义又是什么呢？对此，学者们有不同的理解。如成玄英的《老子道德经开题序诀义疏》认为指"正道"。《唐玄宗御制道德真经疏》认为指"道化无为"，亦即无为之道。高亨的《老子注译》认为指"道家学术"："用道家学术辅佐人君的人"，等等。大多数学者则对这里的"道"字不作解释。笔者认为，在老子思想中，"道"是宇宙万物的本原，而此宇宙万物本原的最重要的特性是自然无为，因此，这里的"道"，当指"道"的自然无为的原则。

2. "其事好还"的确切含义

"其事好还"中的"其事"，指上面所说的"以兵强天下"之事；"好还"的"好"，是容易的意思；"还"，是还报、报应的意思。因此，所谓"好还"，指极易得到报应的意思。对此，学者们大多作这样的理解，如成玄英的《老子道德经开题序诀义疏》说："还"，是返回、回报的意思，事情肯定如此，所以说"好还"。高亨的《老子注译》说："好，犹

● 成玄英《老子道德经开题序诀义疏》：

以，用也；佐，辅也。人主，君王也。言用正道辅佐君王者。

● 《唐玄宗御制道德真经疏》：

以，用也；佐，辅也。……言为人臣者，当用道化无为辅佐人主。

● 成玄英《老子道德经开题序诀义疏》：

还，返也，报也。……此事必尔，故云好还。

● 《老子道德经河上公章句》：

　　其举事好还自责，不怨于人也。

● 王弼《老子道德经注》：

　　为（始）〔治〕者务欲立功生事，而有道者务欲还反无为，故云"其事好还"也。

易也。还，返也，复也。好还，容易受到报复。"

不过，也有学者对"其事好还"作其他的理解。如《老子道德经河上公章句》说：其做事喜欢反身自责，不去埋怨别人。王弼的《老子道德经注》说：通常从事政治的人一定想要通过做事情来立功，而有道的人则只想着返回到无为，所以说"其事好还"。

在中国历史上注释《老子》一书的人中，河上公和王弼都是众所周知的大咖，据说河上公是汉文帝时人，因注解《老子》出了名，汉文帝前去向他请教，但河上公不仅不向汉文帝行礼，还大喇喇地坐在那里不动身子。汉文帝对此表示不满，河上公居然飞身到半空中，说：我上不着天，下不着地，你一个人间的君主，怎么管得了我，汉文帝只好向他道歉。这当然只是一种传说罢了。王弼则是三国时魏国的神童，所著《周易注》《周易略例》《老子道德经注》等在历史上都大名鼎鼎，可惜王弼英年早逝，死时才 24 岁，若天假以年，肯定会创作出更多不朽的巨著来。然而，无论河上公还是王弼，在对"其事好还"一句的解释上，似乎都翻了车。河上公把"其事好还"释为他做事喜欢反身自责而不去怨别人，似存在明显的偏颇，因为这样的解释，与上下文的意思明显脱节。王弼认为"以兵强天下"即追求立功生事，而把"好还"释为返于无为，虽然从道理上亦能说通，但显得较为生硬、勉强，故蒋锡昌《老子校诂》明确说："王注……非是。"因此，相比之下，释"好还"为极易得到报应，是比较恰当的。

3.为什么"大军之后，必有凶年"？

"大军之后"，指重大的军事行动之后；"凶年"即荒年的意思。因此，所谓"大军之后，必有凶年"，指每当发生重大的军事行动之后，必会出现荒年。那么，为什么"大军之后，必有凶年"呢？对此，一些学者认为，那是因为用兵打仗导致百姓流离失所，田地荒芜，瘟疫流行，所以"必有凶年"。如张默生的《老子章句新释》说："每次大战以后，或是因尸体蒸发，传染瘟疫；或是因土地荒废，缺乏食粮；于是由太平的日子就变成凶年了。"林语堂的《老子的智慧》中也有类似的解释。

不过，也有不少古代学者认为，之所以大的军事行动后会出现荒年，是因为用兵打仗损害了天地间的和气，从而导致了荒年。如《老子道德经河上公章句》说：天以恶气相应，就会损害五谷生长，没有五谷就会伤害人类。林希逸的《道德真经口义》说：用兵打仗之后，伤害了天地之间的和气，所以必然会有凶年之灾。

笔者认为，重大的军事行动必会造成人员的重大伤亡，财物的巨大损失，正常生产活动的严重破坏，从而导致粮食物资极度匮乏，社会秩序动荡不安，这便是所谓的"凶年"。至于认为用兵打仗会损害天地间和气的说法，则反映的是中国传统的天人感应思想，无疑带有某种神秘的色彩或成分。

（二）逞强用兵者必会失败

老子反对逞强用兵的第二个理由，是逞强用兵的人最终必会失败。如在第七十六章中，老子明确

●《老子道德经河上公章句》：

天应之以恶气，即害五谷，五谷尽〔则〕伤人也。

●林希逸《道德真经口义》：

用兵之后，伤天地之和气，则必有凶年之菑（zāi）。

●《老子》第七十六章：

是以兵强则不胜。

说：逞强用兵一定会归于失败。与第一个理由相比，第二个理由无疑更容易受到统治者的重视。因为第一个理由只是说逞强用兵会遭到报应，如田地荒芜、导致凶年之类，这对于骄横自私的统治者来说，也算不上什么，因为经济下滑、灾民遍地等，倒霉的都是老百姓，统治者照样可以锦衣玉食。可是说逞强用兵必会归于失败，这对统治者来说，触动就很大了。因为统治者逞强用兵的目的，就是取得战争的胜利，从而夺取大量的土地财物，并以胜利者的姿态傲视群雄，现在老子却说逞强用兵的人必会失败，那我发动战争还有什么意义，岂不是搬起石头砸了自己的脚？

不过，统治者也不是那么容易被说服的，因为历史上的大多数战争，都是兵力强大的一方获得战争的胜利。因此，他们很容易对老子发出这样的质问：你说逞强用兵一定会失败，有什么依据？

你别说，这样的问题还确实不好回答，因为弱肉强食是自然规则，以强胜弱是战场规则，现在老子却反其道而行之，说逞强用兵一定会归于失败，这不是公然向常识挑战吗？

但是老子有自己的智慧和逻辑。因为我们首先必须注意的是，老子一直说的是逞强用兵不能取胜，他从来没有说过兵力强大的一方不能取胜，因为逞强用兵与兵力强大是两个含义不同的概念。就普通的军事常识来说，一支兵力强大的军队与兵力弱小的军队对阵，当然是兵力强大的军队获胜，历史上虽然也有以少胜多、以弱胜强的战例，但那毕竟属于少数，是例外，且都有其特殊的原因。因此，兵力强大的军队容易在战争中获得胜利，对于这样的观点，老子是不会有反对意见的。

而逞强用兵则不同。所谓逞强，指显示自己强大，含有夸耀、显耀的意思。因此，逞强用兵，说明用兵、发动战争的目的在于耀武扬威，显示自己不可一世。而一个军事统帅，若发动战争的动机不纯，在具体的战略战术上便会违背用兵打仗的一般规律，盲目指挥，意气用事，从而导致战争失败。

所以，老子没有说过兵力强大的一方会在战争中失败，只说过逞强用兵必然会失败，这一点是我们必须注意的。

不过，老子虽然没有说过兵力强大的一方会在战争中失败，但是，老子对强大、刚强、坚强等没有好感，却也是事实。因为他在第七十六章中明确说过："坚强者死之徒"，即坚强的东西属于死亡一类；在第四十二章中说："强梁者不得其死"，即强横凶暴的人不得善终；第七十六章中又说："强大处下"，即强大的东西处于下位；等等。

老子对强大、刚强、坚强等没有好感，是因为他对它们的对立面——柔弱，充满了好感！

老子为什么喜欢柔弱？首先是因为他最重视的东西——"道"，具有柔弱的特性。因为在第四十章中，他明确说：柔弱是"道"发挥作用的方式。正因如此，老子也特别喜欢水。因为他认为天下没有比水更柔弱的东西了，故在第八章中，他把水称为"上善"，即最高的善，说最高的善就像水一样，水善于对万物有利而且不与万物相争，能处于众人都厌恶的地方，所以它特别接近于"道"。也就是说，

● 《老子》第四十章：

反者道之动，弱者道之用。

● 《老子》第八章：

上善若水。水善利万物而不争，处众人之所恶，故几于道。

● 《老子》第七十六章：

人之生也柔弱，其死也坚强；草木之生也柔脆，其死也枯槁。故坚强者死之徒，柔弱者生之徒。是以兵强则不胜，木强则共。强大处下，柔弱处上。

当然，关于"强大处下"，还可以有别的解释，如《老子》第三十九章中的"故贵以贱为本，高以下为基。是以侯王自谓孤、寡、不谷"之类，这里仅就军事而言。

如果能真正做到柔弱，那么也就差不多达到与"道"合一的境界了。

其次，老子喜欢柔弱的第二个原因，是因为柔弱与坚强、强大等相比，有很多的优越性。在第七十六章中，老子说，你看世上的事物，无论是人还是草木，他们活着的时候身体都是柔软的，可是一旦死了，身体就变得僵硬、枯槁，这就说明，坚强、枯槁属于死亡的一类，柔弱、柔软属于生存的一类。而恃强用兵属于坚强、刚强的一类，说明它与死亡归为一类，与死亡归为一类的东西怎么可能取得胜利呢？所以"兵强则不胜"，逞强用兵必然会归于失败！

看看，这就是老子的逻辑，他先从日常生活中的常识出发，归纳出具有普遍性的规律，然后再把某种现象或事物与此普遍规律相对照，结论就不言自明了。有谁能驳倒老子的这一逻辑？

不仅如此，老子继续说，不仅坚强、刚强之类的东西不好，强大也不好，你去看那大树，它的上面总是长满或爬满各种东西，如藤蔓植物、青苔、各种虫子等，这些东西都比大树要弱小，可是它们却都居于大树的上面，而大树却处在它们的下面，这就说明了强大的东西总是处于下位，柔弱的东西总是处于上位。所以那些自恃强大的统治者，你们好好想想吧，你们自以为不可一世，高高在上，实际上你们是很可怜的，因为你们逞强用兵，一旦在战争中失败，你们必将坠入深渊，万劫不复！

而且，在中国历史上，因逞强用兵而最终失败的例子，不胜枚举，在此略举两例。

据《资治通鉴卷第三十九·汉纪三十一》载，新朝末年，各地反抗王莽统治的起义，如火如荼，政府军节节败退。公元 23 年，王莽下令集结全国的军队，由大司空王邑指挥。当王邑从外地到达首都洛阳时，各州郡集结的部队已达四十三万人，对外宣称一百万人。而且，还有不少部队正在络绎不绝地赶赴洛阳。

同年五月，王邑率领大军南下，起义人员发现政府军声势浩大，纷纷退入昆阳城（今河南省叶县），有人甚至建议不如解散部队，以免全军覆灭，在将军刘秀的竭力反对之下，大家才同意坚守。

当时，昆阳城的守军不过八九千人，而王邑兵团的前锋，已有十余万人抵达昆阳城下。王邑手下的将军严尤向王邑献计说：昆阳城小而坚固，而发动叛乱的玄汉政府更始皇帝刘玄却在宛城（今河南省南阳市），如果大军迅速向宛城进发，刘玄必定逃跑。等到攻陷宛城，昆阳城中的守军也自然会向我们投降，因此用不着费力攻打昆阳城。

然而，此时的王邑却露出了其"逞强用兵"的嘴脸，因为在他看来，拿下昆阳不过是举手之劳，故傲慢地对严尤说：今天我率领百万之众，遇城而不能把它攻下，就不能显示军威了。应当先攻陷此城，杀尽里面的人，然后踏着血泊前进，前歌后舞，岂不痛快！于是下令把昆阳城包围了几十重。城里的守将王凤恳求投降，王邑也毫不理睬。

接下来发生的事情大家都知道了，起义部队在刘秀的指挥下，以少胜多，大败政府军，王邑仅带着数千亲兵狼狈地逃回洛阳，这便是举世闻名的昆阳大捷。

昆阳大捷后，不到一个月，天下几乎全部摆脱新朝政府的控制，新朝皇帝王莽不久亦被杀身亡。

凭借当时王邑手中的强大军力，他只要对昆阳城围而不攻，然后挥兵宛城，待攻破宛城，昆阳城当不攻自破，刘秀极有可能被俘或被杀，则中国历史自然就要重写了。然而，就是王邑的这一念之差，企图借昆阳城炫耀武力，反而加速了新朝的覆灭。

另据《资治通鉴卷第一百三十一·宋纪十三》载，南北朝时期，公元466年，处于北魏和南宋之间的徐州刺史薛安都派出使节，向南宋明帝刘彧请求归降。宋明帝认为南方的局势已经稳定，便想向淮河以北炫耀武力，于是命镇军将军张永率军五万人北上，迎接薛安都。尚书左仆射蔡兴宗劝阻说：薛安都归降，绝对是真心的，现在只要派出一个人，手持一封信，就可达到目的，但忽然出动重兵，薛安都一定会内心恐惧，说不定他就会因此向北魏投降。徐州是一个重镇，一旦归于北魏，对南宋来说就是一个重大的威胁。宋明帝不接受，对大臣萧道成说：如果薛安都反抗，我正好借机讨伐，你以为如何？萧道成表示反对，认为这么做没什么好处，刘彧却充满自信地说：我手下的各路人马，都是精锐，何往而不克，你就不要多说了。

薛安都听说南宋大军北上，内心恐惧，便向北魏乞降，请兵自救。

这样，宋明帝刘彧终于"如愿以偿"，可以用武力逞强于天下了。那么结果如何呢？结果就是张永被北魏和薛安都的联军打得大败，张永仅逃出一命，

● 《资治通鉴卷第一百三十一·宋纪十三》：

徐州刺史薛安都……遣使乞降。上以南方已平，欲示威淮北，乙亥，命镇军将军张永、中领军沈攸之将甲士五万迎薛安都。

南宋帝国最终失去了淮河以北四州和豫州的淮西地区。

明明可以用和平手段控制大片地区，却偏偏要逞强用兵，结果"赔了夫人又折兵"，既愚蠢又可笑，这正是老子所深恶痛绝的！

【深度透讲】

本节论述老子关于逞强用兵者必会失败的思想，主要依据的是《老子》第七十六章："人之生也柔弱，其死也坚强；草木之生也柔脆，其死也枯槁。故坚强者死之徒，柔弱者生之徒。是以兵强则不胜，木强则共。强大处下，柔弱处上。"关于本章文字的含义及其中的一些文字表述，历代学者存在不少争议，需要我们深入分析的，主要有以下四个方面。

1. "草木之生也柔脆"前是否应加"万物"二字

"草木之生也柔脆，其死也枯槁"中的"柔脆"，指柔弱、柔软，因此，"草木之生也柔脆，其死也枯槁"，意即草木活着时是柔软的，死后就枯槁了。

值得注意的是，"草木之生也柔脆"一句，傅奕本、《老子吕惠卿注》等均如此表述。然而，河上公本、王弼本、范应元的《老子道德经古本集注》等作"万物草木之生也柔脆"，景龙碑本作"万物草木生之柔脆"，在"草木"前均有"万物"二字。对此，一些学者认为，"万物"二字系衍文，应删。如奚侗的《老子集解》明确说："各本'草木'上衍'万物'二字。"陈鼓应的《老子今注今译》也说："通行本'草木'上衍'万物'二字，傅奕本、严遵本……均无'万物'二字，据删。"

然而，该句文字，帛书甲本亦作"万物草木之生也柔脆"（乙本残损），因此，一些学者认为，"万物"二字不当删，无"万物"二字的本子系脱误所致。如高明的《帛书老子校注》说："今从帛书甲、乙本观察，两本皆有'万物'二字；谳（yàn）之古籍，……足证《老子》原本如此，王弼、河上诸本均不误。……今本凡无'万物'二字者，皆脱误，当补。"刘笑敢的《老子古今》亦说："蒋锡昌、严灵峰、陈鼓应等均主张'万物'为衍文，当删……笔者以为'万物'二字……不当删。……下文所述显然是以宇宙普遍现象为根据论证人世的道理，所以举例不应只限于草木。"

笔者认为，从文本证据来看，河上公本、王弼本、景龙碑本、帛书本等均作"万物草木"，因此，该句有"万物"二字无疑有更充足的证据。然而，笔者倾向于该句应无"万物"二字，理由如下。

一是"万物草木"的说法不符合语言表述的习惯。因为所谓"万物"，指的是宇宙间的一切事物，它本身就包含了草木，因此，可以说"万物之生也柔脆"，也可以说"草木之生也柔脆"，但不宜把"万物"和"草木"二者并列，说"万物草木之生也柔脆"。这就好比我们可以说"粮食可供人食用"，也可以说"米面可供人食用"，但不宜说"粮食米面可供人食用"，因为粮食中包含米面。

二是"草木之生也柔脆，其死也枯槁"的表述在意思上已十分完整、恰当，加上"万物"二字，明显显得累赘、多余。

三是既然说"万物""生也柔脆，其死也枯槁"，则这里的"万物"，当指除了人、草木以外的一切有生命之物，而不包括山水、土石等无生命之物。而"万物"指的是包含有生命之物和无生命之物在内的宇宙间一切事物，说宇宙间的所有事物像土石、空气等"其死也枯槁"，无疑是十分不妥的。

四是老子在这里说此话，目的是说明"坚强者死之徒，柔弱者生之徒"的道理，故举人和草木生死时的不同状态为例来加以说明，这在意思上和逻辑上都是很顺畅的。若非要计较，如刘笑敢所言，"下文所述显然是以宇宙普遍现象为根据论证人世的道理，所以举例不应只限于草木"，则老子直接说"万物之生也柔弱，其死也坚强"不就可以了吗？何必费此笔墨，既说"人之生也柔弱"，又说"万物草木之生也柔脆"呢？因此，这是老子一种独特的论述问题的方式，不宜对之作过度的计较。

2."兵强"的含义：恃强用兵，还是军队强大？

"是以兵强则不胜"中的"兵强"，学者们多释为恃强用兵或依靠兵力逞强的意思。如李荣的《道德真经注》说：依靠兵力称强。范应元的《老子道德经古本集注》说：依仗兵力强大而做不义之事。因此，所谓"是以兵强则不胜"，意为所以恃强用兵就肯定不能取胜。

那么，为什么恃强用兵就不能取胜呢？对此，一些学者解释说，恃强用兵，会使处于弱势的对手联合起来，同仇敌忾，所以最终必归于失败。如顾欢的《老子道德经注》说：一味依靠强大的兵力，就会被天下之人背叛，就像《周易》中所说的凭借力气壮来解决问题，最终必然会归于灭亡。李荣的《道德真经注》亦说：把自己的好杀行为暴露在天下

●李荣《道德真经注》：
　乃恃兵为强。

●范应元《老子道德经古本集注》：
　恃强而不义。

●顾欢《老子道德经注》：
　专任强兵，则为天下所叛，如用其壮，终必殄灭。

●李荣《道德真经注》：
　暴于天下好煞，物之所恶。聚寡为众，扶弱为强，反共攻之，则有不胜。

●《老子吕惠卿注》：

是以兵强则恃之而骄，而敌国之所谋也。我骄而敌谋，则所以不胜也。

●苏辙《老子解》：

兵以义胜者，非强也，强而不义，其败必速。

人面前，是人们所厌恶的，因此一定会集少数为多数，使弱者变为强者，共同反击他，他就不能取胜。

此外还有别的解释，如《老子吕惠卿注》认为，恃强用兵者必恃强而骄傲，从而为敌国所谋算。我方骄傲而敌方有计谋，所以不能取胜。苏辙的《老子解》说，用兵要依靠道义取胜，不是依靠逞强，逞强而不合道义，必会快速失败，等等。笔者认为，以上解释都是很有道理的，要想取得战争的胜利，除了有强大的军队，还要有堂堂正正的出兵理由，周密充分的战前部署，以及勇敢善战的将领，严密的军队纪律，等等。否则，很难确保取得战争的胜利。

不过，对于这里的"兵强"的含义，也有一些学者不释为恃强用兵，而释为军队强大，如张松如的《老子说解》说："军队强大了就不能取胜"。任继愈的《老子绎读》亦说："军队强大了必将失败"。笔者认为，这样的解释是不确切的，军队强大了必将失败，难道只有军队弱小才能取胜？因此，对于这里的"兵强"，不能简单地理解为军队强大，而应理解为恃强用兵的意思。

3."木强则共"的含义及其是否应作"木强则兵"或"木强则折"

老子说"兵强则不胜，木强则共"，"木强则共"中的"木强"，指树木强大粗壮，对此，学者们的理解基本一致。然而，对于"共"的含义，则着实让人摸不着头脑：树木强大粗壮了就"共"，啥意思？所以我们只好先来看看历史上那些著名的解《老子》的学者的理解。但是，一看之下，发现他们的理解亦并不统一，其中较有代表性的，主要有以下两种。

● 《老子道德经河上公章句》：

本强大则枝叶共生其上。

● 《唐玄宗御制道德真经疏》：

木根本强大，则枝叶共生其上。

● 苏辙《老子解》：

木自拱把以上，必伐矣。

● 林希逸《道德真经口义》：

木之初生者皆柔，久而坚强，至于拱把，则将枯矣。

● 俞樾《老子平议》：

《老子》原文本作"木强则折"，因"折"字阙坏，止存右旁之"斤"，又涉上句"兵强则不胜"而误为"兵"耳。"共"字则又"兵"字之误也。《列子·黄帝》篇引老聃曰：兵强则灭，木强则折，即此章之文，可据以订正。

● 奚侗《老子集解》：

兹从《列子·黄帝》篇、《文子·道原》篇、《淮南·原道训》引改。木强则失柔韧之性，易致断折。"折"，各本或作"共"，或作"兵"，皆非是。"折"以残缺误作"兵"，复以形近误为"共"耳。

一是认为"共"指共同，"木强则共"，指树木强大，则枝叶共同生在它的上面，如《老子道德经河上公章句》《唐玄宗御制道德真经疏》等都持此种理解。

二是认为这里的"共"通"拱"，指两手合围的径围，"木强则共"，指树木长到两手合围那么粗，就会遭人砍伐或自行枯死，如苏辙的《老子解》与林希逸的《道德真经口义》等都持此种理解。

此外还有各种别的解释，如范应元的《老子道德经古本集注》认为，"木强则共"指树木强大则众人共同把它砍伐："木强大则人共伐之。"张松如的《老子说解》认为"共"指"弯拱"："树木强大了就会要弯拱"，等等。

值得注意的是，"木强则共"一句，王弼本、顾欢的《老子道德经注》等作"木强则兵"。对于"木强则兵"的含义，一些学者认为，它指的是树木强大就会被砍伐，因此，这里的"兵"，指伤害、砍伐。如高亨的《老子注译》说："树木坚强则将被砍伐，不能久存。"张默生的《老子章句新释》说："'木强则兵'，言木强则被砍伐也。"

在对"木强则共"的理解中，还有一种值得注意的观点，就是俞樾（yuè）的《老子平议》、奚侗的《老子集解》等认为，"是以兵强则不胜，木强则共"两句，当依《列子·黄帝》《淮南子·原道训》《文子·道原》所引《老子》作"兵强则灭，木强则折"。

另外有不少当代学者如蒋锡昌、朱谦之、任继愈、陈鼓应、牟钟鉴等都认为这里应作"兵强则灭，木强则折"。如蒋锡昌的《老子校诂》说:"《列子》'不胜'作'灭','兵'作'折',当从。"陈鼓应的《老子今注今译》说:"王弼本作'兵强则不胜,木强则兵',据《列子·黄帝篇》《淮南子·原道训》等书所引改正。"

对于"木强则折"的含义,学者们多释为树木强大必会遭受摧折。如任继愈的《老子绎读》说:"树木强大了必将摧折"。牟钟鉴的《老子新说》说:"为什么木强则折呢?因为刚强的高大的植物,其枝干容易受到外力的冲击而损伤,例如台风的袭击可以折断粗大的树木,却不能损伤柔软低矮的小草。"但是也有别的理解,如奚侗的《老子集解》说:"木强则失柔韧之性,易致断折。"陈鼓应的《老子今注今译》说:"树木强大就会遭受砍伐。"等等。

然而,也有学者反对上述观点,如劳健的《老子古本考》明确反对作"兵强则灭,木强则折",而主张应作"兵强则不胜,木强则兵"。

值得注意的是,这两句帛书甲本作"兵强则不胜,木强则恒",乙本作"兵强则不胜,木强则兢"。对此,高明的《帛书老子校注》认为,这两句应作"兵强则不胜,木强则共",不应作"兵强则灭,木强则折"。

张松如的《老子说解》的观点亦与高明类似,只是他认为应作"兵强则不胜,木强则拱":"验之帛书,上句作'兵强则不胜',似古本皆同,则下句作'恒'、作'兢',或作'兵',作'共'或'拱',皆可相叶为韵。'兵强则灭,木强则折',自是别本异文,不可据改也。"

由上可知，对于"木强则共"一句的文字表述及含义，历来众说纷纭，迄今未能统一。因此，在此拟先讨论该句的文字表述，再来讨论其确切含义。

关于该句的文字表述，笔者认为，首先应该明确的是，"兵强则不胜，木强则共"两句，不应作"兵强则灭，木强则折"。为了说明这个问题，我们先来看《列子》《淮南子》《文子》中关于这两句文字的引文：

老聃曰：兵强则灭，木强则折。柔弱者生之徒，坚强者死之徒。（《列子·黄帝》）

柔胜出于己者，其力不可量。故兵强则灭，木强则折，革固则裂，齿坚于舌而先之弊。（《淮南子·原道训》）

老子曰：夫得道者，志弱而事强，心虚而应当。……故兵强则灭，木强则折。（《文子·道原》）

由以上引文可知，《列子·黄帝》所引虽明确说"老聃曰：兵强则灭，木强则折"，但从其整段引文来看，并非对《老子》本章相关文字逐字逐句的引述，尤其是语序明显颠倒，因此，我们很难判定其中的"兵强则灭，木强则折"确系《老子》原文。《淮南子·原道训》中虽有"兵强则灭，木强则折"的文字，但文中并未说这两句引自《老子》。《文子·道原》中所引的文字则更让人疑惑，因为其中的"夫得道者，志弱而事强"等并未见于通行本《老子》。因此，在今所见的《老子》本子多作"兵强则不胜""木强则共"或"木强则兵"的情况下，弃《老子》本子中的文字不用，而以《列子》《淮南子》等所引的并不能完全使人信服的《老子》文字为依据，这样的做法并不妥当。

其次，在"兵强则不胜""木强则共"或"木强则兵"两句中，前面一句因河上公本、王弼本、傅奕本、景龙碑本、帛书甲乙本等均作"兵强则不胜"，故该句应作"兵强则不胜"无疑。至于后一句应作"木强则共"还是"木强则兵"，笔者认为还是以作"木强则共"为妥，理由如下。

一是历史上有代表性的《老子》本子如河上公本、傅奕本、景龙碑本、范应元的《老子道德经古本集注》等多作"木强则共"，作"木强则兵"的仅为王弼本等较少的本子，而且，从王弼关于该句的注文"物所加也"，即他物体加于其上来看，王弼本所依据的原文亦有可能作"木强则共"。

二是从学者们对"木强则共"的解释来看，把它释为树木长到两手合围那么粗就会遭人砍伐或自行枯死，或释为树木强大则众人共同把它砍伐，都明显属于增字作解。但是，把"木强则共"释为树木强大则枝叶共生其上亦显得释义过窄。在笔者看来，"木强则共"中的"共"当指同用、共同具有或承受的意思。因此，"木强则共"，指的应是木强大则比它柔细之物共同加于其上的意思。

而正因为木强大则比它柔细之物共同加于其上，故下文说："强大处下，柔弱处上"，即强大的东西处于下位，柔弱的东西居于上位，因此，这样来理解，在意思上是十分顺畅的。

4. "强大处下，柔弱处上"的内涵及"强大"是否应改为"坚强"

"强大处下，柔弱处上"，就文字本身来说，指的是强大的处于下位，柔弱的居于上位。但是，对于这样的说法，人们难免会感到疑惑，因为在日常生活中，我们看到的更多的是强大者高高在上，弱小者卑微屈伏，老子所说怎么会明显与常识相违呢？可是，老子作为圣人，他说的话大抵是不会有错的。于是，学者们便从不同的角度对老子的这两句话展开了解读，其中值得我们注意的，主要有以下三种解释。

一是认为"强大处下，柔弱处上"，就像造房子时粗大的木材位于下面、细小的材料居于上面一样，反映了天道扶弱抑强或居上宜弱的道理，《老子道德经河上公章句》和顾欢的《老子道德经注》都持此种理解。

二是认为"强大处下，柔弱处上"，是以草木为喻，因为草木粗壮的根干都是处于下面，而柔弱的枝叶则位于上面，说明了柔弱胜刚强、以柔弱为贵的道理。如高延第的《老子证义》说："下三句即草木为喻，根干强大居下，枝叶柔弱居上。"朱谦之的《老子校释》说："盖即草木为喻，以明根干坚强处下，枝叶柔弱处上也。"

三是认为"强大处下，柔弱处上"指的是以强大自居或自夸强大最终会处于下面，以柔弱自守则最终会居于上面。如高亨的《老子注译》中说："以强大自居的人，最后要处在下面；以柔弱自居的人，最后要处在上面。"林语堂的《老子的智慧》中说：

●《老子道德经河上公章句》：

兴物造功，大木处下，小物处上。天道抑强扶弱，自然之效。

●顾欢《老子道德经注》：

下谓柱梁也，上谓橡桷（jué）也。强者居下，为众所乘；弱者居上，为下所载。明贵不在强，居上宜弱也。

"凡是强大自夸，心想要高居人上的人，结果必被厌弃，反居人下；而那些柔弱自守的人，最后终必受人推戴，反居人上。"

笔者认为，"强大处下，柔弱处上"是对"是以兵强则不胜，木强则共"的总结，就"兵强则不胜"即恃强用兵就不能取胜而言，"强大处下"指的是自恃强大的人最终会处于下位；就"木强则共"即木强大则柔细的东西就会共同加在它上面而言，"强大处下"反映的是自然界的一种规律。因此，这里的"强大处下，柔弱处上"既反映了物理世界强大的东西处于下位、柔弱的东西居于上位的规律，又反映了社会生活中恃强必最终归于失败，只有柔弱才能居于优势之地位，因此柔弱优于强大的道理。故把上述三种解释结合在一起，才是对"强大处下，柔弱处上"原因的较为完整的解答。

值得注意的是，"强大处下"一句，傅奕本、景龙碑本等作"故坚强处下"。因此，于省吾的《双剑誃（yí）诸子新证》认为，这里应作"坚强"，不应作"强大"："按：作'坚强'者是也。'坚强处下'，与下句'柔弱处上'对文，作'强大'则不类矣。……本书或言'坚强'，或言'刚强'，无言'强大'者，以是明之。"

笔者认为，于省吾的观点是有一定道理的，《老子》一书中确无"强大"与"柔弱"相对的表述，与"柔弱"相对的通常是"刚强"，如第三十六章中说："柔弱胜刚强"，第七十八章中说："柔之胜刚，弱之胜强"。在第七十六章前面的文字中则均以"坚强"与"柔弱"相对，因此，在结尾处出现"强大"

与"柔弱"相对，难免令人感到突兀。然而，笔者认为，这里应作"强大"，不应作"坚强"，理由如下。

一是河上公本、王弼本、范应元的《老子道德经古本集注》等均作"强大"，帛书甲乙本亦作"强大"。因此，《老子》原文应作"强大"，作"坚强"或系后人所改。

二是"强大处下"一句是就上文的"兵强则不胜，木强则共"而言的，而"兵强则不胜""木强则共"中的"强"，均是"强大"的意思，而非"坚强"的意思，故这里应作"强大处下"，而不应作"坚强处下"。

（三）逞强用兵不符合"道"的原则

老子反对逞强用兵，除了因为逞强用兵容易遭到报应，逞强用兵必会导致失败，还有一个重要的原因，便是逞强用兵不符合"道"的原则，如他在第三十章中说，事物发展到壮盛就走向衰老，这叫作不合乎"道"，不合乎"道"就会提早终结。

老子的这段话，是承接上文"以道佐人主者，不以兵强天下"等而言的，因此，老子说事物发展到壮盛就走向衰老，这里所谓的发展到壮盛，指的便是逞强用兵，故其言下之意，即逞强用兵是不符合"道"的。其实，说逞强用兵不符合"道"，此结论在我们前面论述老子喜欢柔弱时已呼之欲出了，因为柔弱是"道"的重要特性，则柔弱的反面——逞强，当然就是不符合"道"的。

"不道早已"，指不符合"道"的就会提早终结，

● 《老子》第三十章：

物壮则老，是谓不道，不道早已。

亦即提早灭亡，这个道理亦很好理解，世界上凡是反动的、逆历史潮流而动的东西，你别看它有时候气势汹汹、不可一世，但是转眼之间，说垮就垮，你甚至都还没反应过来，它就已经被钉在历史的耻辱柱上了。

中国历史上的王朝不断更替，就与统治者恃强用壮有密切的关系。大致说来，一个新的王朝，当它刚刚建立的时候，通常会比较虚心，比较能听进去不同的声音，比较关注民生，这都符合老子关于柔弱的原则。但是，随着统治的稳固，统治者往往会变得趾高气扬，刚愎自用，唯我独尊，视不同意见为洪水猛兽，不断地与民争利，对于人民的不满，动辄以武力相胁或实施残酷的镇压，这样往往就离覆亡不远了。这便是恃强用壮的必然结果。因此，老子在第六十四章中说："慎终如始，则无败事"，意思是只有不忘初心，才会有好的结果。

【深度透讲】

本节论述老子关于逞强用兵不符合"道"的思想，主要依据的是《老子》第三十章中的"物壮则老，是谓不道，不道早已"，关于该段文字，需要我们深入分析的，主要有以下三个方面。

1."物壮则老"是否合乎"道"

"物壮则老，是谓不道"两句，从字面上来看，指事物发展到壮盛就走向衰老，这叫作不合于"道"，不少学者亦都是这样理解的。

然而，也有一些学者的理解与上述理解明显不同，他们认为，"物壮则老"，这是自然的规律，怎么会不合乎"道"呢？因此，这两句文字其实有隐含的意思，即"是谓不道"指的不是"物壮则老"，而是指违背了"物壮则老"的规律，是不合乎"道"的。如魏源的《老子本义》中说："物壮则老，此天道也，而违之者，是不道矣。"高亨的《老子注译》中说："壮了就老，乃是规律。而下文云'是谓不道'，可知此句之上，应有省文，省去相反之意。……凡物（包括国家与个人）强壮了就要衰老，若违反此规律，妄自逞强，这叫做不合于道。"

那么，这样的观点有无道理呢？笔者认为，这里的关键，是如何认识"物壮则老"一语的实质。若泛泛而论，则"物壮则老"，这无疑是自然的规律；既然是自然的规律，则老子主张自然无为，怎么可能认为自然的规律不合乎"道"呢？然而在笔者看来，这样的理解，看似合理，其实是陷入了明显的误区。因为老子在此讲"物壮则老，是谓不道"，是从"道"与具体事物之关系的角度来讲的。在老子看来，"道"永恒存在，具体事物则有生有灭，存亡无常。而具体事物之所以有生有灭，便是因为它用"壮"，即都有一个强壮的过程；"道"之所以永恒不灭，是因为"道"守柔处雌，永不用"壮"；既然"道"没有强壮的时候，当然也就没有衰亡的时候。正是从这个意义上，老子说"物壮则老，是谓不道"。此正如《老子吕惠卿注》所说：凡是由少变壮，由壮变老，这是物情；"道"则以安守柔弱为强，所以能长久不灭。苏辙的《老子解》也有类似的观点：壮后必老，普通事物无不如此。只有有道的人虽然完满而好像有欠缺，虽然

● 《老子吕惠卿注》：

凡少则壮，壮则老，物之情也。道也者，贵于守柔以为强，乃所以久而不殆者也。

● 苏辙《老子解》：

壮之必老，物无不然者。唯有道者成而若缺，盈而若冲，未尝壮，故未尝老，未尝死。

充盈而好像空虚，没有壮盛过，所以也不会老，不会死。

2. "早已"的含义：早死，还是早停止？

对于"不道早已"的含义，学者们主要有两种解释。一种认为，这里的"早已"，是早死的意思。因此，"不道早已"指不合于"道"的就会早死，即很快死亡。如《老子道德经河上公章句》说："不行道者早死。"蒋锡昌《老子校诂》中亦说："不道结果，必致早死，四十二章所谓'强梁者不得其死'也。"

另一种认为，这里的"已"，是停止的意思。因此，"不道早已"指不合于"道"的事情，应该早早停止不做。如《唐玄宗御制道德真经疏》说：贤臣明主，知道这样不合乎道，就应该早早停下来不做。"已"，是停止的意思。林希逸的《道德真经口义》中亦说：既然知道这样做不合乎道，就应该赶紧去除，所以说"早已"。"已"，是停下来不做的意思。

笔者认为，上述两种理解，第一种是从"物壮则老"的本义来理解的，意即万物壮盛就走向衰老，这是不合乎"道"的；既然不合乎"道"，自然就会很快消亡。第二种则是从"物壮则老"的引申义来理解的，因为由物壮则老，可引申出依靠兵力逞强于天下不合乎"道"，故必不能长久的意思；作为统治者，既已知此道理，就要赶快停下来，不要靠兵力逞强于天下。因此，以上两种理解都是可以成立的。不过，相比之下，第一种理解要显得更直接、更贴切些。

3. "物壮则老"等文字是否应该删除

值得注意的是，"物壮则老，是谓不道，不道早

●《唐玄宗御制道德真经疏》：

贤臣明主，知其不合于道，当须早止不为，故云"不道早已"。已，止也。

●林希逸《道德真经口义》：

既知此为不道，则当急急去之，故曰"早已"。已者，已而勿为也。

已"一段文字，亦见于第五十五章："心使气曰强。物壮则老，谓之不道，不道早已。"对此，姚鼐（nài）的《老子章义》认为，该十二字在本章系衍文，应删。

刘笑敢的《老子古今》似乎赞成姚鼐的观点，他的依据是郭店竹简本中本章无此十二字，但在相当于第五十五章的位置则有"物壮则老，是谓不道"二句："此节与第五十五章末段相重复。竹简本第五十五章有'物壮则老，是谓不道'二句。姚鼐认为此节在本章是衍文……竹简本似证之。"

然而，马叙伦的《老子校诂》的观点则正好与姚鼐相反，他认为第五十五章中的这十二字系衍文，应删："姚说非是。五十五章'物壮'三句，乃由此错衍。"

高明的《帛书老子校注》的观点则又与上述不同，他认为本章和第五十五章均应有此十二字，理由是帛书本的文字就是这样的："今从帛书甲、乙本譣（yàn）之，《德经·含德》与本文皆有此十二字，乃同文复出者，非衍文也。姚说非是。"

笔者赞成高明的观点，今所见历史上有代表性的《老子》本子在本章和第五十五章均有此十二字，而且在意思上亦均能说通，因此，没有必要人为地制造麻烦。

另外，虽然这两章结尾的文字差不多，都认为"物壮则老"不符合"道"，但其中的"壮"之所指并不完全相同，第五十五章中的"壮"，既有由少变壮的强壮的意思，也有违背自然而强力去做的意思。而本章中的"壮"，则主要指逞强用兵。

● 《老子》第五十五章：
知和曰常，知常曰明，益生曰祥，心使气曰强。物壮则老，谓之不道，不道早已。

三、迫不得已而用兵时的原则

● 《老子》第三十章:
　　善者果而已，……果
而不得已。

● 《老子》第三十一章:
　　兵者不祥之器，非君
子之器，不得已而用之。

老子旗帜鲜明地反对发动战争，反对仗恃兵力逞强于天下，那么，当敌人兵临城下，生死存亡系于一线的时候，又该当如何呢？对此，老子毫不含糊地表示：绝不投降，坚决抵抗！如第三十章中说：善于用兵的人，只求获得成功罢了，获得成功只是因为迫不得已。第三十一章中说：兵器是不吉利的东西，不是君子使用的东西，迫不得已才使用它。

也就是说，我虽然不主动去挑起战争，但是，当敌人已经打到了我的家门口，在迫不得已的情况下，我是可以用战争的手段去应对的。因此，老子反对发动战争，但是支持用武力去应对战争。

在迫不得已、面临生死存亡时果断地选择用兵抵抗，用战争对战争，针尖对麦芒，并力求胜利，这体现了老子思想中现实的甚至有着某种霸气的一面！

老子的这一迫不得已才用兵的思想，受到后世诸多兵家的推崇，如《黄石公三略·下略》中说："夫兵者，不祥之器，天道恶之。不得已而用之，是天道也。"意即兵器属于不吉祥的东西，天道厌恶兵器。但是在迫不得已的情况下使用兵器，这是符合天道的。曹操在其《孙子兵法注》的序言中说："圣人之用兵，戢而时动，不得已而用之。"所谓"戢而时动"，意即平时把它收起来，根据时机而运用。唐代的李靖在《唐太宗李卫公问对》中说："兵，不得已而用之。"因此，这样的观点，对于那些明智的统治者而言，应该是有较好的借鉴作用的。

不过，老子虽然支持用武力去应对战争，赞成在迫不得已的情况下可以用兵，但对迫不得已的情况下应该如何用兵，用什么样的态度去用兵，用兵时采用什么样的礼仪，也作了十分具体的规定。

（一）见好就收，适可而止

对于迫不得已而用兵，老子提出的第一个忠告，就是只要取得战争的胜利，让敌人不敢继续发动战争即可，切不可在取得战争的胜利后骄傲自满，或依靠兵力继续逞强。如他在第三十章中说：善于用兵的人，只求获得成功罢了，不敢依靠兵力来逞强。获得成功而不妄自尊大，获得成功而不自我夸耀，获得成功而不骄傲自满，获得成功而只是因为迫不得已，这叫作获得成功而不逞强。

老子之所以反对在取得战争胜利后骄傲自大，逞强显摆，这一方面与他反对"以兵强天下"即逞强用兵的思想一脉相承，因为既然反对逞强用兵，当然也会反对取得战争胜利后继续用兵；另一方面则与老子提倡知足、知止，要求凡事适可而止的思想密切相关。在《老子》一书中，关于"知足""知止"有着不少的论述，如第三十二章中说："知止所以不殆"，即知道适可而止，所以没有危险。第三十三章中说："知足者富"，即自知满足的就是富有。第四十四章中说："知足不辱，知止不殆，可以长久。"即知道满足就不会受到侮辱，知道适可而止

●《老子》第三十章：
善者果而已，不敢以取强。果而勿矜，果而勿伐，果而勿骄，果而不得已，是谓果而勿强。

就不会有风险，这样就能长久存在。第四十六章中说，知道满足的这种满足，是永远的满足，等等。既然老子主张凡事要适可而止，留有余地，那么在对待战争的问题上，当然也就不会主张穷追猛打，赶尽杀绝了。

这里需要说明的是，关于老子"善者果而已"，要求知足知止的思想，有的学者认为，它说明老子是主张穷寇勿追的，如廖勇传思在《大道兵法》一书中说："《老子》中有多处谈到'知足''知止'的问题。……其在军事上的具体运用，便是穷寇勿追的战术观。"廖勇传思进一步认为，老子穷寇勿追的战术观，容易给敌人留下喘息和反扑的机会，不如孙武的"穷寇勿迫"更具实用价值："不可否认，老子由知足知止的大道哲学进而主张穷寇勿追，也容易给溃逃之敌留下喘息和伺机反扑的机会。而孙武'用兵八戒'中的'穷寇勿迫'，就显得更为具有战争艺术性。……'穷寇勿迫'，不是完全不追击，而是在首先考虑自身安全的前提下如何能够稳妥地歼灭残敌。与老子的胜而止战不追相比较，'穷寇勿迫'战术思想对于你死我活的战场厮杀而言，显然有了更加实用的操作价值。"

关于上述观点，值得我们注意的主要有这样两点：一是老子主张在迫不得已用兵时，只要取得胜利就可以了，不要因此而炫耀武力，这一思想是否等同于"穷寇勿追"？笔者认为，这两者是不能画等号的。因为所谓"穷寇勿追"，意为对于陷入绝境的敌人，不要追迫太急，以防其拼死反扑，造成自己不应有的损失。而老子所谓的只要取得胜利就罢了，这里的胜利，应是彻底战胜了敌人，好比外敌入侵，我已把外敌逐出了国门，使其无力再次发动大规模进攻，此时就没有必要再越境追击；或者好比国内盗匪作乱，我已把它镇压下去，此时就没有必要把参与作乱的人赶尽杀绝。而不是敌人还未被消灭，还在盘踞某地，作垂死挣扎时便罢手不管，任其死灰复燃，再次壮大。

二是孙武的"穷寇勿迫"是否比老子的"穷寇勿追"有"更加实用的操作价值"。关于这个问题，答案是很明显的，就是该问题其实并不存在。因为一方面，我们在上面已经说了，老子的相关思想不能被概括为"穷寇勿追"；另一方面，根据《汉语大词典》的解释，"穷寇勿迫""亦作'穷寇勿追''穷寇莫追'"，因此，所谓"穷寇勿迫"比"穷寇勿追"更有实用操作价值的观点，完全是《大道兵法》的作者主观制造出来的。当然，该书作者欲借此说明老子与孙子军事思想的异同，此种努力还是值得肯定的。

那么如何才能确保军事统帅在取得战争胜利后知道满足，适可而止呢？这便需要军事统帅有很好的心理素质，这个心理素质，按老子的话来说，便是"果而勿矜，果而勿伐，果而勿骄，果而不得已"，即当取得战争胜利后，军事统帅不仅没有丝毫骄傲自满之心，还要想到此类战争本来就不应该发生，因此即使取得了胜利，也是迫不得已之事。

看了这样的观点，估计人们最直接的一个反应，便是老子也太不食人间烟火了吧！人家侵犯了我，我差点命丧人手，或成敌之俘虏，现在好不容易取得了胜利，却一不让我乘机扩大战果；二不让我享

渡
瀘
水
再
縛
番
王

琹
樓

▲清代画家朱芝轩绘制的《三国志演义全图》中的"渡泸水再缚番王图"，描绘了诸葛亮三擒孟获时的情形。

受胜利的喜悦，骄傲自得一下；三还要让我悲天悯人，告诫自己，这样的胜利并非我心所愿。这又有谁能真正做得到呢？

不过，从历史的事实来看，虽然我们很难找到完全按老子所说去做的例子，但是，能部分按老子所说去做的例子还是有的。如三国时期，南方少数民族首领孟获等率众进犯蜀国，诸葛亮前往平定，七擒七纵，终于使孟获心悦诚服。这一方面说明诸葛亮讨伐孟获，并非主动发起战争，而是当孟获等威胁蜀汉的统治秩序时，诸葛亮不得已才用兵；另一方面说明诸葛亮用兵的目的，不在于好大喜功，炫耀武力，而在于收服人心，使人民得以安居乐业，故当每次擒获孟获，孟获心中表示不服时，便放了孟获，让他有机会感知诸葛亮真正的用心和意图。

然而，不得不承认的是，在中国历史上，像诸葛亮这样的军事统帅毕竟是少数，很多打了胜仗便趾高气扬，不可一世，从而耀武扬威的人，最终当然难以避免覆灭的命运。

据《资治通鉴卷第四·周纪四》载，战国时期，公元前286年，宋国国君戴偃主动发起战争，向东进攻齐国，夺取了齐国的五个城镇。齐湣（mǐn）王出兵反击，灭掉了宋国。因胜利来得太容易，齐湣王便认为自己有超人的军事智慧，遂骄傲得不可一世。他向南侵入楚国，向西攻击赵国、魏国和韩国，甚至把目标直指已分裂为二的周王国，扬言要把周天子赶下台，由他来做。身边的大臣只要有向他进谏劝阻的，他便毫不犹豫地把他们处死。

齐湣王的行为搞得天怒人怨，于是，燕昭王派

●《资治通鉴卷第四·周纪四》：

齐湣王既灭宋而骄，乃南侵楚，西侵三晋，欲并二周，为天子。

乐毅联络楚、魏等国，共同向齐国发起进攻。

公元前 284 年，各国联军与齐军在济西进行大会战，齐军大败，齐国人心崩溃，乐毅率军攻占燕国首都临淄，齐湣王逃走。

齐湣王先是逃到卫国，卫国国君让出宫殿给他居住，自己称臣。然而齐湣王十分傲慢，口出恶言，结果被卫国人赶走。之后齐湣王又投奔邹国、鲁国，都因态度傲慢，不被接纳。最后只好逃到莒（jǔ）城（今山东省莒县），被楚国大将淖齿抓住并处死。

因宋国率先攻打齐国，侵占齐国的领土，齐湣王才率兵反击，此可谓"不得已而用兵"。按照老子的观点，齐湣王在攻灭宋国后，应该见好就收，可是齐湣王却继续逞强用兵，最终导致了身死异国他乡的下场。

另据《资治通鉴卷第七十九·晋纪一》载，公元 272 年，镇守西陵（今湖北省宜昌市）的东吴将领步阐投降晋国。东吴皇帝孙皓命镇国大将军陆抗率兵讨伐。陆抗夺回西陵、诛杀步阐后，孙皓自认为得到上天的保佑，意气显扬，让术士尚广为他占卜是否能得到天下。尚广回答说：占卜的结果吉祥。到了庚子年，青色的车盖会进入洛阳。于是，孙皓发动大军攻击晋国，并御驾亲征，在南京举行誓师大会后，还带着太后、皇后及皇宫美女数千人，先到牛渚（今安徽省当涂县采石矶），继续西上。后来因为天降大雪，道路不通，寒冷入骨，才被迫返回。那么孙皓的最终结局如何呢？八年后，即公元 280 年，晋国军队在杜预、王濬（jùn）等率领下，大举进攻东吴，东吴军队崩溃，孙皓脱光上身，双手被

●《资治通鉴卷第七十九·晋纪一》：

吴主既克西陵，自谓得天助，志益张大，……不修德政，专为兼并之计。

绑在背后，抬着棺木，到王濬军营投降。东吴建国五十九年，至此灭亡，三国时期结束。

【深度透讲】

本节论述老子关于在迫不得已用兵时要见好就收、适可而止的观点，主要依据的是《老子》第三十章中的"善者果而已，不敢以取强。果而勿矜，果而勿伐，果而勿骄，果而不得已，是谓果而勿强"。关于该段文字，需要我们深入分析的，主要有以下两个方面。

1. "善者果而已"中"果"的含义

"善者果而已"中的"善者"，学者们大多将其释为善于用兵的人，如《老子吕惠卿注》说："故善用兵者"，高亨的《老子注译》说："善于用兵的人"。也有一些学者把"善者"释为修道的善人或有道的人，如成玄英的《老子道德经开题序诀义疏》说："言修道善人"，魏源的《老子本义》说："所谓善者，即有道者也。"这样的解释也能说通，可作为参考。

对于"善者果而已"中"果"字的含义，学者们在理解上则分歧较多，其中值得我们注意的，主要有以下四种理解。

一是认为"果"指救助、救济。因此，"善者果而已"指善于用兵的人，只求能够救济危难而已。如王弼的《老子道德经注》说："果"，是救济的意思，"善者果而已"，指善于用兵的人，只是前往救济危难而已。林语堂的《老子的智慧》亦说："善于用兵的，只求达到救济危难的目的就算了。"

● 王弼《老子道德经注》：果，犹济也。言善用师者，趣以济难而已矣。

●李荣《道德真经注》：

　　能用为善杀敌，为果。贼来侵我，所以除之。

●《老子道德经河上公章句》：

　　善〔用〕兵者，当果敢而已，不美之。

●吴澄《道德真经注》：

　　兵之善者，果决于一时以定乱而已。

●司马光《道德真经论》：

　　果犹成也，功成则已。

●王安石《老子注》：

　　用兵者，不过胜而已，故曰"善者果而已"。果者，胜之辞也。

　　二是认为"果"是杀敌、克敌的意思。因此，"善者果而已"指善于用兵的人，只求能杀敌止暴而已。如李荣的《道德真经注》说：能够用兵去为善杀敌，即是果。贼人来侵犯我，所以除掉它。蒋锡昌的《老子校诂》说："善用师者务在能杀敌人而已。"

　　三是认为"果"是果敢、果决的意思。因此，"善者果而已"指善于用兵的人，只是果断地下决心用兵而已。如《老子道德经河上公章句》说：善于用兵的人，应当果断用兵，但不要去为此而得意。吴澄的《道德真经注》说：善于用兵的，只是一时果断地平定祸乱而已。

　　四是认为"果"是成功或胜利的意思。因此，"善者果而已"指善于用兵或行事的人，只要取得成功或胜利便罢休。如司马光的《道德真经论》说："果"是成功的意思，取得成功就应停下来。王安石的《老子注》说：用兵打仗，目的不过是取得胜利罢了，所以说"善者果而已"。"果"，是胜利的意思。高亨的《老子注译》说："善于用兵的人，战胜便罢休了。"

　　此外，有的学者还专门强调，这里的"果"字，不一定非要从用兵的角度去理解，因为这样杀伐之气过重，不符合老子自然无为的思想特点。如朱谦之的《老子校释》说："《老子》：'善有果而已。'盖以诚信为果之第一义，谓唯诚信可以得人，不必用兵也。旧解以'敢'字释'果'，不知《老子》以'不敢'为教，'勇于敢则杀，勇于不敢则活'，'敢'非《老子》古义，……王弼注：'果犹济也。'此为果之第二义。……蒋锡昌误解《老子》，谓'果在能杀敌人'，是杀人犯，非老子也。"

笔者认为，从以上对于"果而已"的诸种解释来看，无论是把它释为只求能救济危难，只求杀敌止暴，还是只要取得成功或获得胜利便罢休，一个共同的特点，便是指善于用兵的人，实现了用兵的目的，达到了其用兵的效果。老子认为，用兵只要取得成功、实现了预期的目的就行了，所以接下来说"不敢以取强"，即不要以此来逞强于天下。因此，把这里的"果"释为成功、成就，表示结果与预期相合，是比较恰当的。河上公等把"果"释为果决、果敢，虽然也能说通，但正如朱谦之所言："不知《老子》以'不敢'为教"，因此，这种理解似有些偏离了老子的思想宗旨。

2."果而勿强"与"果而勿矜，果而勿伐，果而勿骄，果而不得已"的关系

"果而勿矜，果而勿伐，果而勿骄"中的"果"字，据上所述，都是指获得成功；矜，指自尊自大；伐，指自我夸耀；骄，指骄傲自满。由此可见，"矜""伐""骄"在这里是近义词，都有以自我为中心、自夸自大的意思。因此，有的学者明确指出，"矜""伐""骄"文异而其实质相同。如魏源的《老子本义》说："矜者自恃，伐者夸大，骄者恣肆，三病一源。"蒋锡昌的《老子校诂》亦说："'果而勿矜'，言能杀敌人而勿夸矜也。下二句并与此句文异谊同。"而老子在这里一连串的"勿矜""勿伐""勿骄"，说明了他对谦虚、知止之德的重视和强调。

在"果而勿矜，果而勿伐，果而勿骄"之后，老子接着说"果而不得已"，这里的"不得已"，是

无可奈何、不能不如此的意思。因为老子主张"不以兵强天下",即不靠兵力逞强于天下,因此,便不能动辄以武力解决矛盾和冲突,只有在用其他手段都无法解决矛盾和冲突时,才不得不采用武力来解决问题,故所谓"果而不得已",指的是获得成功而只是因为迫不得已的意思。

接下来的"是谓果而勿强",意即这叫作获得成功而不逞强。与前面的"果而勿矜,果而勿伐,果而勿骄,果而不得已"的四"果"不同,在"果"字前加了"是谓"二字,说明"果而勿强"是对前面四"果"的总结,即只有做到了上述四"果",才是真正做到了获得成功而不逞强。

然而,"是谓果而勿强",这是范应元的《老子道德经古本集注》等本子中的文字表述(郭店竹简本作"是谓果而不强"),河上公本和王弼本均作"果而勿强",前面无"是谓"二字。无"是谓"二字,则"果而勿强"与前面的四"果"便是并列关系,而不是对前面四"果"的总结。从河上公和王弼的注释来看,他们亦正是从并列关系来理解的。

当代学者如林语堂、高亨、陈鼓应等的《老子》注译本亦均以王弼本为依据,作"果而勿强"。

除了上述,傅奕本、景龙碑本等均作"是果而勿强",对于"是果而勿强",学者们多认为它是对上面四"果"的总结。如苏辙的《老子解》明确说:"勿矜、勿伐、勿骄、不得已四者,所以为勿强也。"杜道坚的《道德玄经原旨》亦说:"果而勿矜、勿伐、勿骄,果而不得已,……须如此行,方是果而勿强之道也。"

● 《老子道德经河上公章句》:

　　果敢,勿以为强兵坚甲以侵凌人也。

● 王弼《老子道德经注》:

　　但当以除暴乱,不遂用果以为强也。

俞樾（yuè）的《老子平议》明确指出，该句应作"是果而勿强"："傅奕本作'是果而勿强'，当从之。"

蒋锡昌的《老子校诂》则认为，该句应作"是谓果而勿强"："下'果'上当从范本增'是谓'二字。'是谓果而勿强'，与下文'是谓不道'并列。"

值得注意的是，该句马王堆帛书甲本作"是胃（谓）果而不强"，乙本作"是胃（谓）果而强"，对此，高明的《帛书老子校注》认为："乙本……在末句'强'前脱'不'字，抄写之误，当同甲本均作'是谓果而不强'。"高明还进一步指出，《老子》原文当为"是谓果而不强"。

综上所述，笔者认为，该句文字应作"是谓果而勿强"，理由如下。

一是从第三十章自"以道佐人主"至"果而勿强"的文字来看，其核心是反对依靠兵力逞强于天下，故老子反复说"不以兵强天下""不敢以取强""果而勿强"，因此，这里的"果而勿强"与前面的"果而勿矜，果而勿伐，果而勿骄，果而不得已"不应该是并列关系，而应是对上述四"果"的总结。既然如此，则在"果而勿强"前加"是"或"是谓"以示区别，是很有必要的。

二是作"是果而勿强"的有傅奕本、景龙碑本等，作"是谓果而不强"的有竹简本、帛书甲乙本等，相比之下，作"是谓果而不强"当更接近《老子》原本，且意思更为明确。

三是"果而不强"中的"不"字，历史上绝大多数本子均作"勿"，虽然"不"与"勿"在这里的意思一样，但考虑到在历史上流传版本的客观情况，还是以作"勿"为妥，且范应元的《老子道德经古本集注》正作"是谓果而勿强"，故该句应作"是谓果而勿强"。

（二）恬淡为上，不嗜杀人

关于迫不得已而用兵，老子提出的第二个忠告，便是要保持内心的清静淡泊，不要因为取得胜利而得意，否则必将成为失败者，如老子在第三十一章中说：兵器是不吉利的东西，迫不得已而使用它，以内心清静淡泊为最好。获胜后不要得意，如果因为获胜而得意，这就说明喜欢杀人。喜欢杀人的人，是不能在天下实现自己的愿望的。

当我们称赞某位军事家或军事将领用兵如神、战功赫赫时，往往会说某某之战是他的得意之作。但是，这样的说法，在老子这里，似乎是有些忌讳的。因为在老子看来，只要是通过你死我活的拼杀而赢得的胜利，都是以大量将士的死亡为代价的，而人命至重。因此，如果你为此而感到得意，那只能说明你内心残忍，喜欢杀人；而一个喜欢杀人的人，是一个违背天道的人；一个违背天道的人，当然就不可能获得最终的成功，"不可以得志于天下矣"。

当然，以上只是老子个人的观点，我们并不能说他说的就是真理。也有人认为，对敌人仁慈，就是对人民残忍，因此，在战场上多杀敌人，这本身并没有什么错。

所以，问题的关键，还在于什么样的敌人该杀，什么样的敌人不该杀。当敌人准备杀你的时候，或

●《老子》第三十一章：

兵者不祥之器，非君子之器，不得已而用之，恬淡为上。胜而不美，而美之者，是乐杀人。夫乐杀人者，则不可以得志于天下矣。

者当敌人正向人民挥舞屠刀的时候，这样的敌人当然该杀；反之，当敌人已经放下武器，已经向你投降的时候，便是不该杀之敌。老子在这里所说的"乐杀人"中的"人"，指的应该就是这样的敌人。

在中国历史上，因为嗜杀而不能得志于天下，最有代表性的人物，当数战国时秦国的大将白起。

据《史记》记载，秦昭王时，白起因率军占领楚国的大片土地，受封武安君。秦昭王四十七年（公元前260年），白起在长平（今山西高平西北）打败只知纸上谈兵的赵国大将赵括，重创赵军主力，并坑杀了已经放下武器投降秦军的赵军四十五万人。

当时的白起准备乘胜一举攻灭赵国，因秦相范雎嫉妒白起功高，劝秦昭王接受赵国的和谈要求，白起的志向未能实现。之后赵国违背承诺，秦昭王再次发兵进攻赵国。因白起生病，遂以五大夫王陵为将。在王陵进攻赵国不断受挫的情况下，秦昭王数次要求白起前往替代王陵，白起均表拒绝。秦昭王一怒之下，把白起逐出首都咸阳，并赐剑逼迫白起自尽。

当然，我们不能说白起之死与他坑杀四十五万赵军有直接或必然的联系。但是，俗话说"杀降不祥"，敢于一下子坑杀四十多万条性命，说明白起是一个内心十分残忍的人。这样的人，必然会遭到他人的忌恨。因此，白起之不得好死，也就不令人奇怪了。

在唐代王勃所写的著名的《滕王阁序》中，有"冯唐易老，李广难封"之句，其中的"李广难封"，指的是西汉时期的名将李广，为守卫边疆屡立战功，

坑弃萬軍

▲清末民国时期画家马骀绘制的《坑弃万军图》，象征性地描绘了战国时期秦国大将白起坑杀四十多万赵军的情形。

北方的匈奴人敬畏地称他为"飞将军"。然而，当时有不少能力和声望都不及李广的将领都被封了侯，李广却始终未能封侯，最后甚至因为贻误军机而引咎自尽。因此，人们后来用"李广难封"来寓意一个人终生不得志或得不到公正的待遇。然而，在笔者看来，李广之所以难封，虽然与其运气不佳有关，但是，他在为人处事方面易走极端，杀了不该杀的人，亦是一个十分重要的因素。

据《史记·李将军列传》载，李广和他的堂弟李蔡曾一同在文帝驾前当差。到景帝在位时，李蔡已经慢慢升迁到了二千石。到武帝即位后，李蔡便做了代国的丞相。元朔五年，李蔡又以轻车将军的身份跟随大将军卫青出击匈奴右贤王，由于功劳够格，被封为乐安侯。到元狩二年，李蔡竟接替公孙弘做了丞相。李蔡的人品才能只能算中下等，名声比李广也差远了。然而，李广一辈子也没有得到封爵领地，官位最高没有超过九卿，而李蔡却被封了侯，官阶也到了三公。李广部下的不少军官甚至士兵后来有的也封了侯。有一次，李广和一个善于望气的术士王朔闲谈，他对王朔说：自从汉朝讨伐匈奴开始，我几乎参加了每一次战斗。我手下的一些人有的才能还够不上中等，然而现在已经有几十个人因为攻打匈奴的功劳而被封侯了。而我哪一条也不比他们差，可是直到今天竟没有得到尺寸之地的封赏，这是什么原因呢？是我的骨相不该封侯呢？还是命里注定的呢？王朔说：您好好回想一下，您曾经做过什么让自己后悔的事吗？李广说：我在做陇西太守的时候，曾遇上羌人谋反。我引诱他们投降，有

●《史记·李将军列传第四十九》：

广尝与望气王朔燕语，曰："……岂吾相不当侯邪？且固命也？"朔曰："将军自念，岂尝有所恨乎？"广曰："吾尝为陇西守，羌尝反，吾诱而降，降者八百余人，吾诈而同日杀之。至今大恨独此耳。"朔曰："祸莫大于杀已降，此乃将军所以不得侯者也。"

八百多人已经投降了，但最后我欺骗了他们，在同一天就把他们都杀了。我至今最后悔的就是这件事。王朔说：杀害已经投降的人，是一种最大的祸祟，这就是您不得封侯的原因。

望气术士把李广不能封侯的原因归于他曾经杀降，这虽有迷信的成分，但至少说明李广不是老子说的那种以"恬淡为上""胜而不美"的人。而且，李广之残忍嗜杀，还体现在另外一件事情上。

另据《史记·李将军列传》记载，李广曾以未央宫卫尉的身份任将军，率军出击匈奴，结果遇上了匈奴的大部队，李广军死伤惨重，李广自己也曾被俘虏，侥幸得以逃回。按照军法，李广应当被斩首，后来虽通过出钱摆平了此事，但李广也成了普通百姓。之后李广常常和颍阴侯灌婴的孙子灌强隐居在长安以南的蓝田县山中打猎。有一天夜里，李广带着一个随从骑马去和他的一个朋友在乡间饮酒，回来经过霸陵亭的时候，正好遇到了喝醉酒的霸陵县尉，他命令李广停下来并对其加以呵责。这时李广的从人连忙解释说：这位是前任的李将军。县尉说：就是现任的将军也不许夜行，更何况前任的将军！于是硬把李广扣留在亭下过了一宿。不久，匈奴人进犯，杀了辽西郡的太守，打败了韩安国的守军。于是汉武帝重新起用李广，任命他做了右北平太守。李广接到任命后，就向朝廷请求调那个霸陵县尉与他一起上任，一到军中，李广就把他杀了。

霸陵县尉扣留李广，依据是法令规定不许夜行，因此，其行为本身说不上有什么过错。但是，霸陵县尉的说话态度却让人接受不了：即使是现任将军

●《史记·李将军列传》：
尝夜从一骑出，从人田间饮。还至霸陵亭，霸陵尉醉，呵止广。广骑曰："故李将军。"尉曰："今将军尚不得夜行，何乃故也！"止广宿亭下。

也不行，更何况是前任的将军！李广当时的身份虽然是一介草民，但他好歹也是一个名人，霸陵县尉如此折辱，自然会令李广对他充满怨恨。因此，等到李广重新掌握权力时，便会对该县尉采取报复行动，这是可以理解的。但是，李广的报复措施无疑严重过头了，他竟然把这个霸陵县尉调到自己的军中，并把他斩杀了。从《史记》的记载来看，该霸陵县尉是个鲁莽势利之人，对于这样的人，李广把他调入军中，恐吓折磨一番，让他后悔恐惧，道歉告饶，也就可以了，而李广却杀了他。

所以，李广不能封侯，不能"得志于天下"，可谓咎由自取，因为他太喜欢杀人了。

然而，正如老子在第十二章中所说，"驰骋畋（tián）猎令人心发狂"，纵马打猎都能使人内心狂荡，更何况是以人为目标的战争杀戮呢？因此，要让一些杀红了眼的军事将领在残酷的战场环境中做到"恬淡为上""胜而不美"，是十分困难的，故大量的历史记载，向我们展示的，都是一些军事将领不顾一切的残酷杀戮。

公元 36 年，东汉大将吴汉攻占公孙述统治的成都，在成都军民尽皆投降的情况下，吴汉发布屠城令，斩公孙述妻子儿女，屠杀公孙家族，长幼不留，并屠杀延岑家族。纵兵奸淫烧杀，焚毁公孙述宫殿。

公元 193 年，曹操向陶谦发动攻击，陶谦大败，曹操把男女老幼数十万人驱逐到泗水，全部屠杀，尸体堆积如山，泗水为之不流。

公元 613 年，隋炀帝杨广命江都丞王世充讨伐反叛的刘元进，获胜，王世充召集最先投降的士卒，在佛像前盟誓，绝对不动杀机，引得许多参加叛乱的人纷纷前来自首，然后，王世充把他们引诱到一个山谷中，封锁四周，全部屠杀，死者达三万多人。

……

对于吴汉的暴行，柏杨在《现代语文版资治通鉴》中说："我们认为，吴汉先生身上流有畜生的血液，……白起先生在长平坑杀赵国降卒，项羽先生也在新安坑杀秦国降卒，还可解释说，降卒有战斗潜力。而成都那些儿童和母亲，有什么战斗潜力？"当时的东汉皇帝刘秀也对吴汉的行为大为震怒，发出严厉的谴责。

曹操是东汉末年的枭雄，曾亲自注解《孙子兵法》，有着出色的军事才能，然而，赤壁一战，大败亏输。他拥有强大的实力，却终其一生，未能统一天下，当与其骨子里这种残忍嗜杀的本性不无关系。

王世充是隋末群雄之一，足智多谋，曾自立为帝，但最终被李世民打败，在流放的途中为他人所杀。

因此，老子关于"乐杀人者，则不可以得志于天下矣"的警告，实为后世的万千生灵着想，功莫大焉！

【深度透讲】

本节论述老子关于恬淡为上、不嗜杀人的思想，主要依据的是第三十一章中的"兵者不祥之器，非君子之器，不得已而用之，恬淡为上。胜而不美，而美之者，是乐杀人。夫乐杀人者，则不可以得志于天下矣"。关于该段文字，需要我们深入分析的，主要有以下两个方面。

●林希逸《道德真经口义》：

恬淡，无味也，即是
不得已之意也，虽胜亦不
以为喜。

●《大明太祖高皇帝御注
道德真经》：

纵使大胜，不过处以
寻常。所以寻常者，即恬
淡也。

●《老子道德经河上公
章句》：

不贪土地，〔不〕利人
财宝。

1."恬淡"的内涵及文字表述之争

老子说："兵者不祥之器，非君子之器，不得已
而用之，恬淡为上"，强调当君子不得不用兵的时
候，要"恬淡为上"。对于这里的"恬淡"一词，学
者们主要有两种理解。一种认为，"恬淡"指心中对
用兵之事没有喜好之心，即使获得胜利亦是如此。
如林希逸的《道德真经口义》说："恬淡"，就是没
有滋味，也就是感到不得已，虽然获得胜利，但也
不感到高兴。《大明太祖高皇帝御注道德真经》说：
即使获得大胜，也是以平常心对待，所谓平常心，
也就是恬淡。

另一种认为，这里的"恬淡"，指用兵时对土地
财物等没有贪欲。如《老子道德经河上公章句》说：
不贪别人的土地，不追求别人的财宝。高亨的《老
子注译》说："恬，指内心没有私愤；淡，指内心没
有贪欲。"

此外，也有学者认为，这里的"恬淡"指安静。
如李荣的《道德真经注》说："恬淡，静也。"蒋锡昌
的《老子校诂》说："'恬澹为上'，言安静为上也。"

笔者认为，"恬淡"即安静淡泊的意思，具体到
用兵打仗之事上，则其内涵便是《老子》第三十章
所说的"善者果而已，不敢以取强"，即善于用兵之
人只要达到军事行动的目的就行，不要用兵力去逞
强于天下。因此，详细而言，若用兵于禁暴除乱，
则只要达到平定暴乱的目的即可，不要借此滥杀无
辜；若用兵于抵御外敌入侵，则只要把侵略者驱逐
出境，使之不敢来犯即可，不可因此扩大战端，导
致兵连祸结。而用兵者能做到"善者果而已，不敢

以取强"，与其内心淡泊宁静、没有贪欲有十分密切的关系，故上述学者的观点可谓从不同的角度对"恬淡"的含义进行的揭示。

不过，关于"恬淡"的文字表述，学者们尚有不同的意见。如王弼本的"恬淡"，河上公本、景龙碑本作"恬惔"，傅奕本作"恬憺"，成玄英的《老子道德经开题序诀义疏》作"恬澹"。对此，蒋锡昌的《老子校诂》认为，"淡"应作"澹"，是安静的意思："'淡'当据《释文》作'澹'。'澹'为'憺'字之假，《说文》：'憺，安也。'"不过，据《汉语大词典》，"恬淡""恬惔""恬澹""恬憺"四个词的意思相同，都是指清静淡泊，似没有必要细作分别。这里值得我们注意的是劳健的《老子古本考》中的观点：

> 今河上亦作"恬惔"，诸本异同，自古纷歧，循其音义，皆不可通。今考二字乃"铦（xiān）锐"之讹，谓兵器但取铦锐，无用华饰也。

劳健认为"恬淡"应作"铦锐"，这无疑是一个天才的猜测，因为后来出土的帛书本和郭店竹简本都在某种程度上证明了其猜测的正确性。如帛书甲本中该词作"铦袭"，乙本中作"铦恘"，竹简本中作"铦纕"，虽然后面的那个字不作"锐"，但是前面的那个字均作"铦"，这不能不让人叹服。故刘笑敢的《老子古今》说："劳说以为'恬淡'之'恬'当作'铦'，已为帛书本和竹简本证实，可见其功力。"

那么，"铦锐""铦袭""铦恘""铦纕"分别是什么意思呢？据劳健的解释，"铦锐"指锋锐。而"铦袭""铦悦"与"铦繏"，学者们通常多读作"恬淡"。如高明的《帛书老子校注》说："诚如帛书组所注，甲本'铦袭'与乙本'铦悦'，均当从今本作'恬淡'。"彭浩的《郭店楚简〈老子〉校读》说："'铦繏'读作'恬淡'。"

然而，裘锡圭在《郭店〈老子〉简初探》中却提出了与上述不同的解读。他认为，竹简本的"铦繏"当读作"铦功"，指兵器尖利。

对于劳健和裘锡圭的观点，刘笑敢的《老子古今》有这样的评论："按照竹简本与帛书本，根据劳健与裘锡圭的解释，通行本的'恬淡为上'应为'铦功为上'，是指兵器如果不得不用，当以锋锐为上，如此，则老子思想并非不切实际的书生之见。"

笔者认为，劳健与裘锡圭的观点是颇具启发意义和价值的，因为通行本的"恬淡"二字若作"铦功"，意为锋锐，则可逆证本章开头作"夫佳兵者"有其道理。因为据"兵者不祥之器，非君子之器，不得已而用之，铦功为上"，说明老子主张在迫不得已使用兵器的时候，最好使用锋利的兵器，而所谓锋利的兵器，实即"佳兵"，因为"佳兵"即精良的兵器，两者含义相同。故老子在本章一开头强调精良的兵器是不吉利的东西，接下来又说在迫不得已使用兵器的时候，最好还是使用精良的兵器，这样就使该段文字前后呼应，逻辑完整。

2. "胜而不美"的原因及"胜而"二字是否应该去掉

"胜而不美"，意即胜了而不以之为美，打了胜仗而不认为是美事。对于这里的"美"字，当代学者多释为"得意"。如林语堂的《老子的智慧》说："即使打了胜仗，也不可得意。"陈鼓应的《老子今注今译》说："胜利了也不要得意洋洋"。

为什么要"胜而不美"呢？一些学者指出，那是因为君子崇尚恬淡无为，不崇尚武力，打仗是迫不得已的事情，而且打仗本身亦说明君子之德尚不能使对方心服，存在某种不足，故即使打了胜仗也不要得意。如成玄英的《老子道德经开题序诀义疏》说：君子崇尚无为，所以即使用兵，也不把它看成美事。《唐玄宗御制道德真经疏》说：统治者不能凭借自己的德行感化他人前来归附，而只好用兵来求得胜利，所以虽然取胜，仍为自己德薄而感到惭愧，不值得得意。

值得注意的是，"胜而不美"一句，傅奕本、范应元的《老子道德经古本集注》等作"故不美也"，景龙碑本、成玄英的《老子道德经开题序诀义疏》等作"故不美"，郭店竹简本作"弗美也"，帛书甲乙本作"勿美也"，都没有"胜而"二字。对此，裘锡圭在《郭店〈老子〉简初探》一文中认为，没有"胜而"二字，则"不美"是指不修饰兵器使美；有了"胜而"二字，则"不美"成了对待用兵的态度，《老子》原本当无"胜而"二字："老子的原意是说，兵器是在不得已的情况下使用的东西，只要锋利坚固合于实用就好，不应加以装饰使之美观（即劳健所谓'无用华饰'），如果这样做，那就是以杀人为乐了。老子所处的春秋晚期，正是王公贵族刻意追求兵器精致华美之时，从古书中的吴越铸剑传说和

● 成玄英《老子道德经开题序诀义疏》：

君子心尚无为，故虽用兵，不以为美也。

●《唐玄宗御制道德真经疏》：

夫不能以德怀来，而用兵求战胜，故虽克胜，犹惭德薄，不以为美。

徐君羡慕季札宝剑等故事就可以看出来。出土春秋晚期兵器，有的器身有美丽暗纹，有的有黄金或宝石装饰，正是'美'兵的实例。所以老子会有上引那段话。"

对于裘锡圭的观点，刘笑敢的《老子古今》评论说："裘说从文字讲到思想，颇有说服力。"

笔者认为，裘锡圭的观点是十分值得关注的。另外，从现有《老子》版本的情况来看，竹简本、帛书本、傅奕本、景龙碑本等不少本子均无"胜而"二字，则"胜而"系由后人所加的可能性还是不小的。不过，考虑到河上公本、王弼本及历史上其他有代表性的《老子》本子多作"胜而不美"，故这里还是以作"胜而不美"为妥。

（三）用兵贵右，以丧礼处之

老子反对发动战争，反对逞强用兵，虽然在迫不得已的情况下，老子也同意用兵，但他对用兵又作了种种限制，如前面所说的，一要见好就收，适可而止；二要内心恬淡，不嗜杀人。然而，说完了这些，老子觉得还是不够，还是怕用兵会造成种种后遗症，故在第三十一章中，他又提出，要用各种外在的仪式来提醒人们，用兵打仗是不好的，最好不要有用兵打仗之事：君子平时家居以左为贵，用兵打仗时则以右为贵。吉祥的事情以左为尊，不祥的事情以右为尊。副将军处在左边，主将处在右边，就是说要用丧礼来对待。杀人众多，要以悲哀的心情来对待；打了胜仗，要按照丧礼来处理。

在中国古人的观念中，左为阳，主生；右为阴，

● 《老子》第三十一章：

君子居则贵左，用兵则贵右。……吉事尚左，凶事尚右。偏将军居左，上将军居右，言以丧礼处之。杀人众多，以悲哀泣之；战胜，以丧礼处之。

●《老子》第三十八章：

上礼为之而莫之应，则攘臂而扔之。故失道而后德，失德而后仁，失仁而后义，失义而后礼。夫礼者，忠信之薄，而乱之首。……是以大丈夫处其厚，不居其薄。

主杀。故用兵打仗时以右为贵，不祥的事情以右为尊，主将处在右边，便明确表示用兵打仗属于"凶事"，既然是"凶事"，当然就是应该竭力避免的。

然而，值得我们注意的是，在日常的生活和行动中"居左""居右"，或"尚左""尚右"，这都属于礼仪的范畴，而老子对于礼仪是十分反感的。如在第三十八章中，他对礼仪的弊端有十分明确的揭示，并表达了他反对礼仪的鲜明态度：崇尚礼的人有作为而没有人回应时，就捋起袖子，露出胳膊，硬拉着别人顺从。所以失去了道，然后就有了德；失去了德，然后就有了仁；失去了仁，然后就有了义；失去了义，然后就有了礼。礼，标志着忠信衰薄，是祸乱的开端。因此，大丈夫立身于忠信之厚，而不居于忠信衰薄之礼。在这段文字中，老子既指出了礼的特点——用强制的手段来迫使人们实行礼；又揭示了礼的危害——是祸乱的开端；更明确了对待礼应有的态度——大丈夫当立身于忠信之厚，而不应居于忠信衰薄之礼。礼作为社会生活中形成的规范和形式，本来应该是人们内心真情的外化。然而，在实际操作和执行的过程中，礼往往流于纯粹外在的形式，成为人们精神的桎梏，严重束缚人们的行为，故老子才会对礼作出如此严厉的抨击，并加以否定。

然而，老子为了防止迫不得已用兵时造成种种弊端和危害，又不得不把他自己反对的礼仪捡了回来，希望通过方位上居左还是居右的反复强调，来时时提醒人们：战争是不祥之事，只要有一线希望，就不要采用战争来解决问题。这反映了老子反对战争的良苦用心。

● 《老子吕惠卿注》：

老君之察于礼学如此，而谓老君绝灭礼学者，岂知其所以绝灭之意乎？

● 易顺鼎《读老札记》：

此《老子》言礼之证，……孰谓柱下五千文不言礼哉？

老子的上述观点，亦引得一些学者大发感慨：谁说老子反对礼，谁说老子不懂礼，只是你们不知道老子的深意罢了！如《老子吕惠卿注》说：老子对礼学如此明察，那些说老子绝灭礼学的人，怎么能知道老子绝灭礼学的深刻用意呢？易顺鼎的《读老札记》说：这就是《老子》中论述礼的明证，谁说《老子》五千言不说礼呢？

笔者认为，对于世俗之礼仪，老子当然是竭力反对的，但是，当老子发现有的世俗之礼对于防止战争之弊有某种实用价值时，亦只好姑且拿来一用了。这亦反映出老子视战争如洪水猛兽的态度。

【深度透讲】

本节论述老子关于用兵贵右，应以丧礼处之的思想，主要依据的是《老子》第三十一章中的"君子居则贵左，用兵则贵右。……吉事尚左，凶事尚右。偏将军居左，上将军居右，言以丧礼处之。杀人众多，以悲哀泣之；战胜，以丧礼处之"。关于该段文字，需要我们深入分析的，主要有以下三个方面。

1."吉事尚左，凶事尚右"之原因

"吉事尚左"中的"吉事"，指吉祥之事，如婚嫁、祭祀之类的事；"尚左"，指以左方或左位为尊。"凶事尚右"中的"凶事"，指不祥之事，如丧事、战争之类；"尚右"则是以右方或右位为尊。那么为什么"吉事"要"尚左"，"凶事"要"尚右"呢？这是因为，古人认为，左为阳为生，右为阴为杀，阳和生为"吉事"，阴和杀为"凶事"，故有此习惯。如《唐玄宗御制道德真经疏》说：左方属于阳、生

● 《唐玄宗御制道德真经疏》：

左阳而生则吉，故吉事尚左。右阴而杀则凶，故凶事尚右。

●杜道坚《道德玄经原旨》：
　　左尊位，右卑位。吉
事尚左，为可喜也；凶事
尚右，为可哀也。

长，阳和生长之事吉祥，所以吉祥的事情以左为尊；右方属于阴、死亡，阴和死亡之事不吉祥，所以凶事以右为尊。杜道坚的《道德玄经原旨》说：左方属于尊位，右方属于卑位。吉祥的事情以左为尊，是因为属于可喜之事；不吉祥的事情以右为尊，是因为属于可哀之事。

　　一些学者指出，"尚左""尚右"的"尚"字即"上"，意为以左为上或以右为上。如蒋锡昌的《老子校诂》说："'尚'为'上'之假字。"高亨的《老子注译》说："尚，犹上也。"此说有理，郭店竹简本这两句正作"故吉事上左，丧事上右"，帛书甲本亦作"是以吉事上左，丧事上右"。不过，把这里的"尚"释为尊崇、崇尚，意思也是一样的。

　　2. 用兵时为什么要"以丧礼处之"？

　　"偏将军居左，上将军居右"中的"偏将军"，即偏将，指军中的副将；"上将军"，即上将，指军中的主将、统帅。在军队列阵或行礼时，副将位于左边，主将位于右边，对于这样的安排，老子说："言以丧礼处之"，即意味着用丧礼来对待军事行动。那么，为什么说这样的安排意味着用丧礼来对待军事行动呢？这是因为，前面讲"吉事尚左，凶事尚右"，说明兵事、丧事均以右为尊，上将军是军队的核心，上将军处于右位，即说明把军事行动看成"凶事"，所以说"言以丧礼处之"。对于这一道理，林希逸的《道德真经口义》有这样的论述：偏将军的职位本来在上将军之下，现在上将军居于右位，而偏将军居于左位，这说明古人把用兵看作不吉祥之事，所以用丧礼来处理。

●林希逸《道德真经口义》：
　　偏将军之职位本在上
将军之下，今上将军居右，
而偏将军居左，是古人以
兵为凶事，故以丧礼处之。

●成玄英《老子道德经开
题序诀义疏》：

虽战胜前敌，不以为
善。故素服而哭，仍以丧
礼葬之。

●《唐玄宗御制道德真
经疏》：

夫战而获胜，胜则受
爵。武功居右，是非吉位，
故云丧礼处之。但以战为
不祥之器尔，亦何必服缞
（cuī）扶杖，然后称之为
丧礼乎？诸注此义者，皆
云古有斯礼，寻阅坟典，
既无所据，今所未安，故
不录也。

需要指出的是，一些学者如刘师培、劳健、马叙伦等怀疑自"吉事尚左"至"言以丧礼处之"五句非《老子》原文，而是后世注家之语，是用来注释前面的"君子居则贵左，用兵则贵右"的，如马叙伦的《老子校诂》说："伦案：'故吉事尚左'，至'言以丧礼处之'五句，皆'是以君子居则贵左，用兵则贵右'注文误入者也。"

然而，马王堆帛书甲乙本均有该段文字，故高明的《帛书老子校注》明确指出："今从帛书甲、乙本諟（yàn）之，今本不误，刘、马二氏之说不确。"另外，在帛书本之后发现的郭店竹简本亦有该段文字，进一步证明其当为《老子》原文。

3."战胜，以丧礼处之"之实义

"战胜，以丧礼处之"，意即打了胜仗后，按照丧礼来处理。如成玄英的《老子道德经开题序诀义疏》说：虽然战胜了敌人，但是心中不认为这是好事，所以身穿素服而哭，并以丧礼埋葬战死的人。

然而，对于"以丧礼处之"的确切含义，《唐玄宗御制道德真经疏》提出了不同的观点。他认为，所谓"以丧礼处之"，不过是获胜受爵者居于右位，以示不吉利而已，并非真的举行什么丧葬的仪式。

笔者认为，唐玄宗的观点无疑是值得重视的，战争是敌对双方的生死博弈，一方在付出巨大的牺牲，终于取得胜利后，举行仪式庆祝胜利，以表彰功臣，激励士气，这符合人之常情，无可厚非。当然也会在举行庆祝活动时安排哀悼死者的仪式，但若认为获得胜利后只应举行丧礼，不应庆祝，则未免过于不合情理。

中编 用兵之术

老子虽然反对发动战争，但是，在迫不得已的情况下，老子并不反对用兵。而且，老子还进一步强调，既然用兵，便应努力去争取战争的胜利。为此，老子提出了一系列关于如何用兵制胜的原则和方法，其中包括战前的谋划、保密，如何知彼知己，用兵时如何避实击虚、出奇制胜，等等。具体分析老子关于用兵制胜的原则和方法，可以发现其有一个十分重要的特点，就是强调柔弱、不争的重要性，主张通过柔性的手段去获得战争的胜利，如其所提倡的柔弱胜刚强、不争而善胜、不敢为天下先、欲取先予等，贯穿的都是这一特点。

一、绵然而善谋：战前谋划的重要性

战争关系到人的生死和某一集团或国家的存亡，因此，对于战争，我们不能轻率地对待，一定要有周密的计划，详细的安排，谋定而后动。老子认为，天道有一个十分重要的特性，便是善于谋划。如在第七十三章中，老子说："天之道"，即自然的规律，是不争斗而善于取胜，不说话而善于回应，不召唤而自动到来，从容舒缓而善于谋划。因老子强调人道必须效法或服从天道，故人们在做事时，亦一定要像"天之道"那样，从容舒缓而善于谋划。而战争作为人类社会一项特殊而重要的活动，当然发动战争前也必须善于谋划。

老子的这一必须善于谋划的思想，被《孙子兵法》直接继承和发展。如在《孙子兵法·计篇》中，专门强调了"庙算"的重要性。所谓"庙算"，指的是古代在用兵打仗前，都要在宗庙里举行仪式，并商讨作战计划，故后来用"庙算"指出兵前的谋划。孙子说：战争还未开始就在谋划时预计能够取胜，是因为能取胜的条件多；战争还未开始就在谋划时预计不能取胜，是因为能取胜的条件少。能取胜的条件多的就能获胜，能取胜的条件少的就不能获胜，更何况没有任何取胜条件的呢！我根据这些来观察，谁胜谁负就很明显了。

● 《老子》第七十三章：
天之道，不争而善胜，不言而善应，不召而自来，绵（chǎn）然而善谋。

● 《孙子兵法·计篇》：
夫未战而庙算胜者，得算多也；未战而庙算不胜者，得算少也。多算胜，少算不胜，而况于无算乎！吾以此观之，胜负见矣。

●《十一家注孙子》：

张预曰：……筹策深远，则其计所得者多，故未战而先胜；谋虑浅近，则其计所得者少，故未战而先负。多计胜少计，其无计者，安得无败？

对于"庙算"，即用兵前的谋划的重要作用，南宋的张预在其所注的《孙子兵法》中亦说：谋划深远，则此种谋划将会有较多的收获，所以虽然还未打仗，但实际上已经取得了胜利。谋划浅近，则此种谋划所得的收获将会很少。所以，虽然还没有打仗，但实际上已经失败了。谋划收获多的胜过谋划收获少的，那么没有什么谋划的，怎么能不失败呢？

在《资治通鉴卷第二·周纪二》中，记载了战国时期齐国君臣商讨是否发兵救援韩国以及如何救援的情形，可以为我们了解古代的"庙算"提供很好的参考。公元前341年，魏国大将庞涓率军攻打韩国，韩国派人向齐国求救。齐威王召集大臣商议说：是早些去救好呢，还是晚些去救好？成侯邹忌建议：不如不救。齐将田忌不同意，说：如果我们坐视不管，韩国就会被魏国吞并，因此还是早些出兵救援为好。孙膑说：现在韩国、魏国的军队士气还未衰惫，我们此时去救，是我们代替韩国承受魏国的打击，反而听命于韩国了。这次魏国有吞并韩国的野心，等到韩国感到亡国迫在眉睫，一定会向东再来恳求齐国，那时我们再出兵，既可以加深与韩国的亲密关系，又可以晚些承受魏国军队的打击，不但可以获得重利，还可以获得美好的名声。齐威王说：好，就这么办。便暗中答应韩国使臣的求救，让他先回去。韩国因为有了齐国的支持，便奋力抵抗，但经过五次大战都大败而归，最后只好让自己的国家听命于东方的齐国。

而隋朝时薛道衡分析隋伐陈取胜的可能性时，列出一二三四，条理清晰，娓娓道来，可谓深得

"未战而庙算胜者，得算多也"之精髓。据《资治通鉴卷第一百七十六·陈纪十》载，公元588年，隋朝准备消灭南方的陈国，一统天下。隋朝大军进至长江北岸时，长史高颎（jiǒng）问行台吏部郎中薛道衡：此次大举出兵伐陈，江东地区肯定能攻下吗？薛道衡回答说：肯定能攻下。我听说郭璞曾经预言：江东地区分裂三百年后，当再与中原统一。现在三百年的时间已到，这是其一。我们的皇上生活节俭，勤于政事，而陈国皇帝陈叔宝却荒淫奢侈，昏庸无道，这是其二。国家的安危兴亡在于用人，陈朝任命江总为宰相，而江总只会赋诗饮酒，又提拔刻薄小人施文庆，委以政事，又任命萧摩诃、任蛮奴为大将，他们只是有勇而无谋的匹夫，这是其三。我们政治清明，地大物博，南陈政治黑暗，地域狭小，估计他们的军队不过十万人，西起巫峡，东至大海，如果分兵则势力孤单弱小，聚在一起则会顾此而失彼，这是其四。所以，我们可以席卷江东，这一形势没有什么可怀疑的。高颎听后高兴地说：听了你的分析，成败之理，令人豁然开朗。我原来只是认为你有才学，没料到还能如此运筹帷幄。后来，隋朝军队果然大获全胜。

　　既然战前的谋划如此重要，那么具体而言，怎样去谋划，才能取得最好的作战效果呢？对此，老子的主张是，要从事情容易或细小的地方入手进行谋划，如《老子》第六十三章中说：对付难事，要从它一开始容易时入手；做大事，要从细小的事情做起。为什么这么说呢？因为天下的难事，一定开始于容易之事；天下的大事，一定开始于细小之事。

●《老子》第六十三章：

　　图难于其易，为大于其细。天下难事，必作于易；天下大事，必作于细。

●《老子》第六十四章：
其安易持，其未兆易
谋，其脆易泮，其微易散。
为之于未有，治之于未乱。
合抱之木，生于毫末；九
层之台，起于累土；千里
之行，始于足下。

而在第六十四章中，老子更进一步指出，最高明的谋划，其实是在事情还没有发生时就进行处理，在祸乱还没有出现时就进行治理。这是因为，事物在安定时容易持守，事物尚未显示迹象时容易图谋，事物脆弱时容易消除，事物微小时容易消散。为了说明上述道理，老子进一步举例说，你看那合抱粗的大树，是从极细小的萌芽生长起来的；九层高的高台，是由土一点点堆积起来的；千里的行程，是从跨出第一步开始的。因此，如果在事情还未露出某种苗头时便能预计到将会出现的情况，从而采取针对性的措施，便能获得出人意料的好的效果。

老子的上述观点，令我们很自然地想到中国传统医学关于"上医治未病之病，中医治将病之病，下医治已病之病"的说法。确实，若能在事物的萌芽状态，甚至在萌芽还未出现时即进行谋划，并采取针对性的措施，肯定能起到事半功倍甚至不费吹灰之力而消除隐患的作用。

把事物扼杀在萌芽状态，甚至在萌芽还未出现时即采取针对性的措施，这样的思想落实到军事上，便是在敌人准备出兵或还未出兵时即采取行动，从而让敌人不敢出兵甚至主动投降。这样的做法，按照《孙子兵法·谋攻篇》中的说法，便是"上兵伐谋"，即最好的用兵策略，就是破坏敌人的作战谋略。关于"上兵伐谋"的好处，曹操说：在敌人刚开始谋划时就破坏它，这样做比较容易。王皙也说：用智谋让敌人屈服，这是最高明的。

●《孙子兵法·谋攻篇》：
故上兵伐谋，其次伐
交，其次伐兵，其下攻城。
●《十一家注孙子》：
曹操曰：敌始有谋，
伐之易也。
●《十一家注孙子》：
王皙曰：以智谋屈人
最为上。

这就说明，真正善于用兵的人，并不是那种在战场上指挥军队奋勇冲杀、最终取得胜利的人，而是根本不用通过战争就能把敌人打败的人。因此，如果能在敌人刚开始谋划时便胜人一筹，让敌人知难而退，无疑是最佳的。据史载，春秋时期，晋平公准备攻打齐国，就派范昭出使齐国，以摸清对方的虚实。在齐景公招待范昭的宴席上，范昭硬要用齐景公的酒器饮酒。当时晋强齐弱，齐景公只好答应范昭的要求。但在范昭用齐景公的酒器饮过酒后，齐卿晏婴就给齐景公换上了新的酒器。范昭又要求齐国的一位乐官演奏只有天子才能享用的乐曲，但遭到这位乐官的拒绝。范昭回到晋国后，向晋平公建议：不要对齐国用兵，因为齐国有能人，我想侮辱齐景公，但他的臣子很快就识破了我的计谋。晋平公听说后便未敢轻举妄动。孔子曾对此事发表评论说：不离开宴席，就使千里之外意欲来犯的敌人受到挫败，说的就是晏婴啊！

另据《资治通鉴卷第四十二·汉纪三十四》载，东汉初年，割据西北的隗（wěi）嚣的将领安定人高峻率领军队据守高平县（今甘肃省固原县）第一城，东汉建威大将军耿弇（yǎn）等率军包围，时间长达一年，不能将其攻陷。刘秀只好亲自率兵征伐，进军到汧（qiān）县（今陕西省陇县南）时，高峻依然坚守不降，刘秀派遣大将寇恂前往诱降。寇恂带着刘秀的诏书到达高平县第一城，高峻派遣军师皇甫文出城拜见。皇甫文言辞态度，毫不卑屈，寇恂大怒，准备把他诛杀。将领们劝阻说：高峻有精兵一万人，多是强弓射手，在西面堵塞陇地要道，几年都不能将他攻下。现在准备招降高峻，却反而杀戮他的使节，恐怕不行吧？寇恂不听，于是诛杀皇

● 《十一家注孙子》：

杜牧曰：……仲尼曰："不越樽俎（zūnzǔ）之间，而折冲千里之外，晏子之谓也。"

高平斩使

▲清末民国时期画家马骀绘制的《高平斩使图》，描绘了东汉初年大将寇恂斩杀隗嚣的智囊皇甫文的情形。

甫文，放他的副使回去，让他转告高峻说：军师无礼，已经被杀！要投降，就赶快投降；不想投降，就继续坚守！高峻惊慌恐惧，当天就打开城门投降。将领们都向寇恂表示祝贺，并顺便问他：请问，杀了他的使节而又能使他献城投降，这是为什么呢？寇恂说：皇甫文是高峻的心腹，一切谋划都出自于他。这次前来，他态度强硬，没有丝毫投降的意思。如果保全他则高峻会继续从他那里得到计策，杀掉他则使高峻丧胆，所以高峻才投降。将领们全都叹服说：您的智慧不是我们所能赶得上的！

高峻之所以坚守高平县第一城不降，是因为替他出谋划策的智囊皇甫文不同意投降。因此，寇恂斩杀皇甫文，便使高峻失去了智囊，没有人再替他出谋划策了，故高峻只好投降。所以，寇恂杀皇甫文，可谓"上兵伐谋"的典型例子。

【深度透讲】

本节论述老子"绰然而善谋"的思想，主要依据的是第七十三章中的"天之道……绰然而善谋"，以及第六十三章中的"图难于其易，为大于其细。天下难事，必作于易；天下大事，必作于细"，第六十四章中的"其安易持，其未兆易谋，其脆易泮，其微易散。为之于未有，治之于未乱。合抱之木，生于毫末；九层之台，起于累土；千里之行，始于足下"三段文字。关于这三段文字，在此需要强调两点：一是它们并非老子专门用来谈论军事的，但是其思想可用于指导军事行动；二是关于这三段文字的含义及文字表述，学者们存在不少争论，其中需要我们深入分析的，主要有以下三个方面。

1. "绰"的含义及为什么说天道"善谋"

"绰然而善谋"中的"绰"，学者们多释为舒缓、宽缓的意思，如苏辙的《老子解》说："绰然舒缓"。焦竑（hóng）的《老子翼》说："绰，音阐，舒缓。"而所谓天道舒缓或宽缓，指的是天道从容缓慢、不急迫。

"善谋"，意为善于谋划。然而，天道无心，怎能像人那样谋划呢？因此，对于这里提到的"善谋"的内涵，学者们有各种不同的解释，其中值得注意的，主要有以下三种。

一是认为天道"善谋"，指天道善于福善祸淫，报应不爽。如《老子道德经河上公章句》说：天道善于谋划考虑人事，对于行善的人，或作恶的人，都会各自得到报应。杜道坚的《道德玄经原旨》说："绰然而善谋"，指的是天道赐福给行善的人，降祸给作恶的人。

二是认为天道"善谋"，指的是其所为无不成功。如司马光的《道德真经论》说：天道不急迫，但是所有事情都能成功。范应元的《老子道德经古本集注》说：天道默然虚静，但所做之事都能成功，这就是善于谋划。

三是认为天道"善谋"，指的是天能提前知道吉凶，并通过"垂象"即显示征兆来进行预示。如《唐玄宗御制道德真经疏》说：天道通过呈现形象来显示变化，使人可以效法，所以说善于谋划。陆希声的《道德真经传》说：天道通过显示征兆来呈现吉凶，其赐福给为善的人，降祸给作恶的人，分毫不差，可以说是善于谋划了。

●《老子道德经河上公章句》：

善谋虑人事，修善行恶，各蒙其报也。

●杜道坚《道德玄经原旨》：

绰然而善谋，天道福善祸淫。

●司马光《道德真经论》：

不忽遽，而事无不成。

●范应元《老子道德经古本集注》：

默然虚静而动无不成，是善谋也。

●《唐玄宗御制道德真经疏》：

垂象示变，人可则之，故云善谋。

●陆希声《道德真经传》：

垂象见吉凶，知之于未兆，福善祸淫不差毫发，可谓善谋者矣。

笔者认为，天道即自然的规律，它表现为一个完整而严密的体系，规范着自然和人类的一切变化、活动，老子在这里说"善谋"，是采用拟人的手法，表示这一套体系如此完备，仿佛是提前谋划好了似的。而所谓"绰然"，是指天道从容不迫发挥其作用，因为一切均在其设计和掌握之中，无论什么样的行为，都会有相应的回报，丝毫不爽。

2. 对"图难于其易"的两种不同理解

对于"图难于其易"的含义，当代学者主要有两种解释。一种认为，它指的是处理或克服困难，要从容易的地方下手。如陈鼓应的《老子今注今译》说："处理困难要从容易的入手。"汤漳平等译注的《老子》说："处理难事要从容易的事做起。"

另一种认为，"图难于其易"指克服或解决困难，要在它容易时着手。如任继愈的《老子绎读》说："克服困难，要从容易时着手。"卢育三的《老子释义》说："解决困难，要在它还容易的时候着手。"

这两种理解的主要区别在于，第一种理解把困难视作一个既成的、固定的事实，所以要解决它，就要从它容易解决的地方下手；第二种理解则把困难视作一个历时的、由易到难变化的过程，所以要解决它，就要从它刚开始容易时下手。

而从古代学者对"图难于其易"的解释来看，他们大多与上述第二种理解相同，把它释为要对付难事，应从开始容易时下手。如《老子道德经河上公章句》说：想要设法对付困难的事情，应当在它容易且没有形成的时候。《唐玄宗御制道德真经疏》说：现在从它一开始容易的时候设法去对付，则到

● 《老子道德经河上公章句》：

欲图难事，当于易时，未及成也。

● 《唐玄宗御制道德真经疏》：

今谋度其始易之时，则于终无难。

最终不会有什么困难。

笔者认为，从"图难于其易"的文字本身来说，作上述两种解释都是可以的。但是，处理难事要从容易的事做起的说法，只有部分的真理性。因为对有的难事的处理，需要我们不畏艰险，迎难而上，直击要害，"先立其大者，则其小者不可夺也"，而不是回避关键的矛盾，只拣容易的事情做。因此，笔者倾向于作第二种理解，把"图难于其易"释为：对付难事，要从它一开始容易时入手。

3. "其未兆易谋"中"未兆"的确切含义

"其未兆易谋"中的"未兆"，指尚未显出迹象；"谋"，指谋虑、图谋。因此，从文字本身来说，"其未兆易谋"，指的是尚未显出迹象时容易图谋的意思。

一些学者则认为，这里的"未兆"，指的是情欲、祸患、奸邪之心等尚未显现。因此，"其未兆易谋"指情欲祸患之类的东西在尚未显出迹象时容易被阻止或消灭。如《老子道德经河上公章句》说：情欲、祸患尚未显示迹象之时，容易设法阻止它。《唐玄宗御制道德真经疏》说：情欲将要产生的时候，没有预兆，这个时候图谋除去它，也最为容易。

有的学者则认为，"其未兆易谋"指事物没有萌芽或征兆时容易图谋。如林希逸的《道德真经口义》说：事情还没有萌生时，对付起来很容易，等到它显形时，就很难对付了。林语堂的《老子的智慧》说："当事情还未见端倪的时候，是容易图谋的。"

笔者认为，任何事情，不管是好的事情还是坏的事情，当它即将产生某种端倪的时候，都是十分隐微细小的。因此，这个时候去对付它，阻止它进

●《老子道德经河上公章句》：

　情欲祸患未有形兆〔之〕时，易谋止也。

●《唐玄宗御制道德真经疏》：

　情欲将起，未有萌兆。谋杜绝之，亦为甚易。

●林希逸《道德真经口义》：

　事之未萌，谋之则易；及其形见，则难谋矣。

一步成长，或彻底消灭它，都是比较容易的。这便是"其未兆易谋"的含义。因此，上述两种理解都是有道理的，只是第一种理解仅以情欲、祸患等负面的东西来释"其未兆"，显得取义过窄。

二、国之利器不可以示人：战前保密的重要性

说到军事行动取得成功的重要因素，我们常常会想到兵不厌诈、出奇制胜、攻其无备、突然袭击、闪电战等概念或术语，而这些概念或术语有一个重要的特点，便是让敌人无法摸清自己的底细或真实意图，让敌人毫无防备或防不胜防，从而一击致命。而要想让敌人无法摸清自己的底细或真实意图，就必须严格做好保密工作。因为若不做好保密工作，自己的军事计划或进攻方向提前为敌人所掌握，便既失去了进攻的突然性，又使敌人有了针对性的防御措施，军事行动便很难获得成功。

关于保密的重要性，老子是用十分形象的比喻来表述的。第三十六章中说：不能让鱼在深渊中逃脱，国家的锐利武器不能拿出来给人看。所谓国家的锐利武器，既可以指权谋，也可以指运用武力的计划之类。因此，我们可以把老子此话的意思理解为：国家用来对付敌人的谋略不可以让别人知道，因为如果让别人知道了，就会像把鱼放入深渊而脱离了控制一样，它就不可能再为你所用，甚至还会造成严重的后果。

在《孙子兵法》中，则对如何在军事行动前做好保密工作作了十分具体的论述。如《孙子兵法·九地篇》中说：所以决定用兵打仗的时候，要

● 《老子》第三十六章：
  鱼不可脱于渊，国之利器不可以示人。

● 《孙子兵法·九地篇》：
  是故政举之日，夷关折符，无通其使。

● 《十一家注孙子》：

杜牧曰：……夷关折符者，不令国人出入。盖恐敌人有间使潜来，或藏形隐迹，由危历险；或窃符盗信，假托姓名，而来窥我也。无通其使者，敌人若有使来聘，亦不可受之，恐有智能之士，如张孟谈、娄敬之属，见其微而知著，测我虚实也。此乃兵形未成，恐敌人先事以制我也。

● 《孙子兵法·虚实篇》：

故形人而我无形，则我专而敌分；我专为一，敌分为十，是以十攻其一也，则我众而敌寡；能以众击寡者，则吾之所与战者约矣。吾所与战之地不可知，不可知，则敌所备者多；敌所备者多，则吾所与战者寡矣。故备前则后寡，备后则前寡，备左则右寡，备右则左寡，无所不备，则无所不寡。寡者，备人者也；众者，使人备己者也。

封锁关口，废除通行凭证，不让外国的使节出入。关于为什么要封锁关口，不让外国的使节出入，杜牧在对《孙子兵法》的注中解释说：封锁关口，废除通行凭证，是不让国中之人出入。这是怕敌人的间谍偷偷进入，或者隐藏他们的形迹，冒险行事；或者窃取兵符，盗取信物，假冒姓名，而来窥探我的虚实。不让外国的使节出入，指的是如果有敌人的使者前来聘问，也不可接受，因为恐怕敌方有智谋和才能的人，如张孟谈、娄敬之类，能够通过细微的迹象知道事物的发展方向，从而探测到我的虚实。这是在用兵作战的方式方法还未实施以前，防备敌人事先采取措施对我方进行克制。杜牧注中提到的张孟谈，是战国时晋国赵襄子的家臣，他在晋阳之战中策动韩氏、智氏，与赵氏一起灭了智伯。娄敬，则是汉高祖刘邦的谋士。公元前200年，刘邦出击匈奴时，他看穿了匈奴的诡计，曾劝刘邦严加防备。

对于在战前做好保密工作对取得战争胜利的重要作用，《孙子兵法》中也有具体的论述。如《孙子兵法·虚实篇》中说：所以，让敌人暴露形迹而我则隐遁无形，这样我就可以集中兵力而敌人只能分散兵力；我的兵力集中在一处，敌人的兵力分散在十处，我就可以用十倍的兵力攻击一处的敌人，这样就造成了我众敌寡的态势；能够以众击寡，那么与我作战的敌军就会陷于窘境。我准备与敌人作战的地方不要让敌人知道，敌人不知道，那么它要守备的地方就会很多；敌人守备的地方一多，那么能够直接与我作战的兵力就少了。所以敌人守备前面，

▲清代编绘的《满洲实录》中的《攻破马林营图》，描绘了萨尔浒之战中努尔哈赤大败马林率领的明朝北路军的情形。

后面的兵力就少；守备后面，前面的兵力就少；守备左面，右面的兵力就少；守备右面，左面的兵力就少；所有的地方都守备，那么所有地方的兵力就都少。兵力显得少，是因为要处处分配兵力防备别人；兵力显得多，是因为让别人处处分配兵力防备自己。

而在明朝末年的萨尔浒之战中，努尔哈赤正是运用《孙子兵法》中的这一原则，取得了战争的胜利。1619年，明朝出动十万大军，向后金首都赫图阿拉（今辽宁省新宾老城）进攻，试图一举消灭后金军队。然而，明军统帅杨镐在指挥上却犯下致命错误，他把明军分为东、南、西、北四路，分道出动，以期在赫图阿拉城下会师。针对明军的这一部署，努尔哈赤的方针是"凭尔几路来，我只一路去"。当时后金军队共有七万多人，且在士气、地理环境等方面占有优势。当明军将领杜松率西路军到达萨尔浒时，努尔哈赤以优势兵力全歼了明西路军。接着，努尔哈赤以得胜之师攻马林率领的明北路军，又予以全歼。之后，又以同样的方法全歼了刘綎（tīng）率领的明东路军。明南路军行动迟缓，得知东、西、北三路大军被全歼后，赶紧撤退，侥幸躲过一劫。萨尔浒之战进行了短短不到五天时间，明军战死近五万人，后金军队则仅损失两千余人。此战之后，明朝在辽东的军事力量一落千丈，对后金再无还击之力。

由上可知，努尔哈赤在萨尔浒之战中获胜的一个重要原因，便是严格保密，自己如何用兵不为明军所掌握。因为当时杨镐想当然地认为，明军兵分四路向后金首都进发，后金军队不是合军守城，便是分兵堵截，压根儿没想到努尔哈赤会聚兵一处，集中对付一路，而对其他三路明军则置之不理。如果杨镐事先知道努尔哈赤采用此种战法，肯定亦会聚兵一处，以优势兵力打击后金军队。如此一来，最终鹿死谁手，便很难说了。

关于在军事行动中要做好保密工作，不让敌人知道自己意图的重要性，在《史记·魏世家》中有一个十分典型的例子。

战国晚期，有一次，秦昭王问左右大臣：如今的韩国、魏国与当年的韩国、魏国相比，哪一个时期的国力更强？左右之人回答说：如今的韩、魏不如当年的韩、魏强大。秦昭王又问：如今的如耳、魏齐与过去的孟尝君、芒卯相比，谁更贤能？左右之人都回答说：如耳、魏齐比不上当年的孟尝君、芒卯。秦昭王说：用孟尝君、芒卯那样贤能的人，率领强大的韩、魏联军攻打秦国，对我都无可奈何，如今让如耳、魏齐这样无能的人率领疲弱的韩、魏联军攻打秦国，显而易见，他们对我便更加无可奈何了。左右之人都说：确实如此。这时正在抚琴的中旗停止了弹琴，说：大王对天下形势的预料存在不足。当年晋国六卿执政时，其中的智伯最强大。他先消灭了范氏、中行氏，又率领韩、魏军队把赵襄子包围在晋阳，他决开晋水水淹晋阳城，晋阳的城墙只差六尺就要被淹没了。智伯乘车察看水势，魏桓子为他赶车，韩康子为他作参乘。智伯对二人说：早先我还不知道水可以灭亡一个国家，现在知道了。汾水可以淹没魏都安邑，绛水可以淹没韩都

●《史记·魏世家》：
　　中旗冯琴而对曰："王之料天下过矣。……此方其用肘足之时也，愿王之勿易也！"于是秦王恐。

平阳。魏桓子用胳膊肘碰了一下韩康子，韩康子则用脚踩了一下魏桓子。当二人用胳膊肘和脚在车上悄悄接触后，智伯的封地就被三家瓜分了，智伯最终落得个身死国亡、被天下人耻笑的结果。如今秦国的军队虽然强大，但也还超不过当时的智氏；韩、魏虽然弱小，但也比在晋阳城下的时候强大得多。现在正是他们用足肘暗中触碰的时候，希望大王不要掉以轻心。于是秦王立刻生出惊惧之心。

中旗对秦昭王所说的智伯之事发生在公元前453年。当时，晋国的智伯率领韩、魏两家攻打赵襄子，赵襄子坚守晋阳城。智伯决开晋水猛灌晋阳城，晋阳城危在旦夕。然而，智伯得意忘形，说自己到今天才知道水可以灭亡别人的国家，魏都安邑可以用汾水来灭，韩都平阳可以用绛水来灭，因此引起韩、魏之君的警觉，从而互相提醒，并立即与赵襄子联手，消灭了智伯。由此可见，智伯之所以功亏一篑，并转胜为败，是因为他不小心说出了自己心中的想法，而这个想法是只能深藏于心，打死也不能往外说的。中旗在此说此番话的目的，就是要告诉秦昭王：你认为现在的韩、魏不如以前强大，对你无可奈何，这样的想法你只能藏在心里，并贯彻到具体的国策中，但不能把它说出来。现在你在大庭广众之下谈论此事，很快便会传到韩、魏两国国君的耳中，从而使他们更紧密地团结起来，就像当初的韩、魏两家与赵襄子联手对付智伯一样，而这对秦国无疑是十分不利的。中旗的话可谓一语点醒梦中人，所以秦昭王才会感到惊惧。

所以，作为一个统治者，尤其是军中的统帅，

● 《周易·系辞传上》：

乱之所生也，则言语以为阶。君不密则失臣，臣不密则失身。几事不密则害成，是以君子慎密而不出也。

● 《老子》第六十五章：

古之善为道者，非以明民，将以愚之。民之难治，以其智多。

● 《孙子兵法·九地篇》：

将军之事：静以幽，正以治。能愚士卒之耳目，使之无知。易其事，革其谋，使人无识；易其居，迂其途，使人不得虑。帅与之期，如登高而去其梯；帅与之深入诸侯之地，而发其机，焚舟破釜，若驱群羊，驱而往，驱而来，莫知所之。

要想取得军事行动的胜利，必须严格做好保密工作，这是重中之重，必须时时谨记。关于保密工作的重要性，在《周易》中有一段十分经典的论述，值得我们很好地学习并领会。在《周易·系辞传上》中，引用孔子的话说：祸乱的产生，往往是由言语引起的。君主说话不能保密就会失去臣子的忠心，臣子说话不能保密就有可能丢掉性命，机密之事不能保密就会造成危害，所以君子为了保密而说话十分慎重，不轻易开口。

上文介绍了保密工作的重要性，主要是从军事谋划不能让敌人知道的角度而言的。不过，从老子的相关论述来看，即使是对于自己队伍中的将士，老子也是主张要实行严格的保密政策的。因为在第六十五章中，老子明确说：古代善于修道行道的人，不是使人民变得聪明，而是要使他们变得愚拙。人民之所以难以管理，是因为他们的智慧太多。

而高明的军事谋略，其制定者必须有过人的智慧，既然老子希望民众变得愚拙，不希望民众拥有智慧，那言下之意，亦即军事谋略与普通将士是没有关系的，普通将士只要执行上级的命令即可，不需要知道军事谋略的具体内容，更不需要知道其中蕴含着什么玄机。

老子的上述论述虽非专门针对军事行动而言，但作为一种普遍的原则，无疑亦适用于军事。

值得我们注意的是，老子的上述关于"非以明民，将以愚之"的思想，在《孙子兵法》中得到了很好的落实和发挥。在《孙子兵法·九地篇》中，孙子明确指出，军队统帅必须遵循的一条重要原则，便是"能愚士卒之耳目，使之无知"，并要像牧羊人驱赶羊群一样驱使士卒。统帅军队这件事情，一定要做到沉着冷静，隐秘莫测；严正肃穆，有条不紊。能蒙蔽士卒的耳目，使他们对军事行动一无所知。行动不断改变，计谋不断更改，使别人无法识破；驻地随时变换，行军时迂回前进，使别人捉摸不透。将帅与士卒规定时间去作战，就像登上高处后抽掉梯子一样不留退路；将帅与士卒深入诸侯国境内，就像从弩上发射出去的箭无法收回一样，把乘坐的船烧毁，把炊具打碎，以示绝不后退，又像驱赶羊群一样，赶过去，赶过来，却不知道要去哪里。

孙子的上述思想，得到后世不少军事家或学者的赞同，如对于其中的"能愚士卒之耳目，使之无知"，曹操评论说：愚，是迷惑的意思。可以与民众一起享受成功，但不能与他们谋划事情的开始。梅尧臣亦说：凡是军事上的谋略，应该是"使由之，而不使知之"，即让士卒们照着去做，却不要让他们知道为什么要这么做。

但是，这样的思想无疑存在一个十分明显的问题，因为在人们通常的认知中，军事行动需要充分发挥全军将士的积极性和创造性，需要充分挖掘全军将士的智慧，群策群力，去战胜敌人，现在却说普通将士不需要知道军队统帅的军事谋略，只要去执行命令即可，那又如何调动将士们的积极性呢？而且，"愚士卒之耳目，使之无知""若驱群羊"等说法，亦会使军中将士感到很不舒服：本来是团结一致、同心同德去对付敌人的行为（因为在《孙子兵法·谋攻篇》中论述预见胜利的方法时，孙子明

● 《十一家注孙子》：

曹操曰：愚，误也。民可与乐成，不可与虑始。

● 《十一家注孙子》：

梅尧臣曰：凡军之权谋，使由之，而不使知之。

确说过："上下同欲者胜"，即全军上下同心同德的，能够获胜），现在却把我们变成了供人驱使的工具，那我们为什么还要为你卖命呢？

关于这个问题，确实有细加辨析的必要。首先，我们必须承认，要求对民众保密，不能让民众知道得太多、太具体，几乎是很多中国古代思想家共同具有的观点。如据上面的论述，道家的老子主张"非以明民，将以愚之"；兵家的孙子主张"愚士卒之耳目"；即使是儒家的孔子，在《论语·泰伯篇》中亦主张"民可使由之，不可使知之"。所谓"民可使由之，不可使知之"，意即可以让民众照着去做，不要让他们知道为什么要这么做。这样的说法，与"愚士卒之耳目，使之无知"的意思是一样的。如前述，梅尧臣在解释孙子的思想时，便直接用《论语》中孔子的话来进行解释："凡军之权谋，使由之，而不使知之"。

然而，对于"民可使由之，不可使知之"这样的话，民众肯定是十分反感的。因此，长期以来，它常常被视作孔子主张实行愚民政策的证据，备受人们的责难。儒家学者则千方百计为孔子辩护，如朱熹说这里的"不可使知之"是"不能使之知其所以然也"，即不能使民众知道其中的原因的意思；有的学者说这里的"民"是指孔子的弟子；有的学者说孔子的话应读为"民可，使由之；不可，使知之"；等等。

但也有学者指出，不要让民众知道为什么要这么做，就是孔子此话的本意，但不能据此就说孔子主张实行愚民政策。如赵佑在《温故录》中说，如

●赵佑《温故录》：

王者为治……若必事事家喻户晓，日事其语言文字之力，非惟势有所不给，而天下且于是多故矣，故曰不可。

●李塨《论语传注》：

　　至于三纲五常之具于心性，原于天命，使家喻而户晓之，则离析其耳目，惑荡其心思，此不可使知也。

●刘开《论语补注》：

　　盘庚迁殷，民皆不欲，盘庚决意行之，诰谕再三，而民始勉强以从其后，卒相与安。此可由不可知之明验也。

果统治者在实施政策时事事都要让民众知道，不但难以施策，而且还会带来不必要的麻烦。清代李塨（gōng）的《论语传注》中引颜习斋的话说：统治者可以让民众遵循三纲五常，至于为什么要遵循三纲五常，因为其理论十分深奥，如果非要把其中的内容告诉民众，只会给民众造成困扰，所以不可以让民众知道。刘开在《论语补注》中则举商朝盘庚迁殷的例子来说明不可使民知之的原因：盘庚迁都时，民众都不愿意，盘庚则决定要这么做，于是再三发布告示，民众才开始勉强执行，最终则相安无事。这就是可以让民众照着去做而不要让民众知道为什么要这么做的明显证验。

　　综上所述，我们可以得出这样的结论：对于"民可使由之，不可使知之"不可作绝对化的理解。国家的政策、法令以及其制定的原因、用意等，有的必须让民众知道，有的则可以不让民众知道，而有的则必须对民众保密，这要视具体情况而定。举现代社会的例子来说，我国的一系列外交政策，其中涉及国家机密的部分，就不能让普通民众知道；我国军事科技的发展状况，关系到国家的安危，其中的细节就不能让普通民众知道。但是，如果是直接关系民生的政策法令，就必须让民众知道，如电费为什么要涨价，大城市的汽车为什么要限行，就不能光让老百姓去执行，还要让老百姓知道为什么要这么做，这样其执行效果才会更好。所以，我们不能因为孔子说"不可使知之"，便说孔子主张实行愚民政策；也不能因为有的国家机密不应让民众知道，便为孔子辩护，说孔子说得完全对。

由此再来反观孙子"能愚士卒之耳目，使之无知""若驱群羊"等说法的用意，便可发现，它是就具体的军事行动而言的，因为军事统帅运筹帷幄之中，其军事谋略必须根据具体的环境和战场的态势作相应的变化，若事事都要与全军将士商量、沟通，便极有可能错过战机，导致失败。另外，军事统帅的具体谋略，有时也需要具有一定的神秘性，这样才能出奇制胜；若提前公之于众，便极易走漏消息，让敌人事先有了防备，妙计亦会变成臭棋。

至于老子说"非以明民，将以愚之"，更是有其深刻的内涵，对此，我们将在下文作详细的剖析。

【深度透讲】

本节介绍老子关于要重视保密的思想，主要依据的是第三十六章中的"鱼不可脱于渊，国之利器不可以示人"，以及第六十五章中的"古之善为道者，非以明民，将以愚之。民之难治，以其智多"。关于这两段话的确切含义，需要我们深入分析的，主要有以下四个方面。

1."鱼不可脱于渊"：鱼不能离开深渊，还是不能让鱼在深渊中逃脱？

对于"鱼不可脱于渊"的含义，学者们主要有两种不同的理解。有较多的学者认为，这里的"脱"，是离开、失去的意思；"渊"指深潭。因此，"鱼不可脱于渊"，指鱼不能离开深渊，否则鱼就会因为失去水而为人所擒或死亡。如李荣的《道德真经注》说：鱼不可以失去水，鱼失去水就会死亡。苏辙的《老子解》说：鱼这种东西，并没有锋利的

●李荣《道德真经注》：
鱼不可以失水，失水则鱼亡。

●苏辙《老子解》：
鱼之为物，非有爪牙之利足以胜物也，然方其托于深渊，虽强有力者，莫能执之。及其脱渊而陆，则蠢然一物耳，何能为哉？……鱼惟脱于渊，然后人得制之。

爪牙来制服其他的东西，然而当它依托于深渊时，即使强而有力的东西，也没法抓住它。等到它脱离深渊而居于陆地，就是一个蠢笨的东西，还能有什么本事呢？鱼只有脱离深渊，然后人才能制服它。

另外一种观点则认为，"鱼不可脱于渊"中的"脱"，是逃遁或失去的意思。因此，鱼脱于渊，指的是鱼在深渊中逃脱或脱失；鱼逃入深渊则无法控制，故"鱼不可脱于渊"。如《老子道德经河上公章句》说：鱼脱于渊，指的是摆脱刚而得到了柔，无法再把它制服。河上公所说的"柔"，实即指水。王弼的《老子道德经注》说：鱼在深渊中逃脱，就必然会失去。

《韩非子·喻老》及《韩非子·内储说下六微》中则认为，老子在此是以鱼比喻臣子，以渊比喻权势，鱼脱于渊，指鱼逃入渊中，比喻臣子得到了权势，君主失去了权势，而君主一旦失去了权势，便无法失而复得。

当代学者大多持上述第一种理解。如林语堂的《老子的智慧》说："深水是鱼生存的根本，鱼不能脱离深水，否则必定干死。"陈鼓应的《老子今注今译》说："鱼不能离开深渊。"

然而，也有一些当代学者持上述第二种理解。如张富祥的《〈老子〉校释二题》一文认为，这里的"脱"，当释为脱纵、逃脱等意思。"鱼不可脱于渊"指不可使鱼脱纵于深渊之中，后世把"脱"释为脱离，正好把意思搞反了："历来解《老》者释此语，几乎都照字面意思讲为鱼不可脱离渊池。……'鱼不可脱于渊'，意思是不可使大鱼脱纵于深渊之中，

●《老子道德经河上公章句》：

鱼脱于渊，谓去刚得柔，不可复制也。

●王弼《老子道德经注》：

鱼脱于渊，则必见失矣。

与讲为脱离恰好相反。"

刘笑敢的《老子古今》明确支持张富祥的观点，说："其论甚详，其说可从。"

那么上述两种理解哪一种更有道理呢？据张富祥说，他之所以要把这里的"脱"释为脱纵、逃脱等意思，是因为传统的理解与下句"国之利器不可以示人"在意思上不能贯通。因此，在回答上述问题前，我们有必要先来分析"国之利器不可以示人"的确切含义。

2．"利器"之含义：权道，权势，柔弱，还是赏罚？

"国之利器不可以示人"，意为国家的"利器"不可拿出来给人看，那么这里的"利器"指的是什么呢？对此，学者们有诸多不同的理解，其中有代表性的，主要有以下三种。

一是认为这里的"利器"指"权""权道"或"微明"之理，也就是第三十六章前面所说的："将欲歙（xī）之，必固张之；将欲弱之，必固强之；将欲废之，必固兴之；将欲夺之，必固与之。是谓微明。柔弱胜刚强。"如《老子道德经河上公章句》说：利器，指的是权道，即变通之道。治国时，不可以把权道让主管具体事务的人知道。王道的《老子亿》说：上文所说的"微明"的道理，圣人用它就是大道，若被奸雄窃取，就成了纵横捭阖之术，它的害处比兵刃还要大，所以圣人用"利器"来比喻。

二是认为"利器"指赏罚，它是君主控制臣下的手段，所以不能让它显示出来。如蒋锡昌的《老子校诂》说："'利器'二字，当指人君赏罚之权而

● 《老子道德经河上公章句》：

利器〔者，谓〕权道也。治国，权者不可以示执事之臣也。

● 王道《老子亿》：

盖"微明"之理，在圣人用之则为大道，而奸雄窃之则为纵横捭阖之术，其害有甚于兵刃也，故圣人喻之以"利器"云。

●薛蕙《老子集解》：

利器者，喻国之威武权势之属。……譬国能守柔则常安，不可矜其威力以观示于天下，不尔则势穷力屈，而国家不可保矣。

言，所以控制臣下者也。'国之利器，不可以示人'，言人君赏罚之权，不可以示人也。"张松如的《老子说解》说："'利器'云者，乃指人君赏罚之权，所以控制臣下者也。"

三是认为这里的"利器"指国家政权的威力、力量之类。如薛蕙的《老子集解》说：利器，比喻国家的军威、武力、权势之类。譬如，国家能持守柔弱则常常安定，不可以自恃威力而向天下显示，否则就会势穷力竭，使国家政权无法保住。高亨的《老子注译》也说："利器，指政权，或指军事力量。……国君的政权不可显示给别人，因为政权是国君的生存条件。一经显示于人，就没有力量了。"

此外还有别的理解，这里就不一一介绍了。那么在以上三种解释中，哪一种较为合理呢？笔者倾向于第一种解释，理由如下。

一是把"利器"释为权道，具体指第三十六章开头的"将欲歙之，必固张之"等文字，这样就使该章的内容前后呼应，很好地贯通了起来。

二是老子所说的"将欲废之，必固兴之；将欲夺之，必固与之"等，虽是极其有效的手段，但其在具体运用时，必须隐秘地进行，不可把它公开出来，否则便得不到应有的效果，故老子说"不可以示人"。

三是在上述对"利器"的三种理解中，第二种理解，以赏罚释"利器"；第三种理解，以国家的权力等释"利器"，虽然也能说通，但是与前面的文字缺乏紧密的内在关联，故均非十分恰当的解释。

因此，综上所述，笔者认为，"利器"本指锋利的武器，在这里指"权道"即变通之道，也就是"将欲歙之，必固张之"等所代表的处事或治国方法，此种方法亦可称之为"行权"，即改变常规，权宜行事，其实质内涵按照老子在第三十六章中的论述，当指"柔弱胜刚强"。

由此来反观"鱼不可脱于渊"的内涵，笔者认为，因为其中的"于"既有"在"的意思，又有"自""从"的意思，故若把这里的"于"理解为"在"，则"脱"指逃脱、脱失，"鱼不可脱于渊"指不能让鱼在深渊中逃脱，否则就无法控制它；若把这里的"于"理解为"自""从"，则"脱"指脱离、失去，"鱼不可脱于渊"指鱼不能从深渊脱离，即鱼不能离开深渊，否则鱼就会因失水而死。因此，若纯从文字本身来讲，上述两种理解均是可以的。但若从其与"国之利器不可以示人"的联系来讲，则"鱼不可脱于渊"当指不能让鱼在深渊中逃脱，因为以鱼从深渊中脱失，来与把变通之道向别人展示并列而言，显得比较恰当顺畅。

3. 古今学者对"非以明民"的不同理解

对于"古之善为道者，非以明民"中的"善为道者"的含义，学者们或认为指善于修道的人，或认为指用道修身治国的人，或认为指善于用道治理天下或国家的统治者，等等。笔者认为，因为紧接"古之善为道者"的是"非以明民"，因此，首先，可以确定的是，这里的"善为道者"指的应是统治者；其次，这里的"道"，应该包括两重含义，一是指作为宇宙万物本原的"道"，二是指以此"道"为依据的具体的治国之道。作为宇宙万物本原的

●李荣《道德真经注》：

　　不将奸智役心眩物，此非以明人也。

●陆希声《道德真经传》：

　　非以发民聪明，使益其巧智也。

●《唐玄宗御注道德真经》：

　　人君善为道者，非以其道明示于民。

●王安石《老子注》：

　　古之善为道者，不以圣智示人。

●《老子道德经河上公章句》：

　　不以道教民明智巧诈也。

"道"，需要通过"修"才能获得；把通过"修"而获得的"道"应用到具体的治国实践中，即"行道"。因此，把这里的"善为道者"释为善于修道行道的人（统治者），应是比较恰当的。

　　对于"非以明民"的含义，古代学者中居于主流的理解，是把它释为不使人民聪明巧诈，亦即不是把这里的"明"释为聪明，而是释为含贬义的聪明巧诈。如李荣的《道德真经注》说：不用奸诈之智役使心灵，使人迷惑于外物，这就是"非以明民"的意思。陆希声的《道德真经传》说：不是用来让民众变得聪明，使他们增益巧诈之智。

　　当代有不少学者则与之不同，他们把"明民"释为使人民聪明或明智。如高亨的《老子注译》说："不是使人民明智。"张默生的《老子章句新释》说："不是希望人民明察。"

　　除了上述内容，在对于"非以明民"的理解上，还有两种值得我们注意的观点。

　　一是把"明民"的"明"释为明示，因此，"明民"即把"道"、圣智或对声色财物的追求明示于人。如《唐玄宗御注道德真经》说：善于修道的君主，不是把道向民众明示。王安石的《老子注》说：古代善于修道的人，不把圣智向别人明示。

　　二是把"非以明民"中的"以"释为"用"，因此，"非以明民"意为不是用"道"来使人民"明"。如《老子道德经河上公章句》说：不是用"道"来教育民众使其明智巧诈。任继愈的《老子绎读》说："不是用'道'教人聪明。"

　　笔者认为，"非以明民"中的"以"字，既可释

● 王弼《老子道德经注》：

愚，谓无知守真、顺自然也。

● 奚侗《老子集解》：

将以浑其心，使无知无欲，归于素朴也。

● 陆希声《道德真经传》：

将以涂民耳目，使反于愚拙也。

● 《二程集》：

老氏之学，更挟些权诈，若言与之乃意在取之，张之乃意在翕之，又大意在愚其民而自智，然则秦之愚黔首，其术盖亦出于此。

● 吴澄《道德真经注》：

此愤世矫枉之论，其流之弊则为秦之燔（fán）经书，以愚黔首。

为"用"，亦可释为"使"（从前面的引文可知，不少学者正是把"以"释为"使"），不必过于拘执。

那么，"非以明民"的确切含义究竟应该是什么呢？这有赖于对"将以愚之"的含义的确切把握。

4."将以愚之"中"愚"的含义：质朴敦厚，还是愚昧？

对于"将以愚之"的含义，学者们主要有两种理解。一种认为，这里的"愚"，指质朴敦厚，因此，"将以愚之"，指让民众变得质朴敦厚。如王弼的《老子道德经注》说：愚，指的是没有知识，保持本性，顺乎自然。奚侗的《老子集解》说：将要使百姓的心都归于混沌，使他们无知无欲，回到质朴无华的状态。

另一种认为，这里的"愚"，是愚昧的意思，"将以愚之"即使民众愚昧的意思。如陆希声的《道德真经传》说：将要堵塞民众的耳目，使他们回到愚昧笨拙的状态。高亨的《老子注译》说："不是使人民明智，将是使人民愚昧。"

值得注意的是，对于老子"将以愚之"的观点，一些古代学者指出，这里的"愚"，就是愚昧的意思。秦朝的"愚黔首"即使老百姓愚昧的政策，与老子的这一观点有直接的关系。如《二程集》中说：老子的学说，更是带着一些权谋诈术，如说给予的目的是夺取，让它张开的目的是让它合上，又大致说要使民众愚蠢而自己聪慧，那么秦朝使老百姓愚昧的政策，大概也是出自这里。吴澄的《道德真经注》说：这是愤世嫉俗、矫枉过正的言论，它的流弊则是秦朝依据它烧毁经书，以使百姓愚昧。

一些当代学者则更是明确指出，老子的"将以愚之"的观点，即提倡实施愚民政策，如高亨的《老子注译》说："这一章也是老子的政治论，论述他的使民无知的政策，即所谓愚民政策。"任继愈的《老子绎读》说："这一章表述了老子的愚民主张，认为人民的知识多了，就不易统治，老百姓越无知越好。"

不过，对于把"将以愚之"理解为老子提倡愚民的观点，一些学者明确表示反对。他们认为，"将以愚之"中的"愚"，不是愚昧或愚弄的意思，而是淳朴、回归真朴的意思；老子主张统治者自己先"愚"，然后再使民"愚"，这与愚民政策有实质的区别。如高延第的《老子证义》说："愚之"，指的是复归于朴实、淳正，革除浮薄不厚的习俗，也就是使天下人的心都归于混沌的意思，与秦朝人烧毁《诗》《书》，使百姓愚昧并不相同。牟钟鉴的《老子新说》说："学界以往有人认为老子此章宣扬愚民政策，其实是一种误解。愚民政策的特点是要己智而民愚，这样便于统治。但是老子是希望己愚民也愚，这就与愚民政策不同了。……愚人之心不仅不是贬义的，而且是得道者之气象，可以说是大聪明小糊涂。"

综合以上各种观点，笔者认为，"将以愚之"中的"愚"，应该是质朴敦厚的意思，而不应该是愚昧或愚笨的意思，理由如下。

一是从历史上看，不少著名的《老子》的研究者，如河上公、王弼、唐玄宗、司马光、范应元等均释这里的"愚"为质朴、淳朴守真等，只有少数学者把它释为愚昧、愚笨。

●高延第《老子证义》：
愚之，谓反朴还淳，革去浇漓之习，即为天下浑其心之义，与秦人燔《诗》《书》，愚黔首不同。

二是主张使民众"愚"，是老子一贯的思想，如第三章："常使民无知无欲，使夫智者不敢为也"；第十九章："绝圣弃智，民利百倍"；第八十章："小国寡民。使有什伯之器而不用……使民复结绳而用之"；等等。而老子之所以要提倡使民"愚"，是因为在老子的思想中，"道"是最高价值，人生的目的就是追求"道"并复归于"道"，而复归于"道"的方法则是无知无欲。因此，使民"愚"，使民无知无欲，便是要使民复归于"道"，它与所谓的"愚民政策"、愚弄民众没有任何关系。

　　以此来反观"非以明民"中"明"的含义，则这里的"明"，应当释为聪明巧诈的意思，"非以明民"即不使人民聪明巧诈。因此，所谓"非以明民，将以愚之"，意即不是使人民聪明巧诈，而是使他们质朴敦厚。若把这里的"明"释为聪明或明智，则意思不够明确，容易产生老子主张愚民的误解。

三、知人与自知：掌握敌我双方实力的重要性

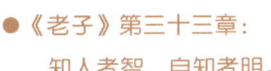

●《老子》第三十三章：
　知人者智，自知者明。

战争是敌我双方实力的较量，因此，要想取得战争的胜利，作为一个合格的军事将领，首先就必须弄清楚敌我双方的实力。

关于了解对方和了解自己的重要性，老子在第三十三章中有明确的论述：知道别人的，有智慧，知道自己的，可谓达到了内心的澄明。所谓知道别人，并不是指泛泛地认识别人，而是知道别人的性格、善恶、优劣、思想观点等复杂的信息、内容，这些东西不是随便就能知道的，它需要你与对方有深入的接触、全面的了解，而且你还需要有很好的洞察力和判断力，故老子说知道别人的，可以说是有智慧，因为缺乏智慧的人是很难真正了解别人的。

与知道别人类似，知道自己亦并非容易之事。在一般人看来，我想知道自己，这还不容易？因为我只要看看自己喜欢什么，不喜欢什么，碰到问题怎么去处理，对事物都有什么样的看法，这不就行了？但还真的不是这么简单。因为人的生命是一种十分复杂的存在，迄今为止，围绕人体的生命结构，仍存在众多难解之谜；而人的心灵则更是复杂之极，所谓"人心惟危"，所谓"心猿意马"，都说明人心易受外物影响，很难控制和把握。因此，老子提出"自知者明"，实在是有十分深刻的含义的，我们切

●《老子》第十六章：
　　致虚极，守静笃。万物并作，吾以观复。

●《孙子兵法·谋攻篇》：
　　故曰：知彼知己，百战不殆；不知彼而知己，一胜一负；不知彼，不知己，每战必殆。

不可等闲视之。也就是说，老子在此所说的"自知"，并非泛泛地指了解自己，而是指对自己彻底、全面的把握和了解；而要达到对自己彻底、全面的把握和了解，唯一的途径，便是排除一切外物的干扰和影响，如《老子》第十六章中所说：使心灵达到空无之极的状态，保持清静达于极致的境地。万物都生长、运动，我由此观察事物返回本源。最后达到归根复命、与"道"合一的境界。因为人的生命来源于"道"，并禀有"道"的特性。因此，只有达到对"道"的体悟和把握，才是真正、彻底地了解了自己。

　　不过，论述至此，我们亦能发现，老子说"知人者智，自知者明"，并非专门就军事上的知道敌我双方的实力而言的，而是就更为广泛地如何看待了解别人和了解自己而言的。专门就军事上了解敌我双方实力的重要性的论述，在中国历史上，当首先见于《孙子兵法·谋攻篇》：了解敌人，也了解自己，百战都不会有危险；不了解敌人而只了解自己，胜负的可能性各占一半；既不了解敌人，也不了解自己，那就每一战都有危险。

　　有学者认为，"知彼知己，百战不殆"，这是孙子在老子"知人者智，自知者明"的基础上总结出来的至理名言，也是指导战争的根本原则。如廖勇传思在《大道兵法》中说："杰出的军事家孙武继承和发挥了老子'知人者智，自知者明'的光辉思想，且由此演绎出'知彼知己，百战不殆'这一争取战争胜利千古不朽的名言。"历代名将之所以能在战争中屡屡获胜，就是因为他们遵循了这一原则。相反，只知己不知彼，或只知彼不知己，都不能确保在战争中获胜。至于既不知己又不知彼，那么在战争中则必败无疑。

需要指出的是，孙子提出的"知己知彼"，与老子提出的"知人者智，自知者明"，虽然论述的都是知道别人和知道自己的问题，但两者在内涵上是存在很大区别的。相比之下，孙子所说的"知己知彼"，在内容上要相对简单一些，它主要涉及的是敌我双方的实力、部署等情况。如在《孙子兵法·地形篇》中，孙子对"知己知彼"的重要性有进一步深入的论述：知道我的部队可以发起攻击，而不知道敌人不可以攻击，取胜只有一半的可能性；知道敌人可以攻击，而不知道我的部队不能攻击，取胜只有一半的可能性；知道敌人可以攻击，也知道我的部队可以发起攻击，但不知道地形不适合作战，取胜只有一半的可能性。所以懂得用兵打仗的人，行动时不会迷惑，采取的措施层出不穷。所以说：了解敌人，也了解自己，取胜毫无风险；懂得天时，懂得地利，胜利不可穷尽。

而在《孙子兵法·用间篇》中，孙子又对"知彼"的内容作了更为具体的说明：凡是想要攻击的敌军，想要进攻的城池，想要杀死的敌方人员，一定要先知道其守卫的将帅、左右亲信、负责接待宾客的人、守门的官吏、在守将身边出谋划策的人的姓名，命令我方间谍务必设法掌握这些情况。

而且，在"知己"和"知彼"两者之中，孙子更重视的是"知彼"的重要性。因为在《孙子兵法》中，很少有孙子专门关于"知己"的论述，却有专

● 《孙子兵法·地形篇》：

知吾卒之可以击，而不知敌之不可击，胜之半也；知敌之可击，而不知吾卒之不可以击，胜之半也；知敌之可击，知吾卒之可以击，而不知地形之不可以战，胜之半也。故知兵者，动而不迷，举而不穷。故曰：知彼知己，胜乃不殆；知天知地，胜乃不穷。

● 《孙子兵法·用间篇》：

凡军之所欲击，城之所欲攻，人之所欲杀，必先知其守将、左右、谒者、门者、舍人之姓名，令吾间必索知之。

孙子曰：凡兴师十万，
出征千里，百姓之费，公
家之奉，日费千金。内外
骚动，怠于道路，不得操
事者，七十万家。相守数
年，以争一日之胜，而爱
爵禄百金，不知敌之情者，
不仁之至也，非人之将也，
非主之佐也，非胜之主也。
故明君贤将，所以动而胜
人，成功出于众者，先知
也。先知者，不可取于鬼
神，不可象于事，不可验于
度，必取于人，知敌之情
者也。

● 奚侗《老子集解》：

知人者智而已，不得
谓明。自知者能见于微，
即微知显，斯为明矣。

门关于"知彼"的重要性的论述，此论述亦见于
《孙子兵法·用间篇》：凡是出动十万人的部队，千
里征战，那么老百姓的耗费，国家的开支，每天需
要花掉千金。国家内外，动荡不安，在道路上疲于奔
命，不能从事生产劳动的，有七十万户人家。敌我
双方在战场上相持数年，是为了争取胜利的那一天，
却因为吝惜爵位、俸禄和金钱，而不能了解敌情，
这样的人就是不仁爱到了极点，他不配做军队的将
帅，不是国君的好帮手，不能成为胜利的主宰。因
此，英明的君主和贤能的将帅，之所以能够动辄取
胜，获得的成功超过众人，就是因为能事先了解敌
情。要事先了解敌情，不能求助于鬼神，不能用以
前的事情进行类比，不能依靠用日月星辰运行的位
置来验证，一定要求助于真正了解敌情的人。

而老子的"知人者智，自知者明"则恰好与孙
子所说相反，因为学者们普遍认为，"自知者明"的
境界要明显高于"知人者智"。如奚侗的《老子集
解》明确说：知道别人只是有智慧而已，称不上明
智。知道自己的人能认识微妙之理，通过微妙之理
而知道显著的情况，这才能称得上明智。而之所以
会产生这样的差别，是因为孙子所理解的"知己"，
主要是指自己军队的人员、装备、士气等情况，对
于这些情况，只要派出几个忠实可靠的人员，通过
认真的调查、统计便可掌握，它不像"知彼"那样，
需要派出专门的人员，冒着生命的危险，潜入敌人
内部，才能获得较为可靠的情报。

关于"知己知彼"对于取得战争胜利的重要性，
无须赘言，故这里仅举历史上较有代表性的两例。

一例发生于东汉末年。据《资治通鉴卷第六十四·汉纪五十六》载，当时，曹操与袁绍相争。袁尚是袁绍的第三子，公元204年，袁尚率兵攻打平原，命苏由、审配守卫邺城（今河北省临漳县西南）。曹操率兵攻打邺城，袁尚率领一万多人回救邺城。当时，曹军将领们都认为：袁尚的军队属于"归师"，即回撤的部队，他们人人都将拼死作战，不如先避开他们。曹操说：袁尚如果从大路来，我们应当避开；如果沿着西山而来，则将被我们擒获。不久，袁尚果然沿着西山而来，在距邺城东十七里的阳平亭，沿着滏（fǔ）水扎营。晚上，袁尚点燃烽火，告知城中守军，城中也点火相应。审配率军出城，驻在城北，准备与袁尚内外夹击，冲破曹军的包围。曹操迎击审配，审配失败，退回城里。袁尚也被曹军击败，退到漳河拐弯处安营。曹操率军包围袁尚营寨，还未完全围住时，袁尚恐惧，派使者向曹操请求投降；曹操拒绝接受，加速进行包围。袁尚连夜逃走，退守祁山，曹操又进军包围，袁尚部将马延、张颢等临阵投降，全军溃散，袁尚逃到中山（今河北省保定县）。

当袁尚率军回救邺城时，曹军将领之所以建议曹操先避开他们，是因为《孙子兵法·军争篇》中有"归师勿遏"的告诫。之所以说"归师勿遏"，是因为往回撤退的敌人归心似箭，拦击他们必会招致拼命的反击，付出的代价会很大。可是，作为一名高明的军事家，曹操的认识却更为精细深入。他认为，对于"归师"，亦应作具体的分析：如果袁尚的大军是走大路而来，说明他们志在救援邺城，故务求快速；如果袁尚的大军是沿着西山而来，则说明他们怕走大路有危险，时时想着自保，故并无必死的决心。因此，曹操决定，若袁尚大军走大路而来，则不妨暂避；若他们沿西山而来，则要果断地予以痛击。故当发现袁尚大军真的是沿西山而来时，曹操便命将士加紧攻击袁尚，果然取得了大胜。由此可见，所谓知己知彼，并不只是了解作战双方表面的军情，而是要在掌握双方军情的基础上，对所掌握的军情作出深入的分析，从而制定出切实可行的用兵方案。

另一例发生于唐朝初年。据《资治通鉴卷第一百九十一·唐纪七》及《资治通鉴卷第一百九十三·唐纪九》载，东突厥的颉（xié）利可汗曾多次率兵侵入唐朝。公元626年，唐太宗初登帝位时，颉利可汗率兵直抵泾阳（今陕西省咸阳市泾阳县），当时，因唐军准备不够充分，唐太宗只好隐忍，与颉利可汗缔结了渭水之盟，颉利可汗撤军。到了公元629年，唐朝内部稳定，东突厥则不断遭遇重大天灾，内部混乱，于是，唐太宗便命定襄道行军总管李靖、并州都督李勣（jī）领兵攻打东突厥国，并任命李靖为总指挥，总兵力达十多万。唐军与东突厥兵接触后，东突厥兵很快便被打得溃不成军，颉利可汗匆忙逃往铁山。

颉利可汗逃到铁山时，残余兵力尚有数万人，颉利可汗派执失思力谒见太宗，向太宗谢罪，请求倾国归附，自己入朝。太宗派鸿胪寺卿唐俭等人抚慰，又令李靖领兵迎接颉利可汗。但是，颉利可汗虽然外表谦卑，实际上内心尚在犹豫，想等到草青

● 《资治通鉴卷第一百九十三·唐纪九》：

　　靖引兵与李世勣会白道，相与谋曰："颉利虽败，其众犹盛，若走度碛北，保依九姓，道阻且远，追之难及。今诏使至彼，虏必自宽，若选精骑一万，赍二十日粮往袭之，不战可擒矣。"

马肥的时候，再逃入漠北。李靖率领兵马与李勣在白道（今内蒙古呼和浩特市西北）会合，相互谋划道：颉利可汗虽然被打败，其兵马还很强大，如果走碛（qì）北一带，依靠他的旧部族，道路阻隔而且遥远，恐怕一时很难追上。现在朝廷的使节已经到了东突厥，颉利可汗一定会放松警惕，如果挑选精锐骑兵一万人，带上二十天的粮草前去袭击，可以不战而生擒颉利可汗。二人将他们的计谋告诉行军副总管张公谨，张公谨说：皇上已下诏接受他们投降，我们的使者正在对方那里，怎么能进攻呢！李靖说：当年韩信就是靠这么做打败齐国的，不应该顾惜唐俭等人。于是率兵连夜出发，李勣随后。距离突厥牙帐只有七里时，突厥兵才发现，颉利可汗乘千里马先逃，李靖大军赶到，突厥兵纷纷溃败。唐俭及时脱身回唐。李靖军队杀死突厥兵一万多人，俘虏男女十余万人，得牲畜数十万头。颉利可汗率领一万多人想要渡过沙漠，李勣军队守住碛口，颉利可汗率兵到达后，无法通过，手下的部族首领均率兵众投降，颉利可汗也被手下之人交给了唐军。李勣俘虏五万多人还朝，开疆的拓土，从阴山向北，一直到沙漠。

　　太上皇李渊听说擒住了颉利可汗，感叹道：当年汉高祖刘邦被匈奴围困在白登城，没能报仇。现在我的儿子能一举剿灭突厥，证明我托付的人是对的，我还有什么忧虑呢！于是太上皇召集太宗皇帝与十几位显贵大臣以及诸王、王妃、公主等，在凌烟阁摆下酒宴，酒喝到半醉时，太上皇亲自弹奏琵琶，唐太宗随音乐起舞，公卿大臣纷纷起身敬酒，一直到深夜。

颉利可汗被擒，东突厥灭亡，消除了唐北方的长期大患，两代皇帝为此兴奋不已。然而，这样战果的取得，完全有赖于李靖和李勣两位将领对颉利可汗之为人和东突厥军力部署的充分了解。因为若依唐太宗的诏令行事，则结果很有可能是颉利可汗采用缓兵之计脱身，领兵逃向大漠深处，待到时机成熟，再次侵入唐朝边境。因此，作为一个军事将领，在知己知彼的基础上，灵活机动地打击敌人，是十分重要的。

【深度透讲】

本节讲述战争中了解敌我双方实力的重要性，主要依据的是《老子》第三十三章中的"知人者智，自知者明"，关于这两句话，需要我们深入分析的，主要有以下两个方面。

1."知人"和"自知"的确切内涵

关于"知人"的内涵，一些学者强调，它指的是察知人的善恶好坏。如《老子道德经河上公章句》说："能知人好恶，是为智。"李荣的《道德真经注》说：考察别人而知道他是善是恶，这就是智。

杜道坚的《道德玄经原旨》则专门指出，所谓"知人"，指的是"知人之心"：这里的知，不是指知道他和我的乡党亲戚，不是指知道他和我的功名事业，而是知道他的心。

笔者认为，上述观点都是有道理的，我们通常所说的"知人"，主要指的是能鉴察一个人的品行、才能等内在的东西，而不是指他的财富、地位、外

● 李荣《道德真经注》：

今鉴人而知善恶，智也。

● 杜道坚《道德玄经原旨》：

知之云者，非知彼我之乡党亲戚也，非知彼我之功名事业也，知其心而已。

貌等外在的东西。

关于"自知者明"一句，一些学者认为，这里的"自知"，并非泛泛地指了解自己，而是指人排除外物的干扰，反照内察而达到的内心澄明的境界。如《老子道德经河上公章句》说：一个人能知道自己贤能还是不成材，这就是向内听而听不到声音，向内看而看不到形象，所以称为明。范应元的《老子道德经古本集注》说：知道自己的，称为明，这指的是根本明彻。水面静止时都能明彻，更何况人的精神呢！

还有一些学者则用《老子》第十六章中的"知常曰明"来解释这里的"自知者明"，认为所谓"自知"，指的是自己能知常道的意思，人能知常道，当然就能内心澄明了。如蒋锡昌的《老子校诂》说："十六章：'知常曰明'；二十二章：'不自见故明'；……是'明'乃能知常道，而不自见其所知之意也。"张默生的《老子章句新释》说："'明'，老子自己解释道：'知常曰明'。常，即常道。"

笔者认为，"自知"的含义是了解自己，在一般人看来，了解自己似乎是一件十分容易的事情，因为我只要把自己作为考察对象，扪心自问就可以了，这又有什么难的呢？有一句人们经常说的话，叫作"人贵有自知之明"，就源于老子所说的"自知者明"，意为人可贵的是具有了解自己的能力，这也是把"有自知之明"视作做人的基本要求。那么，"有自知之明"、了解自己真的就那么容易吗？我们只要回答一下以下这些问题就能十分清楚了：你的自我定位与别人对你的评价是否总是存在偏差？你是否

●《老子道德经河上公章句》：

人能自知贤〔与〕不肖，是为反听无声，内视无形，故为明也。

●范应元《老子道德经古本集注》：

自知以明言，乃本明也，……水静犹明，而况精神。

常常会有无法控制自己情绪的时候？你是否做过令自己后悔莫及之事？……答案都是肯定的。而之所以会如此，一个根本的原因，就是你并没有真正了解自己。因此，老子在此所说的"自知"，是指对自己彻底、全面的把握和了解；而要达到对自己彻底、全面的把握和了解，唯一的途径，便是通过排除一切外物的干扰和影响，最后达到与"道"合一的境界。

2. 为什么说"智"的境界不及"明"

在对"知人者智，自知者明"的理解中，一些学者专门指出，"智"的境界不及"明"的境界，因为"智"只是针对外物的认识，有"智"者不能称"明"；"明"则是内视返照后达到的澄明境界，故"明"者必"智"。如王弼的《老子道德经注》说：知道别人，这只是有智慧而已，不如能知道自己的，它超越于智慧之上。苏辙的《老子解》说：能分别事物，这属于智；心中的遮蔽去尽，这称为明。未能去除分别之心，所以只能知道别人而不能知道自己；心中的遮蔽去尽，便不再有分别之心，所以既能知道自己，又能知道别人。

有的学者甚至认为，"智"是一种存在偏见甚或缺陷的认识。如《韩非子·喻老》中说：智就像眼睛一样，能看见百步之外的东西，却看不见自己的眼睫毛。蒋锡昌的《老子校诂》说："'智'乃能知人之好恶，而行巧诈之意也。"

笔者认为，"智"即智慧的意思，在《老子》一书中，对智慧及运用智慧有独特的理解。如第十八章中说："智慧出，有大伪"，意即智慧显现了，才会有严重的诈伪；第十九章中说："绝圣弃智，民利

● 王弼《老子道德经注》：

知人者，智而已矣，未若自知者，超智之上也。

● 苏辙《老子解》：

分别为知，蔽尽为明。分别之心未除，故止于知人而不能自知。蔽尽则无复分别，故能自知，而又可以及人也。

● 《韩非子·喻老》：

智如目也，能见百步之外而不能自见其睫。

百倍"，意即摒弃聪明和智慧，民众可以得到百倍的利益。但是，老子说上述话的实质，并不是要反对智慧，而是反对对智慧的不恰当的运用。联系到这里的"知人者智"，其意思亦只是说能了解别人属于有智慧，对这里的"智"并无贬抑的意思，故把这里的"智"理解为"行巧诈"，并不恰当。因此，我们可以说"智"的境界不及"明"，但不宜认为这里的"智"是智巧、巧诈的意思。

最后要补充说明的，是"自知者明"中"明"的含义。关于"明"的含义，当代学者的理解可谓五花八门，他们有的将其释为"清明"，有的将其释为"高明"，有的将其释为"明通"，有的将其释为"心明"，有的则干脆不作解释。之所以会出现这种情况，是因为此"明"字的含义实在很难找到一个恰当的词汇来表达。笔者认为，我们在前面已经说过，"自知者明"指的是一个真正能了解自己的人，必须排除一切外物的干扰，内视返听，达到对"道"的体悟。因此，这里的"明"，指的应是内视返听后所达到的内心澄明的境界。

四、不争而善胜：不战而屈人之兵

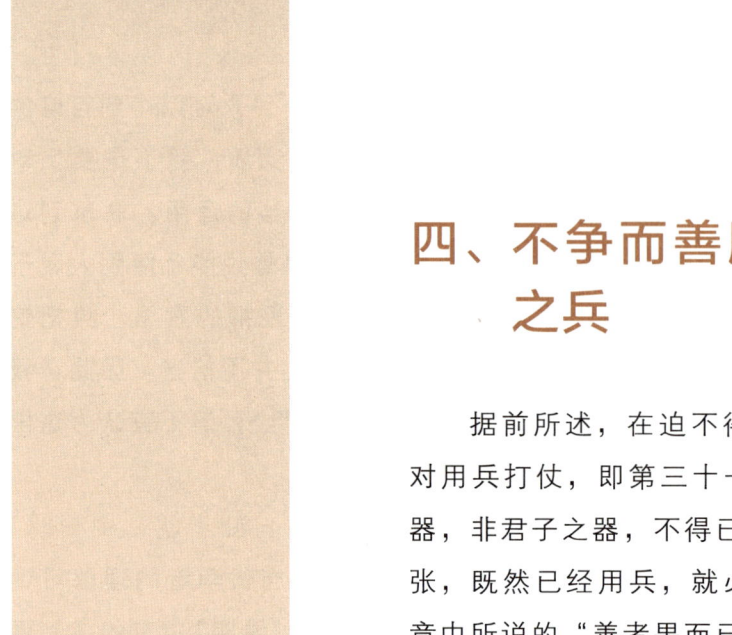

●《老子》第六十八章：

善为士者，不武；善战者，不怒；善胜敌者，不与；善用人者，为之下。是谓不争之德，是谓用人之力，是谓配天，古之极也。

●《孙子兵法·谋攻篇》：

孙子曰：凡用兵之法，全国为上，破国次之；全军为上，破军次之；全旅为上，破旅次之；全卒为上，破卒次之；全伍为上，破伍次之。是故百战百胜，非善之善者也；不战而屈人之兵，善之善者也。

据前所述，在迫不得已的情况下，老子并不反对用兵打仗，即第三十一章中所谓的"兵者不祥之器，非君子之器，不得已而用之"；而且，老子还主张，既然已经用兵，就必须去争取胜利，即第三十章中所说的"善者果而已"，善于用兵打仗的人，取得胜利就罢了。那么，如何去取得胜利呢？在第六十八章中，老子提出了一种独特的方法："善胜敌者，不与"，意即善于战胜敌人的人，不和敌人对阵交锋。这里的"与"，是与敌人对阵交锋的意思。

然而，在人们通常的理解中，用兵打仗，就必须在战场上决胜负，通过短兵相接，血腥的厮杀，大量杀伤对手，让对手无力再战，只好低头认输。不与敌人对阵交锋，就可以战胜敌人，这怎么可能呢？因为即使是武侠小说中所描述的内功高手，可以隔空击物，那也离不开与对手面对面较量。

其实，老子所说的善于战胜敌人的人，不和敌人对阵交锋，与《孙子兵法》中所说的"不战而屈人之兵"是一样的意思。《孙子兵法·谋攻篇》中说：但凡用兵打仗的准则是，降服整个敌国为上策，攻破敌国就差一些；降服整支敌军为上策，攻破它就差一些；降服整个旅为上策，攻破它就差一些；降服整个卒为上策，攻破它就差一些；降服整个伍

● 《孙子兵法·谋攻篇》:

故善用兵者，屈人之兵而非战也，拔人之城而非攻也，毁人之国而非久也，必以全争于天下，故兵不顿而利可全，此谋攻之法也。

为上策，攻破它就差一些。所以，百战百胜，算不上是最好的；不用打仗而使敌人屈服，才是最好的。

因为战争的根本目的不是杀人，杀人只是手段，目的是让对方屈服，听从自己的命令与指挥。因此，如果可以不用杀人而使对方屈服，这当然就是最好的方法了。故在《孙子兵法·谋攻篇》中，孙子接着说：善于用兵打仗的人，不用打仗就可以使敌军屈服，不用进攻就能夺取敌人的城池，在极短的时间内就可以摧毁敌国，一定要用全胜的策略与天下诸侯相争，所以军队不会受挫而想得到的利益又能保全，这就是谋划进攻时应该遵循的法则。

老子说善于战胜敌人的人，不和敌人对阵交锋。孙子说不用打仗而使敌人屈服，才是最好的；又说善于用兵打仗的人，不用打仗就可以使敌军屈服。他们俩的说法是不是十分相似？故一些学者明确指出，"不战而屈人之兵，善之善者也"可视作对"善胜敌者，不与"的继承。如奚侗的《老子集解》说："不战而屈人之兵，故云'不与'。"卢育三的《老子释义》说："'善胜敌者，不与'，……不战而胜的意思。"

那么，老子为什么会认为不通过与敌人交战而取得胜利，才是善于用兵的人呢？这一方面当然是因为这样做可以避免人员的伤亡和物资的损失，而这符合老子重视生命和慈爱的原则；除此之外，还有一个重要的原因，便是这样做符合天道。如在第六十八章中，老子在说了"善胜敌者，不与"后，紧接着说："是谓不争之德""是谓配天，古之极也"，意即这叫作不与人相争的品德，这叫作与天相

●《老子》第二十五章:

　　人法地，地法天，天法道，道法自然。

●《老子》第三十二章:

　　道常无名、朴，虽小，天下莫能臣。侯王若能守之，万物将自宾。

●《老子》第三十七章:

　　道常无为而无不为。侯王若能守之，万物将自化。

●《孙子兵法·谋攻篇》:

　　故上兵伐谋，其次伐交，其次伐兵，其下攻城。

合，是自古就有的中正的准则。而在第七十三章中，老子更进一步明确指出：天道的特点，是不通过争斗而善于取胜。

　　而人道必须效法天道，这是《老子》一书中反复强调的重要准则。如第二十五章中明确说：人效法地，地效法天，天效法道，道效法自然。第三十二章中说：道永远是没有名、浑然整全的，虽然微妙无形，天下却没有谁能使它臣服。侯王如果能持守它，万物将自然宾服。第三十七章中说：道永远顺乎自然，不有意去做什么，实际上却没有什么不是其所做。侯王如果能持守它，万物将自然生长变化，等等。既然天道的特点是不通过争斗而善于取胜，那么作为用兵打仗的准则，当然也就是最好不通过与敌人交战而获得胜利了。

　　不用打仗就能获得胜利，这当然是最好的了，可是，怎样才能让这样的事情变成现实呢？对此，《孙子兵法·谋攻篇》中有明确的论述：所以最好的用兵策略是用计谋来战胜敌人，其次是采取外交手段来战胜敌人，再次是动用军队来战胜敌人，最下等的是攻打敌人的城池。由此可见，通过计谋和外交手段来战胜敌人，都属于不战而屈人之兵。

　　所谓用计谋或外交手段来战胜敌人，实际上就是通过对战场上敌我形势的分析，找到对方的薄弱环节，然后晓之以理，动之以情，从而使敌人主动撤兵或举手投降。如楚汉战争期间，汉将韩信率军击灭魏国，攻破代国，平定赵国，威震天下。此时在黄河以北与汉为敌的只剩下燕国。汉军攻破燕国虽只是时日问题，但此时汉军将疲卒劳，若对燕国用兵，难免旷日持久。于是，韩信采用俘虏的赵国谋士李左车的建议，一方面休整军马，安抚赵国军民，摆出进攻燕国的态势；另一方面派出一个善辩之士前往燕国，向他们宣扬汉军的声威，劝其投降。在强大的压力面前，燕国最终选择了投降。这便是典型的"不战而屈人之兵"，亦是典型的"善胜敌者，不与"。

在中国军事史上，此类不战而屈人之兵的例子还是有很多的。如据《史记·楚世家》载，战国时期，公元前323年，楚怀王派柱国昭阳率兵攻打魏国，在襄陵打败了魏军，取得了八个城邑。接着，昭阳又移军攻打齐国，齐王为此而忧虑。这时，陈轸（zhěn）正好为秦国出使齐国，齐王对他说：此事有什么好办法吗？陈轸说：大王不用担心，我能让他们退兵。随即就到昭阳军中去见他，说：我想听听按照楚国的规定，怎样奖赏打败敌军杀死敌将的人？昭阳说：他可以官居上柱国，封上爵执珪的爵位。陈轸说：有比这更尊贵的吗？昭阳说：那就是令尹。陈轸说：您现在已经是令尹了，是最高的官爵了。请让我打个比方。有人给他的舍人们一杯酒，舍人们商量说：几个人喝这点酒，还轮不到每人一口，我们就在地上画蛇，先画成的可以独自喝这杯酒。一个人说：我先画完了。举起酒杯，说：我还能为蛇画上脚。可是，当他为蛇画脚时，后画完的人夺下他的酒喝了，说：蛇本来就没有脚，现在画上脚，就不是蛇了。现在您做楚相而进攻魏国，打败敌军杀死敌将，再没有比这更大的功劳了，官位也没法再升了。现在又转移军队攻打齐国，胜了，

●《史记·楚世家》：

陈轸曰："……今君相楚而攻魏，破军杀将，功莫大焉，冠之上不可以加矣。今又移兵而攻齐，攻齐胜之，官爵不加于此；攻之不胜，身死爵夺，有毁于楚：此为蛇为足之说也。不若引兵而去以德齐，此持满之术也。"昭阳曰："善。"引兵而去。

官爵不会比这更高；如果不胜，自己死了，官爵被削夺，楚国也遭受损失。这就是画蛇添足的意思啊！不如领兵回去而让齐国感恩于您，这才是正确的对待盈满的技巧啊！昭阳听后，说：你说得对。便领兵回国了。

这便是成语"画蛇添足"的出处。因为陈轸把楚国的昭阳出兵攻打齐国比喻成"画蛇添足"，认为此举对昭阳不仅没有好处，还有可能带来祸患，所作比喻恰当，说理透彻，使昭阳心服口服，于是便主动撤兵回楚国去了。一场有可能使成千上万的将士战死疆场的大祸就此消弭于无形，这便是计谋和智慧的巨大价值。

另据《资治通鉴卷第七·秦纪二》载，秦朝末年，陈胜、吴广发动起义，陈胜派他的老熟人陈郡的武臣做将军，给他三千士兵，命他前去攻占北方的赵地。武臣等人从白马津渡过黄河，边前进边招兵，很快就有了好几万人。他们称武臣为武信君，攻克了赵地的十座城池，但剩下的城池的守将还在为秦王朝固守，不肯投降。

当武臣率军向东北进攻范阳（今河北省定兴县）时，范阳人蒯彻对他说：看你的气势，一定要在战胜之后才夺取土地，夺取土地之后才占领城池，我以为这是失策。如果确实能采纳我的意见，不必攻城就可以夺取城池，不必战胜就可以夺取土地。用一篇文告，就可平定千里，你以为如何？武臣说：你说的是什么意思？蒯彻说：范阳县令徐公，既怕死，又贪婪，他想尽早投降。假如你仍像前面那十余个城池一样，把他也杀掉，恐怕边疆所有的城池，全成了金城汤池，使你攻不胜攻。假如你封他一个侯爵，叫他乘坐豪华的车辆，奔走于燕赵国故地，则燕赵国故地上的城池，势将不战而降。武臣说：这个主意好！便派出车一百辆，骑兵二百名，带着侯爵印，前往说服徐县令。燕赵国故土上的人听到这一消息，不战而投降的有三十余个城池。

一个人领兵打仗久了，容易形成一种思维定势，认为所有的敌我矛盾，必须通过打仗、通过你死我活的搏斗才能解决。然而，如果能够冷静下来想想，打仗的目的，或是为了土地，或是为了财富，或是为了发泄心头的怒火，但是，假如这些目的，你不通过打仗也能达到，那为什么一定要去打仗呢？不战而屈人之兵，不争而善胜，难道不是更好吗！

【深度透讲】

本节论述老子关于不通过与敌人交锋而获胜的思想，主要依据的是《老子》第六十八章中的"善胜敌者，不与；……是谓不争之德，是谓用人之力，是谓配天，古之极也"，以及第七十三章中的"天之道，不争而善胜"。关于这两段文字的确切含义及文字表述，学者们有不同的理解，需要我们深入分析的，主要有以下两个方面。

1."善胜敌者，不与"中的"与"的含义：交锋，还是争？

对于"善胜敌者，不与"中的"与"的含义，学者们主要有两种解释。一种认为，这里的"与"，指"敌"，即相对、对抗的意思。如蒋锡昌的《老子校诂》、劳健的《老子古本考》均说："'与'犹敌也。"

高亨的《老子正诂》说："古谓对敌为'与'。……故'与'者对斗交争之意。"因此，所谓"不与"，即不与敌人对阵交锋的意思。如林语堂的《老子的智慧》说：善于克敌的人，不用和敌人交锋。牟钟鉴的《老子新说》说：善于战胜敌人的人，不会与敌人对斗。

另一种是释"与"为"争"。如朱谦之的《老子校释》说："是'与'即'争'也。"陈鼓应的《老子今注今译》说："不与：不争。"

然而，对于把这里的"与"释为"争"，汤漳平等译注的《老子》认为不妥："与，交接，此可指交战。河上公注云：'不与敌争，而敌自服也。'王弼注云：'不与争也。'……河上注及王注是言其大意，自无不妥，但如陈鼓应的《老子今注今译》，直接解释'不与'为'不争'则不妥。"笔者认为，汤漳平等的观点有一定道理，这里的"不与"，当指不和敌人对阵交锋，不宜释为"不争"，尤其是不宜释"与"为"争"，因为"与"并无"争"的义项。

值得注意的是，"善胜敌者，不与"中的"与"字，傅奕本、景龙碑本、范应元的《老子道德经古本集注》等不少历史上有代表性的《老子》本子作"争"。马叙伦的《老子校诂》认为，根据王弼注，王弼本亦应作"争"："'争'字，范、彭、寇、白、张嗣成、赵、潘、臧疏同此，各本作'与'。谳（yàn）弼注曰：'不与争也'，是王亦作'不争'。"不过，一些学者明确指出，这里应作"与"，不应作"争"，因为"争"与"武""怒""下"不押韵。如劳健的《老子古本考》说："当作'不与'，叶'武''怒''下'诸字为韵。"朱谦之的《老子校释》

亦说："'与'与'武''怒''下'为韵，作'争'则无韵。"

卢育三的《老子释义》进一步指出，作"不争"，则与下文"不争之德"相重，故应作"不与"："'不争'与下文'不争之德'重，似作'不与'为是。"

综上所述，笔者认为，该字不应作"争"，理由是比较充分的：一是该句文字马王堆帛书乙本作"善胜敌者，弗与"（甲本残损），说明作"与"有较可靠的依据；二是作"争"与"武""怒""下"不押韵；三是作"争"与下文的"不争之德"重复。

2."善胜"的含义及"不争"之天为何"善胜"？

"天之道，不争而善胜"中的"天"，一些学者释为"自然"，如成玄英的《老子道德经开题序诀义疏》释"天之道"为"自然之道"，蒋锡昌的《老子校诂》说："'天'即自然，'天之道'，谓自然之道也。"有的学者则把"天之道"中的"道"释为"规律"，如张松如的《老子说解》、陈鼓应的《老子今注今译》等均释"天之道"为"自然的规律"。

"不争而善胜"中的"不争"，苏辙的《老子解》、范应元的《老子道德经古本集注》等均释为"不与物争"，陆希声的《道德真经传》说："天不与万物争"。"善胜"，即善于取胜。不过，对于这里的"善胜"的具体内涵，学者们有各种不同的理解，其中有代表性的，主要有以下三种。

一是认为这里的"善胜"指天虽不与物争，但没有物敢违背天。如《唐玄宗御注道德真经》说：

马王堆帛书甲本作"善胜敌者，弗"，"弗"后的文字残损。

●《唐玄宗御注道德真经》：

天不与物争，四时盈虚，物无违者，故善于胜。

● 《老子吕惠卿注》：

　　盖天之生物，……未尝与物争者也，而物莫能违之者，故曰"不争而善胜"。

● 成玄英《老子道德经开题序诀义疏》：

　　自然之道，不与物争而谦退卑己者，必获于胜。

● 杜道坚《道德玄经原旨》：

　　天之道，不争而善胜，柔能胜刚。

● 王弼《老子道德经注》：

　　天唯不争，故天下莫能与之争。

● 苏辙《老子解》：

　　不与物争于一时，要于终胜之而已。

天不与万物相争，四季变化，没有物会违背，所以善于取胜。《老子吕惠卿注》说：天生万物，从未与物相争，而没有物能违背它，所以说"不争而善胜"。

　　二是认为这里的"善胜"指天道谦卑柔弱，而柔弱胜刚强，故善于取胜。如成玄英的《老子道德经开题序诀义疏》说：自然的规律是，不与物相争而谦让卑下的，一定能获胜。杜道坚的《道德玄经原旨》说：天之道，不争而善胜，就是柔能克刚的意思。

　　三是认为老子在第二十二章中说："夫唯不争，故天下莫能与之争"；在第六十六章中又说："以其不争，故天下莫能与之争"。因此，天不与物争，自然就善于取胜。如王弼的《老子道德经注》说：正因为天不争，所以天下没有谁能与它相争的。卢育三的《老子释义》说："六十六章'以其不争，故天下莫能与之争'。争而胜者，不能叫善胜，而且迟早走向败亡；不争则天下莫能与之争，才叫善胜。"

　　笔者认为，"天之道"的特点，是一切顺其自然，柔弱不争，然而所有违背自然、争强好胜的事物都归于灭亡，而一切顺乎自然、柔弱不争的事物都归于生存，这不恰好说明"天"是最终的胜利者吗？此正如苏辙的《老子解》所说：不与物争一时的胜负，关键是要取得最终的胜利。因此，上述种种解释，均可视为对"不争而善胜"之内涵的不同角度的揭示。

五、贵柔：柔弱胜刚强

战争是实力的较量。只有真正强大的军队，才能左右战场的态势，并最终取得战争的胜利，这是普通不能再普通的常识。然而，老子的观点则似乎正好与人们的常识相反。如在第三十六章中，老子明确说：柔弱胜过刚强。在第七十八章中，老子继续说：柔胜于刚，弱胜于强，对此天下没有人不知道，却没有人能去实行。

而且，老子不光这么说，他还对自己的观点作了详细的论证。如在第四十三章中，老子说：天下最柔弱的东西，可以在天下最牢固坚硬的东西中纵横畅行。这里所谓天下最柔弱的东西，指的应是水。因为在第七十八章中，老子说：天下没有比水更柔弱的东西，但是用来攻击坚强的东西，没有能胜过水的，这是因为没有什么东西能改变它的特性。这便说明两点：一是既然天下没有比水更柔弱的东西，则水便是天下最柔弱的东西；二是既然水可以攻击坚强的东西，并在天下最牢固坚强的东西中纵横畅行，当然就说明柔弱胜过刚强了。

在第七十六章中，老子继续用具体的例子来证明柔弱胜于坚强、优于强大的观点：人活着的时候身体柔软，死后就僵硬了；草木活着的时候柔软，死后就枯槁了。所以坚强的东西属于死亡的一类，柔弱的东西属于生存的一类。所以恃强用兵就不能

●《老子》第三十六章：
　　柔弱胜刚强。

●《老子》第七十八章：
　　柔之胜刚，弱之胜强，天下莫不知，莫能行。

●《老子》第四十三章：
　　天下之至柔，驰骋天下之至坚。

●《老子》第七十八章：
　　天下莫柔弱于水，而攻坚强者莫之能胜，以其无以易之也。

●《老子》第七十六章：
　　人之生也柔弱，其死也坚强；草木之生也柔脆，其死也枯槁。故坚强者死之徒，柔弱者生之徒。是以兵强则不胜，木强则共。强大处下，柔弱处上。

卞莊刺虎
丙寅年十有一月朔五日
邛池漁父馬駘寫於滬上

▲清末民国时期画家马骀绘制的《卞庄刺虎图》。

取胜，木强大柔细的东西就会共同加在它上面。强大的东西处于下位，柔弱的东西居于上位。

以上老子对于柔弱胜刚强之理的论述，真可谓煞费苦心，在逻辑上似乎亦找不到什么明显的漏洞，可是人们还是禁不住会发出这样的疑问：为什么我们在日常生活中看到或了解到的，多是强大胜过柔弱呢？你看那柔弱的绵羊，它能胜过强大的狮子虎豹吗？在历代战争中，虽然也有以少胜多、以弱胜强的例子，但是绝大多数情况下，不都是强大的军队打败弱小的军队吗？一个无权无势的普通小民，又怎么可以与高高在上的权贵相抗衡，并取得最终的胜利呢？

正是为了回答上述疑问，一些学者对"柔弱胜刚强"的确切内涵，作了深入的分析。如苏辙的《老子解》说：圣人知道刚强不能作为依靠，所以用柔弱来安置自己。天下刚强的事物，正在互相倾轧相争的时候，而我则独自用柔弱来对待，等到大的受了伤，小的死亡，而我则其实并没有与它们较量，却能坐着等待它们死亡，这就是所谓的胜利。苏辙这里所说的大的受伤，小的死亡，指的当是《史记·张仪列传》中所说的卞庄刺虎的故事：卞庄子准备刺杀老虎，有人劝阻他说，两只老虎正在吃牛，吃到味道好的地方一定会发生争斗，争斗的结果必然是大老虎受伤，小老虎死亡，这时你再去刺受伤的大老虎，就可以一举杀死两只老虎。

吴澄的《道德真经注》解释说：对方刚而我想用刚去胜过他，对方强而我想用强去胜过他，这不也太难了吗？我用柔弱安置自己，那么刚强的人就

● 苏辙《老子解》：

圣人知刚强之不足恃，故以柔弱自处。天下之刚强，方相倾相轧，而吾独柔弱以待之，及其大者伤，小者死，而吾以不校坐待其毙，此所谓胜也。

● 吴澄《道德真经注》：

彼刚而我欲以刚胜之，彼强而我欲以强胜之，不亦难乎？我以柔弱自处，则刚强者不我忌也，而终于能胜之，何哉？盖与之相反，而使之不可测知故也。

不会顾忌我，而我就能最终战胜他，为什么呢？因为我的做法与他相反，使他无法知道我将怎么对付他。陈鼓应的《老子今注今译》解释说："在刚强和柔弱的对峙中，老子宁愿居于柔弱的一端。老子对于人事与物性作深入而普遍的观察之后，他了解到：看来柔弱的东西，由于它的含藏内敛，往往较富韧性；看来刚强的东西，由于它的彰显外溢，往往暴露而不能持久。所以老子断言'柔弱'的呈现胜于'刚强'的表现。"

以上三位学者对于"柔弱胜刚强"之内涵的揭示，或认为"柔弱胜刚强"是指让刚强者互相搏杀，柔弱者坐收渔翁之利；或认为是指以柔弱为手段，让刚强者对自己放松警惕，从而最终战而胜之；或认为指柔弱者有韧性而刚强者不能持久。角度各不相同，内容差别亦较大，但都各有其道理。笔者认为，对于"柔弱胜刚强"的说法，我们不能作绝对化的理解，因为在自然界和社会生活中，我们通常能见到的多是刚强胜柔弱的例子。因此，老子在这里所说的"柔弱胜刚强"，主要是就事物的根本性质而言的。因为刚强者往往张扬外露，喜欢以硬碰硬；柔弱者则含蓄内敛，善于自我保护，故最终的胜利者往往是柔弱者，而非刚强者。

当然，从根本上说，老子主张"柔弱胜刚强"，与他以"道"为核心的思想体系存在密切的关系，因为在第四十章中，老子明确指出：返回自身是"道"运动的特点，柔弱是"道"发挥作用的方式。也就是说，"道"虽然广大无比，但是其发挥作用时

● 《老子》第四十章：

反者道之动，弱者道之用。

通常采用柔弱的方式。

那么"道"为什么以柔弱为发挥作用的方式呢？对此，一些学者指出，那是因为道体本身是虚的，它无形无声，具有柔弱的特点。如王安石的《老子注》说："道"的作用之所以是柔弱的，是因为其本身就是虚的。苏辙的《老子解》说："道"无形无声，天下没有比"道"更柔弱的东西。笔者认为，"道"发挥作用的方式，主要表现为无为、自然、不争等，而柔弱正是无为、自然、不争的重要特点。既然柔弱是"道"发挥作用的方式，则刚强、强大当然不是其对手了，因为宇宙之中，又有什么东西能超越于"道"之上呢？

老子"柔弱胜刚强"的思想，因为自带一个"胜"字，便很自然地被人们运用到了军事上。老子"柔弱胜刚强"对后世军事思想的指导，主要体现在三个方面：一是通过示弱来麻痹敌人，从而取得战争的胜利；二是效法水避高趋低、流动无形的特点，避实而击虚；三是把水作为战争的利器，直接用水攻来战胜敌人。

我们先来看第一个方面的影响。老子说"柔弱胜刚强"，是否说明战争中柔弱的一方必然取得战争的胜利呢？不是的，对此我们不能作机械的理解。因为我们在前面已经说过，老子所谓的"柔弱"，只是指发生作用的方式是柔弱的，而不是指事物本身就很弱小。关于这一点，在《老子》第二十八章中亦有很好的论述：知道雄强，而安守柔弱，做天下的小河沟。

关于老子的这段话，值得我们注意的主要有两

●王安石《老子注》：
　　道之用所以在于弱者，以虚而已。

●苏辙《老子解》：
　　道无形无声，天下之弱者莫如道。

●《老子》第二十八章：
　　知其雄，守其雌，为天下谿（xī）。

点，一是强调了守雌的重要性。"知其雄，守其雌"两句，核心在于"守其雌"。而所谓"守其雌"，主要指安守柔弱。之所以要安守柔弱，是因为崇尚刚强、坚强往往会带来不好的后果，对此，我们在前面已有不少的介绍。二是"守其雌"必须以"知其雄"为前提。虽然"知其雄，守其雌"的核心是"守其雌"，但这并不意味着"知其雄"不重要，相反，它是"守其雌"的前提和基础。因为首先，雄和雌是一对矛盾，两者是互相依赖的，没有雄，也就无所谓雌，反之亦然。其次，虽然崇尚雄强会造成种种不好的后果，但我们不能因此就认为雄强是不好的。因为雄强代表强大、尊贵、成功等，这本身就是人们所追求的。老子之所以主张知雄而不守雄，是因为根据历史的经验和教训，一个人想要达到雄强，或者想要守住已有的雄强，只能以守雌为手段。同样，老子主张守雌，也不是要求一味守雌，彻底排斥雄强，而是要在柔弱中蕴含雄强，并以达到或守住雄强为目标，此正如严复的《老子道德经评点》中所说：守雌的人一定要知道雄强，现在运用《老子》思想的人，只知道后一句"守其雌"，而不知道它的命脉在于前一句"知其雄"。刘笑敢的《老子古今》中亦有类似观点：

> "知其雄，守其雌"的重点当然是"守其雌"，但正确理解的要害则在于"知其雄"。"知其雄"点明老子的说话对象是"雄"者，而不是"雌"者。"知其雄"不仅仅是认识到"雄"之特

● 严复《老子道德经评点》：守雌者必知其雄，……今之用《老》者，只知有后一句，不知其命脉在前一句也。

点的优势，而且是实际具有"雄"之优势的状况，是对自己的实力之强大、自信之饱满的充分了解和掌握。然而，正是这样的"雄者"，应该"守其雌"。老子并不是针对雌者或弱者提倡雌柔之道的。

笔者认为，上述观点是很有启发意义的。一个本来就十分弱小的人，或一个本来社会地位就很低的人，你让他安守柔弱，这更多地只是起一种安慰或麻醉的作用；只有对一个现实生活中的强者或成功者，告诫他恃强逞强的危险后果，告诉他安守柔弱的积极作用，这样的劝告才有真正实质性的意义。故《老子道德经河上公章句》说：一个人虽然知道自己尊贵显赫，应当继续以卑微自守，去除雄的强横凶暴，回到雌的安定平和。这样的解释应当是符合《老子》的本来意义的。

把老子的上述"知其雄，守其雌"的思想用于指导军事，便是一支强大的军队，它想取得战争的胜利，有时候必须隐藏自己的实力，表现出十分弱小的样子，引诱对方来主动进攻，从而达到聚而歼之的目的。这样的方式，按照《孙子兵法·计篇》中的说法，便是：有能力进攻，却要表现出没有能力的样子；将要采取军事行动，却显出不准备采取行动的样子。

据《史记·白起王翦列传》载，战国末年，秦始皇消灭了韩、赵、魏三国，赶走了燕王喜，又不断打败楚国的军队。当时秦国的将领中有一个叫李信的人，年轻勇敢，秦始皇很喜欢他的才干，于是

● 《老子道德经河上公章句》：

人虽自知〔其〕尊显，当复守之以卑微，去〔雄〕之强梁，就雌之柔和。

● 《孙子兵法·计篇》：

故能而示之不能，用而示之不用。

问他：我准备消灭楚国，你看得用多少兵力？李信说：顶多二十万人。秦始皇又问王翦，王翦说：没有六十万人是不行的。秦始皇说：王将军大概是老了，不然为什么这么胆小呢！李将军确实强壮勇敢，看来他的话是对的。于是遂派李信和蒙恬领着二十万人前往伐楚。一开始李信和蒙恬都打了胜仗，但是，当李信准备去城父（在今安徽省亳州市）与蒙恬会师时，楚军尾随在后，一口气不休息地追了三天三夜，最后大破李信军，攻入李信的两座大营，杀死了他的七个都尉，打得秦军大败而归。

秦始皇听到李信失败的消息，非常生气，立刻自己乘车去向王翦道歉，并希望王翦能率兵攻打楚国。王翦说：如果大王非要我去，那就还是非得六十万人不可！秦始皇说：一切都听你的。

于是王翦就代替李信去和楚国作战了。楚国听说王翦带着更多的秦军前来，就发动国家的全部力量来进行抵抗。王翦与楚军相遇后，却只顾坚守工事，不与楚兵交战。楚军一连几次向秦军挑战，王翦始终不回应。而秦军内部则是每天都让大家休息、洗澡，吃好、喝好，王翦本人也和士兵们一同进餐，就这样一直过了很久。有一天王翦派人到下面去看看士兵们都在做什么游戏，派去的人回来说：正在玩扔石头，跳远。王翦说：这些士兵可以投入战斗了。再说楚国人，他们见经过多次挑战，秦军都不回应，于是就领着大部队向东而去。王翦得知后，立即发兵追赶，同时选派了一部分勇士率先冲入敌阵，结果楚军大败。接着王翦又乘胜追到了蕲（jī）县城南，杀死了楚国的名将项燕，打得楚军大败而

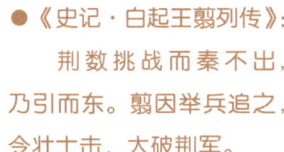

● 《史记·白起王翦列传》：
荆数挑战而秦不出，
乃引而东。翦因举兵追之，
令壮士击，大破荆军。

逃。王翦则趁着胜利继续平定楚国的城池，一年后，活捉了楚王负刍，把整个楚国都变成了秦国的郡县。

王翦率领六十万大军攻打楚国，已对楚军造成碾压之势。然而，他吸取李信因轻敌而失败的教训，不管楚军如何挑战，他都是紧闭营垒不出。楚军则因曾经大败李信，认为秦军是被打怕了，于是放松了警惕，甚至轻率地拔营脱离了与秦军的对峙。这便给王翦消灭楚军创造了极好的条件，于是率领大军全力追击，导致楚军大败，楚国灭亡。因此，王翦的灭亡楚国之战，可谓因"知其雄，守其雌""能而示之不能，用而示之不用"而获得胜利的典型战例。

另据《资治通鉴卷第四十七·汉纪三十九》载，东汉时期，公元87年，班超征调于寘（diān）等各国军队，共两万五千人，进攻一直抗拒中国的莎车。龟兹（今新疆库车县）王则征调温宿、姑墨、尉头三国军队，共五万人，前往救援莎车。班超知道敌人不过是乌合之众，为了迷惑敌人，他故意召集部下将校和于寘王商议道：如今我方兵少，打不过敌人，不如各自分散撤离；于寘军队由此向东，长史从这里西行返回疏勒，可等到夜间鼓声响起时出发。然后假意放松戒备，让俘虏逃跑，以泄漏军情。龟兹王得知消息后大喜，亲自率领一万骑兵，到西面拦截班超。温宿王则率领八千骑兵，到东面拦截于寘军队。班超听说龟兹、温宿两国军队已经出动，就秘密集结部队备战，急速奔袭莎车军营。莎车人大为惊慌，乱作一团，四处奔逃，班超等追击斩杀五千余人，于是莎车投降。龟兹等国军队见到大势

●《孙子兵法·虚实篇》：

夫兵形象水，水之形，避高而趋下；兵之形，避实而击虚。水因地而制流，兵因敌而制胜。故兵无常势，水无常形，能因敌变化而取胜者，谓之神。

已去，只好各自撤退散去。从此，班超的威名震动西域。

班超之所以能成功征服莎车王国，亦与他"知其雄，守其雌"、故意示弱的用兵策略有直接的关系。

把"柔弱胜刚强"运用于指导军事的第二个方面，便是仿效水的特性，去指挥用兵打仗。而在这一方面，《孙子兵法》可谓树立了很好的典范。因为在《孙子兵法·虚实篇》中，明确提出了应仿效水避高而就下的特点，在战争中采取避实而击虚的方针：用兵的规律与流水相似，流水的特点，是避开高处而向低处流；用兵的规律，是避开兵力雄厚的地方而攻击兵力薄弱的地方。水根据地形而确定流动的方向，军队根据敌情而制订取胜的方法。所以用兵没有永恒不变的方法，水没有固定不变的形状，能根据敌情的变化而取得胜利的，才称得上神奇。

所谓避实而击虚，便是避开敌人兵力雄厚的地方而攻击其兵力薄弱的地方。当敌我双方势均力敌或我方实力不如敌方时，采用避实击虚的方法，往往能取得战争的胜利。如公元前 632 年，楚国攻打宋国，晋文公率军救宋。晋国与楚国的军队在城濮（今河南省濮县临濮集）进行决战。当时，晋国的上、中、下三军与楚、陈、蔡联合的左、中、右三军相对列阵，楚军主帅子玉认为己方实力雄厚，便骄傲地认为，今日晋军必败无疑。晋军则经过观察，发现对方实力最强的是中军，而右军由陈、蔡两国联军组成，是薄弱之处，便首先攻向右军，并予以击溃。晋国的上军则佯装败退，诱使对方的左军出击，然后以上、中两军合击左军，亦予以击溃。子玉见左、右两军皆遭败绩，便急忙令中军撤退，狼狈地逃回楚国。

老子说"柔弱胜刚强"，又说"天下莫柔弱于水"，据此，一些学者认为，所谓"柔弱胜刚强"，实际上也可以说是水能胜刚强。而把这一思想运用于军事，便是直接用水攻来战胜敌人。

在中国战争史上，利用水为武器来战胜敌人的例子不胜枚举，在此仅举其中有代表性的两例。

一例发生在南北朝时期。据《资治通鉴卷第一百三十五·齐纪一》载，公元480年，北魏的步骑兵号称二十万，前来攻打南齐的寿春（今安徽省寿县）。南齐豫州刺史垣崇祖召集文武官员商议对策，他打算整治外城，再在淝水上修筑堤坝，把城淹成三面环水，以加强防守。大家都说：过去北魏拓跋焘前来侵犯，刘宋南平王兵多将广，士气高昂，兵力是现在的几倍，尚且认为外城太大难以防守，所以退入内城防守。而且，自从有淝水以来，从来不曾有人在淝水上修筑过堤坝，这样做恐怕会徒劳无益。垣崇祖说：如果我们放弃外城，北魏军队肯定会占领它，然后在外面修建高台，在里面筑成长墙，那就会使我们坐以待擒了。防守外城，修筑堤坝，这是我不容讨论的决策。于是，垣崇祖在豫州城的西北方修筑堤坝，拦截淝水，在堤坝的北面修筑一座小城，四周挖出深深的沟堑，派遣几千人守卫在那里。垣崇祖说：北魏军队看到此城很小，以为一下子就可以攻取，肯定会全力攻打，并企图破坏堤坝。这时，我们放淝水冲击北魏军队，他们便都成了漂流着的尸体了。果然，北魏军队到达后，像蚁群般地围着小城攻打，垣崇祖头戴白色的纱帽，乘着轿子，登上城楼。到了傍晚时分，垣崇祖命令决开堤坝，放水冲灌，北魏攻城的军队全都被冲进沟堑，淹死的人员马匹数以千计。北魏军队只好撤退。

另一例发生在唐朝末年。据《资治通鉴卷第二百六十一·唐纪七十七》载，唐朝自僖宗之后，天下群雄并起，渐渐形成了几大势力，其中宣武朱温（朱全忠）和淮南杨行密是势力较大的两支。公元 897 年，朱温派遣庞师古率兵七万屯驻清口（泗水入淮处，在今江苏省淮阳西），准备攻取杨行密等控制的扬州。杨行密与朱瑾率领军队三万在楚州（今江苏省淮安市）抗击朱温的军队，另一员大将张训从涟水带领人马与他们会合。杨行密委任张训做前锋。当时有人向庞师古建议说：这个营地太低洼，不宜长久停留。庞师古不听。庞师古仗着人马众多而轻视敌手，在驻地常常下棋取乐。朱瑾堵塞淮河上游，打算水淹庞师古的营地。有人把这一消息告诉庞师古，庞师古却认为他是在蛊惑人心，竟把他处死了。同年十一月初二，朱瑾与淮南军将领侯瓒率领五千骑兵偷偷渡过淮水，打着宣武军的旗帜，从北面奔赴庞师古的中军，张训越过栅栏冲入营帐。庞师古的士兵仓促迎战。这时，杨行密的军队决开淮河堵塞，淮水滚滚而来，庞师古的军队顿时惊惶失措，混乱不堪。杨行密率领大军渡过淮水，与朱瑾等两面夹击庞师古，庞师古和将士一万余人被斩杀，剩下的人马都四散逃命。

这就是历史上有名的清口之战，通常被称为一次小型的淝水之战。清口之战后，杨行密牢牢占据长江、淮水之间，朱温无法再与他争夺。而杨行密之所以能取得清口之战的胜利，水攻在其中起了不可或缺的作用。因此，老子"柔弱胜刚强"的思想，在水攻中得到了形象而又直观的体现。

【深度透讲】

本节介绍老子"柔弱胜刚强"的贵柔思想，涉及不少《老子》原文。如第二十八章中的"知其雄，守其雌，为天下谿"，第三十六章中的"柔弱胜刚强"，第四十三章中的"天下之至柔，驰骋天下之至坚"，第七十六章中的"人之生也柔弱，其死也坚强；草木之生也柔脆，其死也枯槁。故坚强者死之徒，柔弱者生之徒。是以兵强则不胜，木强则共。强大处下，柔弱处上"，第七十八章中的"天下莫柔弱于水，而攻坚强者莫之能胜，以其无以易之也。柔之胜刚，弱之胜强，天下莫不知，莫能行"，等等。这其中，关于第七十六章的文字，我们在前面已有深入介绍。关于其他文字的确切含义，古今学者在理解上的分歧亦不少，其中需要我们作出深入分析的，主要有以下五个方面。

1. 为什么说水是天下最柔弱的东西？

《老子》第七十八章中的"天下莫柔弱于水"，意为天下没有比水更柔弱的，亦即水是天下最柔弱的东西。那么为什么这么说呢？一些学者认为，那是因为水无形状，方圆随物，善于处下，与物无争。如《老子道德经河上公章句》说：水处于圆的东西中就呈圆形，处于方的东西中则呈方形，用东西堵

●《老子道德经河上公章句》：

圆中则圆，方中则方，壅之则止，决之则行。

●《唐玄宗御制道德真经疏》：

水之为性，善下不争，动静因时，方圆随器，故举天下之柔弱者，莫过于水矣。

●范应元《老子道德经古本集注》：

《西升经》曰：天下柔弱莫过于炁，炁莫柔弱于道。而此言天下莫不柔弱于水者，就人之易见者而喻之，以申明柔弱之道也。

●《唐玄宗御制道德真经疏》：

若以坚攻坚，则彼此而俱损；以水攻石，则石损而水全，故知攻坚伐强，无先水者，故云"莫之能胜"。

它它就停止，除去堵塞它就流动。《唐玄宗御制道德真经疏》说：水的特性是，善于处于下位，不与他物相争，或方或圆随器物的形状而定，所以天下柔弱的东西中，没有能超过水的。

不过，若考察天下什么东西最柔弱，除了水，应该还有气，因为气也像水一样没有形状，方圆随物，且与物无争。而且从某种程度上，气似乎比水更柔弱。那么老子为什么不说"天下莫柔弱于气"呢？对此，范应元的《老子道德经古本集注》认为，老子在此是以人们肉眼能见的柔弱之物来说明柔弱之道，故不举气而举水。笔者认为，范应元所说是有道理的，在人们肉眼能见的具体事物中，水无疑是最柔弱的。

2. 为什么说水是攻击坚强最厉害的东西？

"天下莫柔弱于水，而攻坚强者莫之能胜"中的"攻坚强者"，指的是攻击坚强的东西，包括金石、堤坝之类的东西。"莫之能胜"，高亨的《老子注译》认为即"莫能胜之"，意即没有能胜过水的："莫之能胜，犹莫能胜之。之，指水。"笔者认为，这样的理解是很有道理的。因此，所谓"攻坚强者莫之能胜"，亦即攻击坚强的东西，没有能胜过水的。言下之意，即在所有攻击坚强的东西中，水是最厉害的。对于这其中的道理，一些学者认为，那是因为若以坚强攻坚强，则双方均会受损，而以水攻坚强，则只有坚强者受损，而水不会受损，故攻击坚强的东西中没有能胜过水的。如《唐玄宗御制道德真经疏》说：如果用坚强的东西攻击坚强的东西，则彼此都会受损；用水攻击石头，则石头受损而水得到保全，

● 范应元《老子道德经古本集注》：

夫两刚相攻，二俱有损。而石刚也，水能穴之，石有损而水无损，是攻刚强者莫之能先于柔弱也。

● 奚侗《老子集解》：

击之无创，刺之不伤，斩之不断，焚之不然，天下固无有可以变易此水之物也。

● 顾欢《老子道德经注》：

以柔制刚，以弱灭强，天下之物无能代水者也。

所以知道攻伐坚强的东西，没有能超过水的，所以说"莫之能胜"。范应元的《老子道德经古本集注》说：两种刚强的东西互相攻击，两者都会受损。石头属于刚强的东西，水却能使它产生洞穴，石头受损而水却不受损，这就说明攻击刚强的东西没有能比柔弱更厉害的。

因此，"天下莫柔弱于水，而攻坚强者莫之能胜"，体现的正是老子反复强调的柔弱胜刚强的道理，故陆希声的《道德真经传》说："知柔弱胜刚强，其理明矣。"

3."以其无以易之也"中"易"的含义：改变，还是代替？

"以其无以易之也"中的"其"，指的是水，这里值得我们注意的是其中的"易"字的含义。

关于这里的"易"的含义，学者们有明显不同的两种理解。一种认为，这里的"易"，指改变，"以其无以易之也"，指因为水的本性无法改变。如奚侗的《老子集解》说：击它没有创伤，刺它没有伤口，斩它斩不断，烧它不会点燃，天下本来就没有可以使水发生变化的东西。张松如的《老子说解》说："因为它具有没法改变的本性呀。"

另一种认为，这里的"易"，是替代的意思，"以其无以易之也"，指的是没有别的东西可以替代水。如顾欢的《老子道德经注》说：用柔克制刚，用弱灭掉强，天下没有什么东西能代替水。卢育三的《老子释义》说："因为水不能用别的什么东西来代替它。"

笔者倾向于把这里的"易"字释为改变而不是

代替，因为从"天下莫柔弱于水，而攻坚强者莫之能胜，以其无以易之也"一段文字来看，"天下莫柔弱于水，而攻坚强者莫之能胜"是客观状况，而"以其无以易之也"则是解释其中的原因。"天下莫柔弱于水，而攻坚强者莫之能胜"的文字表述看上去似乎比较复杂，甚至有些拗口，但简而言之，即是水是天下最柔弱的，而攻击坚强却是最厉害的。接下来老子解释其中的原因说："以其无以易之也"，如果把它释为因为没有什么东西能代替它，则给人某种循环解释的感觉，因为这就好比我们说某位同学的成绩是全班最好的，原因是没有别的同学能代替他一样。因此，这里的"无以易之"，当用来解释为什么水最柔弱却是攻击坚强最厉害的东西，而这个原因不应该是水无法被代替，而是水无法被改变：坚强的东西如金属、石头等之所以容易被水攻克，是因为它们容易被改变，铜、铁等被水浸泡后就会生锈销蚀，石头在水的不断冲击下就会改变形状甚至消失；而水则不然，它无色无味，处下不争，柔弱之至，然而正如《老子吕惠卿注》中所说，它"虽曲折万变，而终不失其所以为水"，亦如奚侗的《老子集解》中所说，它"击之无创，刺之不伤，斩之不断，焚之不然"，即使受热蒸发为汽，亦最终仍会凝为雨水落下，这一切，充分说明水是无法被改变的。而正因为水能改变他物而自身不会被改变，故老子才说"以其无以易之也"。

4."至柔"之所指与"驰骋"的含义

对于"天下之至柔，驰骋天下之至坚"的含义，学者们对它亦有各种不同的解释，其中有代表性的，主要有以下四种。

一是认为"至柔"指的是水，"至坚"指的是金石一类的东西；"驰骋"，则是贯穿、穿行的意思。因此，这两句意为水能贯穿金石。如成玄英的《老子道德经开题序诀义疏》说：至柔，指的是水。至坚，指的是金石。驰骋，则是攻击贯穿的意思。它指的是水极为柔弱，却能攻击坚强的金石，比喻无为虽极为柔弱，却能破除有为的牵累。蒋锡昌的《老子校诂》说："七十八章：'天下莫柔弱于水'，是'至柔'即谓'水'也。……此言水为天下至柔之物，金石为天下至坚之物；然水能贯穿金石，而无所不入。此句所以明下文无为之效也。"

二是认为"柔"指柔软或柔弱，"坚"指坚强、刚强等，"驰骋"指役使、驾驭，因此，这两句指天下最柔弱的东西能驾驭天下最刚强的东西。如焦竑（hóng）的《老子翼》说：驰骋，是役使的意思。坚，相当于刚强的意思。最为刚强的东西，天下没有什么东西能克制它，而最为柔弱的东西却能役使它。林语堂的《老子的智慧》说："天下最柔弱的东西，能驾驭天下最坚强的东西。"

三是认为"至柔"指的是气和水，"驰骋"是透入、穿行之意，因此，这两句指气和水能透入或穿行于至坚之物。如吴澄的《道德真经注》说：水最为柔弱，却能攻穿最为坚硬的石头，气没有形状，却能透入没有缝隙的金石墙壁。杜道坚的《道德玄经原旨》说：使天上浮、承载大地的，是气，是水。气是没有形状的水，水是有形状的气。水最为柔弱，但用来攻击坚强的东西，没有能胜过水的；气最为

● 成玄英《老子道德经开题序诀义疏》：

至柔，水也。至坚，金也。驰骋是攻击贯穿之义也。言水至柔，能攻金石之坚，喻无为至弱，能破有为之累。

● 焦竑《老子翼》：

驰骋，役使也。坚，犹刚强，……至刚者，天下莫能胜，而至柔能役之。

● 吴澄《道德真经注》：

水至柔能攻穿至坚之石，气无有能透入无罅（xià）隙之金石墙壁。

● 杜道坚《道德玄经原旨》：

浮天载地者，气也，水也。气乃无形之水，水乃有形之气。水至柔而攻坚强者莫之能胜，气至柔而驰骋至坚者无以加焉。

●范应元《老子道德经古本集注》：

　　至柔谓道之用也，至坚谓物之刚者。道能运物，是至柔驰骋于至坚也。

柔弱，但是纵横畅行于天下最坚固的东西中，没有能超过它的。

　　四是认为"至柔"指的是"道"，因此这两句实际上是指"道"主宰天下万物。如范应元的《老子道德经古本集注》说：至柔指的是"道"的作用，至坚指的是刚强的事物。"道"能运动万物，这就是至柔驰骋于至坚的意思。张默生的《老子章句新释》说："'驰骋'，形容马之奔跑，此处当作驾御解。……天下至柔的东西，能驾御天下至坚的东西。道体至柔，柔之至于'无有'，但他是'以柔为强'的。"

　　综上所述，笔者认为，对于"天下之至柔，驰骋天下之至坚"两句的理解，值得我们关注的主要有两个问题：一是"天下之至柔"中的"至柔"，指的是水、气和水、"道"，还是泛指最柔弱的东西；二是"驰骋"的确切含义。

　　关于第一个问题，因为老子在第七十八章中明确说："天下莫柔弱于水，而攻坚强者莫之能胜"，所谓"天下莫柔弱于水"，亦即水为天下最柔弱之物，则"天下之至柔"中的"至柔"，亦当指水。把"至柔"释为气或"道"，虽有一定的道理，但不如把它释为水更为确切。历史上有较多的学者把这里的"至柔"释为水，亦较好地证明了这一点。

　　关于第二个问题，对于"驰骋"的含义，如上所述，学者们或把它释为贯穿、穿行，或把它释为驾驭，等等。这样的解释，虽然也能说通，但总让人觉得不够贴切。笔者认为，"驰骋"本指纵马疾驰，纵马疾驰有纵横自如、畅行无阻之义，故老子在此用"驰骋"一词，当是指至柔之物在至坚之物中纵横畅行的意思。

至于"至坚"的含义，学者们或释为最坚硬的东西，或释为最刚强的东西，或释为最坚强的东西，意思都差不多。因"坚"指牢固坚硬的东西，故释"至坚"为最牢固坚硬的东西，较为恰当。因此，综上所述，所谓"天下之至柔，驰骋天下之至坚"，意为天下最柔弱的东西，纵横畅行于天下最牢固坚硬的东西中。具体而言，则亦可指水能纵横畅行于金石之中。

5."弱者道之用"中"用"的含义：运用，还是作用？

"弱者道之用"中的"弱"，是柔弱的意思。如李荣的《道德真经注》说："道以柔弱为用"。张默生的《老子章句新释》说："'弱'，是柔弱，与刚强对言。"

对于"道之用"中的"用"字，学者们则有两种明显不同的解释。一种是释作动词，认为其意为运用或使用。如林语堂的《老子的智慧》说："可是道的运用，全以柔弱谦下为主。"高亨的《老子注译》说："柔弱是道的运用。"另一种是释作名词，认为其意为作用。如陈鼓应的《老子今注今译》说："道的作用是柔弱的。"沙少海等的《老子全译》说："柔弱是'道'的作用。"然而，对于后一种理解，董平的《老子研读》明确表示反对：

这句话如果简单地理解为"柔弱是道的作用"或"道的作用是柔弱的"，恐怕便有毫厘千里之失，并不确切。我们已经晓得，道的"作用"不仅是"柔弱"而已，也是包括了"刚强"的，一切万物之存在的全部过程，无不为"道的作用"，不仅为"柔弱"而已。此所谓"弱"，实是"处弱"或"守弱"之意。处弱或守弱，是体现了"道之用"的，或者说，是体现了对于"道之用"的恰当把握的，是为"弱者道之用"。

笔者认为，名词意义的"作用"，意为对事物产生的影响、效果。因此，说"道的作用是柔弱的"，亦即"道的影响或效果是柔弱的"，这样的表述确实是存在问题的。因为从"道"的作用来看，它创生天地万物，"周行而不殆"，即普遍运行、循环不已而不倦怠，"其用或不盈"，即其作用不可穷尽，这很难说就是"柔弱的"，故《老子吕惠卿注》明确说："道……运动乎天地，非不强也"。因此，这里的"道之用"，当指"道"的运用或"道"发挥作用的方式，也就是说，"道"虽然广大无比，但是"道"在发生作用时通常采用柔弱的方式，而这便是《老子道德经河上公章句》所说的"柔弱者道之所常用"的意思。

六、以退为进，后发制人

老子的军事思想是一个严密、完整的系统，这首先体现在其思想逻辑的高度统一上。如我们前面在讲述老子对待战争的态度时明确指出，老子旗帜鲜明地反对发动战争，但是，在迫不得已的情况下，老子亦不反对用兵。把这一态度贯彻到具体的军事行动中，便是老子的"为客"不"为主"、不"进寸"而"退尺"的主张。如在第六十九章中，老子说：用兵的人说过这样的话：我不敢"为主"，而宁可"为客"；不敢前进一寸，而宁可后退一尺。这里的"主"，指主动发起战争的一方；"客"，则指被迫应敌参战的一方。如吴澄的《道德真经注》说：为主，指的是开启兵端去攻打别人的一方；为客，指的是迫不得已而应敌的一方。董平的《老子研读》亦说："'为主'是主战的一方，'为客'则是迫不得已而应战的一方。"

因此，在战争中不主动发起进攻，而是待敌之进攻；不是让部队向前推进，而是让部队向后撤退，这便是老子上述文字的实质内涵。

然而，稍有军事常识的人都知道，一支军队，想要取得战争的胜利，或需大量杀伤敌人，或需占领敌人的土地，或需以强大的实力慑服敌人，像这样一味退让、被动挨打，又怎样去取得胜利呢？对此，老子的回答是：只有居后才能占先，那些奋勇

● 《老子》第六十九章：

用兵有言："吾不敢为主，而为客；不敢进寸，而退尺。"

● 吴澄《道德真经注》：

为主，肇兵端以伐人也；为客，不得已而应敌也。

●《老子》第六十七章：

　　我有三宝，持而宝之。一曰慈，二曰俭，三曰不敢为天下先。……不敢为天下先，故能成器长。……舍后且先，死矣！

●《老子吕惠卿注》：

　　用兵者有言：吾不敢为主而为客，不敢进寸而退尺。则虽兵犹迫而后动，而胜之以不争也，而况其它乎？何则？主逆而客顺，主劳而客逸，进骄而退卑，进躁而退静，以顺待逆，以逸待劳，以卑待骄，以静待躁，皆非所敌也。所以尔者，道之为常出于无为，故其动常出于迫，而其胜常以不争，虽兵亦犹是故也。

争先的，往往必死无疑。如在第六十七章中，老子说：我有三件宝贝，一直持守并珍视它们。一是慈爱，二是俭约，三是不敢居于天下人的前面。不敢居于天下人的前面，所以能成为万物之长。舍弃居后而争先，那就必死无疑！

　　看了老子这样的解释，明眼人应该已能看出其中的端倪了，因为它就是老子"柔弱胜刚强"思想的进一步具体运用。在战争中使自己处于被迫应战的地位，给人以自己努力避战的印象，实质上便是使自己成为柔弱的一方。而战争中使自己成为柔弱的一方，好处有很多：可以占据道义上的制高点，获得正义的名声，从而得到尽可能多的支持；可以以逸待劳，静待敌人露出破绽，为己方获胜创造条件；可以让己方将士感到忍无可忍，从而同仇敌忾，激发出巨大的勇气，去争取最终的胜利，因为"哀兵必胜"；……

　　对于老子思想的上述实质内涵，一些学者已有明确的揭示。如《老子吕惠卿注》说：迫不得已才用兵，通过不争来获胜，这是老子这段话的主旨。为什么这么说呢？"为主"属于逆的一方，"为客"属于顺的一方，"为主"的一方劳累而"为客"的一方安逸，进攻的一方骄傲而退守的一方谦卑，进攻的一方急躁而退守的一方安静，用顺来对待逆，用安逸来对待劳累，用谦卑来对待骄傲，用安静来对待急躁，对方是无法抵抗的。之所以这样，是因为"道"的作为常常是出于无为，所以其动作常常是被迫的，其获胜常常是因为不与别人相争，即使用兵也是如此。董平的《老子研读》亦说："老子对军事的论述，几乎无有例外地是从'负面'来表达他的观点的，……其根本用意仍在强调唯谦退为合乎道的玄德，也唯谦退才能真正赢得战争的胜利。"

这里需要指出的是，在"用兵有言"一段文字中，老子虽然只强调了要"为客"，要"退尺"，但实际的意思是：只有通过"为客""退尺"，才能取得最终的胜利。因此，我们一定不要局限于文字本身，而要读懂文字背后的思想实质。

也就是说，老子说"用兵有言：吾不敢为主，而为客；不敢进寸，而退尺"，主要包含了三个方面的内容：一是反对发动战争，反对在战争中主动进攻，而主张谦让不争；二是指出了取得战争胜利的根本原则——柔弱不争，因为柔弱胜刚强；三是在具体的用兵之术上，要以退为进，后发制人。

有一个成语叫作"退避三舍"，可谓较为恰当地反映了老子的上述思想。据《左传·僖公二十三年》载，春秋时期，晋国发生内乱，公子重耳流亡国外。公元前637年，重耳流亡到楚国，楚成王设宴招待他，说：如果你返回晋国继位，将如何报答我呢？重耳回答说：如果托您的福，我能够返回晋国，那么，一旦晋楚两国交战，在战场上相遇，那我将把军队后撤三舍（也就是九十里）。如果还得不到您的谅解而退兵，那就只好拿着武器与您较量一番了。公元前636年，重耳在秦穆公的支持下返回晋国继位，这就是晋文公。当时周王朝衰弱，霸主齐桓公去世后，楚国想取代霸主地位，于是晋楚之间产生了矛盾。公元前632年，为了争夺中原霸权，晋国联合秦、齐、宋等国，在卫国城濮（今山东鄄

▲南宋李唐绘制的《晋文公复国图》（局部），描绘了晋国公子重耳（即后来的晋文公）流亡到楚国后，答应楚君"退避三舍"后重新出发的情形。

● 《左传·僖公二十八年》：

　子犯曰："师直为壮，曲为老，岂在久乎？微楚之惠不及此，退三舍避之，所以报也。背惠食言，以亢其仇，我曲楚直。其众素饱，不可谓老。我退而楚还，我将何求？若其不还，君退臣犯，曲在彼矣。"退三舍。楚众欲止，子玉不可。

（juàn）城西南）与楚军发生大战。当时，楚军的统帅为子玉，晋军的统帅为晋文公的舅舅子犯。当子玉率军追逐子犯时，子犯命令晋军后撤。手下的军官对此感到不解，子犯说：军队打仗时，理直的气壮，理屈的气衰，不在乎时间的长短。如果没有楚国的恩惠，我们没有今天，因此，后退三舍，是为了报楚王的恩惠。如果食言，这是我们理屈，楚国理直。他们军队的士气向来旺盛，说不上衰弱。我们后退而楚国撤兵，那我们还追求什么？如果楚国不撤兵，这是君子后退而臣子冒犯，就是对方理屈了。于是率军退避三舍。然而，子玉却不撤兵，于是晋军回头痛击，大败楚军。这便是历史上著名的城濮之战。城濮之战后，晋文公成为诸侯霸主。

因此，在晋楚城濮之战中，晋军率先退避三舍，这既是对当年诺言的遵守，亦使晋军占据了道义上的高地。同时，晋军的退避行为，又给楚军造成一种假象，以为晋军软弱可欺，不堪一击，从而使晋军达到了诱敌深入、后发制人的目的。故晋军在城濮之战中退避三舍的行为，可谓较为完美地演绎了老子"吾不敢为主，而为客；不敢进寸，而退尺"的军事智慧。

在中国军事史上，对老子的这一"不敢为天下先"、以退为进、后发制人的军事思想，作了较为充分的继承和发挥的，当数毛泽东。如1935年12月，在瓦窑堡会议上，毛泽东就指出："反对单纯防御，执行积极防御。反对先发制人，执行后发制人（一般的）"[1]。

---

① 中共中央文献研究室编：《毛泽东文集》第1卷，人民出版社1993年版，第379页。

在国共合作抗战时期，1939年9月16日，针对国民党顽固派制造的一系列反共摩擦事件，毛泽东在《和中央社、扫荡报、新民报三记者的谈话》中表明了中国共产党对这些事件的严正立场。他说："任何方面的横逆如果一定要来，如果欺人太甚，如果实行压迫，那末，共产党就必须用严正的态度对待之。这态度就是：人不犯我，我不犯人；人若犯我，我必犯人。但我们是站在严格的自卫立场上的，任何共产党员不许超过自卫原则。"[1]

1945年，在谈到如何对待国民党顽固派时，毛泽东总结出了三条原则，说第一条出自《老子》，"不为天下先"，就是要"后发制人，不先发制人"[2]。到了1955年，在一次中共中央书记处的会议上，毛泽东继续强调：中国的战略方针是积极防御，决不先发制人。

时至今日，中国的国防一直遵循积极防御的政策，坚决不打第一枪，承诺不率先使用核武器，这都可以说是对老子军事智慧的继承和发展。

但是，我们必须注意的是，不敢为天下先，后发制人，虽然可以获得道义上的正当性，但是其弊端也是十分明显的。俗话说"先下手为强，后下手遭殃"，因此，在执行后发制人的策略时，必须注意两点：一是要有强烈的防范意识，要时刻防备敌人打第一枪，尽量减少遭受第一枪打击时的损失；二

---

① 《毛泽东选集》第2卷，人民出版社2006年版，第590页。

② 中共中央文献研究室编：《文献和研究（一九八四年汇编本）》，人民出版社1986年版，第53页。

是要以强大的军力作保障，确保在遭受第一枪的打击后，有足够的力量展开反击，并置敌人于死地。在这个方面，历史上一些著名的军事家如班超、唐太宗等已为我们作出了很好的榜样。

据《资治通鉴卷第四十七·汉纪三十九》载，公元 90 年，月氏国国王求娶汉朝的公主，班超拒绝，并遣回月氏派来的使者。月氏国王因此心怀怨恨，派副王谢率领七万大军进攻班超。班超兵少，众人都大为恐慌。班超告诉士兵们说：月氏兵虽然多，但他们从数千里之外翻越葱岭而来，缺乏运输补给，有什么值得忧虑的呢！我们只要将粮食收割干净，据城固守，而敌方饥饿困顿，自会降服，不过数十天，事情便可见分晓了！谢领兵到达后，便前来进攻班超，却无法取胜。又在城外抢掠，也一无所获。班超估计敌方的粮食将要吃完，届时一定会向龟兹求援，便派出数百伏兵在东方的路上拦截。谢果然派骑兵带着金银珠玉前去龟兹。班超的伏兵发动突袭，将他们全部杀死，斩下使者的人头送给谢看。谢大吃一惊，立即派人向班超请罪，希望放他们活着回去。班超便把他们都放走了。月氏由此受到巨大震动，每年都向汉朝进贡。

另据《资治通鉴卷第一百八十六·唐纪二》载，公元 617 年，占据陇西之地的薛举称帝，并立其子薛仁果为太子。第二年，薛举在高墌〔zhí，今陕西省长武县北〕大败唐军。同年，薛举去世，薛仁果继位。薛仁果做太子时，与很多将领有矛盾，因此，他当皇帝后，众人心里疑惧不安。公元 618 年，唐高祖李渊任命秦王李世民为元帅，攻打薛仁果。李

● 《资治通鉴卷第一百八十六·唐纪二》：

世民曰："我军新败，士气沮丧，贼恃胜而骄，有轻我心，宜闭垒以待之。彼骄我奋，可一战而克也。"

世民到高墌后，薛仁果派宗罗睺（hóu）领兵抵御。宗罗睺几次挑战，李世民都坚守营垒不出。诸位将领都请求出战，李世民说：我军才打了败仗，士气低落，对方仗着得胜而骄傲，有轻视我们之心，我们应当关闭营垒耐心等待。他们骄傲我们奋勇，可以一战而胜。于是命令全军：有敢请求作战的，斩首！双方相持六十多天，薛仁果军队的粮食吃完了，他的将领梁胡郎等人率领部下前来投降。李世民了解到薛仁果手下的将士有离异之心，便命令行军总管梁实在浅水原（今陕西省长武县北）扎营，引诱薛仁果部下。宗罗睺探知后，出动全部精锐攻打梁实，梁实却守住险要不出战。宗罗睺的攻击很猛烈，李世民估计对方已经疲惫，便对诸位将领说：可以进攻了！快到天亮时，李世民让右武侯大将军庞玉在浅水原列阵。宗罗睺合兵攻庞玉，庞玉迎击，几乎不能坚持时，李世民率领大军出其不意地从浅水原北方出现，宗罗睺率军回头迎战。李世民率领几十名骁骑率先冲入敌阵，唐军内外奋力搏斗，呼声动地，宗罗睺的部队大败而逃，李世民率领两千多骑兵追击宗罗睺，杀伤甚众。薛仁果带兵在高墌城拒守，天快黑时，唐朝大军相继到达，于是包围了城池。半夜，守城的人纷纷出城投降。薛仁果无计可施，也只好出城投降。此役唐军获得了薛仁果的一万多名精兵，五万名男女。

以上两个战例有这样几个共同的特点：首先是敌强我弱，如班超的部队不如月氏国部队人数多，李世民部队的士气比不上薛仁果的部队。其次是敌主我客，如月氏国的部队是进攻的一方，为主，班超的部队是防守的一方，为客；薛仁果的部队是进攻的一方，为主，李世民的部队是防守的一方，为客。最后是客军并不是一味被动防守，当发现主军兵疲粮尽，时机成熟时，便反客为主，主动发起攻击，后发制人，最终彻底战胜敌人。因此，上述两个例子，很好地反映了老子以退为进、后发制人的战术思想。

由此可见，一支军队，何时应该防守，何时应该进攻，需要将帅作出明智的抉择。当敌强我弱时，不应盲目地与对方决战，而应先采取骄敌、疲敌之计，等到敌人锐气消磨，士气下降时，再寻机主动出击，这样才有可能取得战争的胜利。否则，如果主客颠倒，该防守时发动进攻，该进攻时畏敌避敌，这样是不可能打胜仗的。这方面的反面例子很多。如据《资治通鉴卷第二百一十八·唐纪三十四》载，唐朝天宝后期，由于唐玄宗疏于朝政，宰相杨国忠当权，政治昏暗。公元755年，安史之乱爆发。当时，人们都认为安禄山发动叛乱是因为杨国忠骄横放纵所致，无不对杨国忠切齿痛恨。因此，唐政府东征军骑兵总指挥王思礼悄悄劝驻守潼关的天下兵马副元帅哥舒翰，让他上表请求玄宗杀掉杨国忠，哥舒翰没有同意。有人劝杨国忠说：现在朝廷的重兵都在哥舒翰手中，他如果挥兵向西来到京城，您不就危险了吗！于是杨国忠大为恐惧。

这时有人告诉唐玄宗，说安禄山部下崔乾祐在陕郡（在今河南省陕县）的兵力不到四千，都是老弱残兵，而且没有准备，玄宗就派人催促哥舒翰出兵收复陕郡和洛阳。哥舒翰上奏说：安禄山善于用兵，现在刚举兵反叛，怎么会不设防呢！这一定是故意用弱兵来引诱我们，如果我们出兵攻打，正中了他的计谋。再说叛军远来，利在速战速决，我们据险扼守，利在长期坚守。何况叛军残暴，失去人心，兵势正在日渐变小，而且必将会有内乱，到那时再乘机进攻，就可大获全胜。我们的目的是取胜，何必要求快呢！现在各地所征集的兵力大多都还没有到达，请暂且等待一段时间。郭子仪与李光弼也上奏说：潼关的大军应该固守以挫敌锐气，不可轻易出战。杨国忠怀疑哥舒翰想要谋害他，就告诉玄宗说：叛军并无防备，而哥舒翰却逗留拖延，将会失去战机。玄宗信以为然，于是不断派宦官去催促出兵。哥舒翰被逼得没有办法，只好大哭一场，然后亲自率兵出关。

崔乾祐先把精兵埋伏在险要的地方，哥舒翰乘船在黄河中观察军情，看见崔乾祐兵少，就命令大军前进。王思礼等率领精兵五万在前，庞忠等率领大军十万在后，哥舒翰率兵三万登上黄河北岸的高丘观察指挥，并鸣鼓助战。崔乾祐出兵不到一万，而且零零散散，队伍有疏有密，士兵有的向前有的退后，官军看见后都大笑叛军不会用兵。等到两军一交战，叛军假装败逃，官军追击，但心情松懈，毫无防备。不一会，叛军伏兵齐发，从高处用滚木石块打击官军，官军死伤惨重。又加上道路狭窄，士卒拥挤，刀枪施展不开。哥舒翰让马拉着毡车作为前队，去冲击叛军。中午以后，东风骤起，崔乾祐把数十辆装满草的车挡在毡车之前，并放火焚烧。一霎时大火熊熊，烟雾蔽天，使官军睁不开眼睛。

●《资治通鉴卷第二百一十八·唐纪三十四》：

上以为然，续遣中使趣之，项背相望。翰不得已，抚膺恸哭。丙戌，引兵出关。

又以为叛军就在烟火中，就招集弓箭手和弩机手奋力射击。到了天黑，箭已射尽，才知道里面没有叛军。这时崔乾祐派同罗部落的精锐骑兵绕道从官军后面发起进攻，官军腹背受敌，因此大败。哥舒翰仅与部下数百骑兵得以逃脱，从首阳山西面渡过黄河，进入潼关，残兵逃入关内的才八千多人。不久，崔乾祐又率兵攻陷潼关，哥舒翰被俘，不久亦向安禄山投降。潼关失守后，河东、华阴、冯翊、上洛等郡的防御使都弃郡而逃，部下守兵也纷纷逃命。唐玄宗见大势已去，也只好狼狈地逃往四川。

安史之乱爆发之初，叛军因准备充分，势头旺盛。而唐军则因承平已久，并无多少战力。因此，当时的主客之势是十分明显的：叛军作为主军，利在速战速决；唐军作为客军，利在深沟高垒以疲敌，最忌盲目出击。然而，由于潼关守将哥舒翰的顶头上司一为昏庸的唐玄宗，二为奸诈的杨国忠，导致哥舒翰被迫放弃既定的固守潼关的方针，盲目出击，终致唐军大败。而唐朝社会亦由此一蹶不振，由繁华转入萧条。因此，作为军队的最高统帅，必须辨明主客，弄清进退，否则，便必然会主客颠倒，进退失据，如此焉有不败之理！

【深度透讲】

本节介绍老子以退为进、后发制人的军事智慧，主要依据的是第六十九章中的"用兵有言：'吾不敢为主，而为客；不敢进寸，而退尺'"，以及第六十七章中的"我有三宝，持而宝之。一曰慈，二曰俭，三曰不敢为天下先。……不敢为天下先，故能成器长。……舍后且先，死矣"。关于这两段文字的含义及文字表述，需要我们深入分析的，主要有以下两个方面。

1. 对"不敢进寸，而退尺"的不同理解

"不敢进寸，而退尺"，从文字本身来看，意思很清楚，即不敢前进一寸，宁可后退一尺。然而，对于这两句话的确切内涵，学者们则有不同的理解，其中有代表性的，主要有以下四种。

一是认为"进寸"，指侵入别人的领土；"退尺"，指退而固守，如《老子道德经河上公章句》说：侵入别人的疆界，抢夺别人的财宝，这是进；闭门守城，这是退。高亨的《老子注译》说："我不敢进入别国领土一寸之近，可以退回本国领土一尺之远。"

二是认为"进寸"代表有意于竞争，"退尺"则代表谦让不争。如苏辙的《老子解》说：所谓进，表示有心争夺；退，表示无心争夺。张默生的《老子章句新释》说："进寸，是有意于争强，就是难于寸进，也要死力前进；退尺，是无意于争强，就是距敌尚远，也不妨暂退三舍。"

三是认为"不敢进寸，而退尺"指与敌对阵时不敢轻敌进攻，而取慎重固守的态度。如杜道坚的《道德玄经原旨》说：不敢前进一寸而轻视敌人，宁可后退一尺而固守阵地。卢育三的《老子释义》说："与敌对阵，不敢冒然进攻，宁肯先后退一步。"

四是认为"不敢进寸，而退尺"反映了以进为难而以退为易的态度。如《宋徽宗御解道德真经》说：不喜欢杀人，所以以进为难而以退为易。吴澄的《道德真经注》说：进寸，指的是以进为难；退

● 《老子道德经河上公章句》：

侵人境界，利人财宝，为进；闭门守城，为退。

● 苏辙《老子解》：

进者，有意于争者也；退者，无意于争者也。

● 杜道坚《道德玄经原旨》：

不敢进寸以轻敌，宁退尺以固守。

● 《宋徽宗御解道德真经》：

不嗜杀人，故难进而易退。

● 吴澄《道德真经注》：

进寸，难进也；退尺，易退也。

尺，指的是以退为易。

笔者认为，"不敢进寸，而退尺"的文字表述，因为缺乏明确的限定，故我们可以作多方面的理解：就两个国家间而言，可指不敢侵入别国的领土，而宁愿固守本国的领土；就对阵的两军而言，可指不敢轻易进攻，而宁取守势；就对战争的态度而言，可指不敢与对方相争，而宁愿退让；等等。因此，上述各种解释的具体表述虽异，但其实质是一样的，即都反对在战争中主动进取，而主张谦让不争。

2."成器长"的含义及其是否应作"为成器长"

老子说我有三件宝贝，其中的第三件为"不敢为天下先"，意即不敢居于天下人的前面，反映了圣人谦虚退让、与世无争的特点。如蒋锡昌的《老子校诂》说："圣人地位虽居人民之先，然应谦退虚弱，清静自正，而不可为天下之先"。

对于"不敢为天下先"的作用，老子说"不敢为天下先，故能成器长"，对于其中的"器"字，学者们多认为指有形的事物，因此，所谓"成器长"，亦即成为万物之长、万物的首领。如吴澄的《道德真经注》说：器，指的是有形的事物；长，指的是位于它们上面。不敢先，指的是居于事物之后，不做它们的首领，然而，主动处于后面的人别人会让他居先，这就是处于万物之上而做它们的首领的原因。张默生的《老子章句新释》说："'成器长'，是说能为万物之长的意思。"

一些学者则认为，这里的"器"，即第二十八章"朴散则为器，圣人用之，则为官长"中的"器"，因此，所谓"器长"，亦即"官长"或君主。如奚侗

● 吴澄《道德真经注》：

器，有形之物；长，为之上也。不敢先者，居人后而不为长，然自后者人先之，乃所以首出庶物之上而为器之长也。

● 奚侗《老子集解》：

器即"朴散则为器"之器，谓百官也。器长，百官之长，谓人君也。

的《老子集解》说：器就是"朴散则为器"中的器，指的是百官。器长，即百官之长，指的是君主。董平的《老子研读》说："'器长'，即是官长，所谓'朴散则为器，圣人用之，则为官长'。"

笔者认为，这里的"器长"，指万物之长也好，百官之长也好，君主也好，意思都差不多。因为这里的"器"，指的是有形之物，故"器长"，首先指的是万物之长；但这里的万物，主要指人，故万物之长主要指君主、统治者。如蒋锡昌的《老子校诂》即说："'器'，物也，物即万物也。……'器长'，万物之长，即指人君而言"。

这里需要指出的是"故能成器长"一句，《韩非子·解老》引《老子》作"故能为成事长"，范应元的《老子道德经古本集注》作"故能为成器长"，虽有"成事""成器"之不同，但"成"字前均有"为"字，则是其共同之处。因此，一些学者认为，这里应作"故能为成器长"，如俞樾（yuè）的《老子平议》说："至'故能'下有'为'字，则当从之。盖'成器'二字相连为文，……'成器'者，大器也。"朱谦之的《老子校释》说："范本'成器'上有'为'字，案有'为'字是也。"

劳健的《老子古本考》则认为这里应依《韩非子·解老》所引《老子》，作"能为成事长"。

蒋锡昌的《老子校诂》则明确反对俞樾的观点："此言圣人俭啬无事，则民自富，故能广而不匮。不敢为天下先，故能成万物之长，而天下莫能与之争也。俞说迂曲难通，非是。"

然而，该句文字帛书甲本作"故能为成事长"，乙本作"故能为成器长",证明俞樾所说确实有其道理，故一些学者指出，这里应作"故能为成器长"。如张松如的《老子说解》说："'为成事长'与'为成器长'，义近实同。……俞说甚是，盖'成事长'与'成器长'，自古异传同谊，故帛书甲乙两用之耳。"刘笑敢的《老子古今》亦说："俞樾之说可以帮助我们理解帛书本，而帛书本也证明俞樾判断'成器长'前当有'为'字，确有见地。"

笔者认为，上述观点虽各有其文本上的依据，所述亦有一定的道理，不过，这里还是以作"故能成器长"为妥，理由如下。

一是历史上有代表性的《老子》本子如河上公本、王弼本、傅奕本、景龙碑本等多作"故能成器长"，作"故能为成器长"或"故能为成事长"的仅为少数的几个本子。

二是"故能成器长"，意为所以能成为万物之长，意思十分明确，且与第二十八章"朴散则为器。圣人用之，则为官长"的说法正相吻合。"故能为成器长"的说法则以"成器"为一个名词，但"成器"究竟指什么，学者们在理解上分歧很大。如司马光的《道德真经论》说："成器犹成法也，为众教之父"；范应元的《老子道德经古本集注》释"成器长"说："故能为成才器之人之长也"；俞樾的《老子平议》说："'成器'者，大器也"；等等。因此，我们没有必要弃流传甚广且意思清晰合理的"故能成器长"不用，而非采取历史上影响很小且又含义不清的"故能为成器长"的表述。

七、虚实莫测，隐于无形

历代战争的经验告诉我们，用兵打仗时一个十分忌讳而又极为可怕的事情，便是自己的用兵计谋被对方识破，从而使对方得以将计就计，让你掉入对方设下的陷阱。因为在此种情况下，即使你拥有雄兵百万，手下将才如云，也难逃失败的下场。这就好比一个瞎子与一个明眼人博弈，瞎子再强大，也会露出破绽，从而给明眼人提供一击致命的机会。

因此，老子告诫我们，在战争中，必须隐藏起自己的行踪，使敌人无法发现你的集结之地或行军路线。如第二十七章中说："善行，无辙迹"，即善于行事的人，不会留下任何痕迹。此语虽非专门针对用兵而发，但其对于用兵尤其适用。

当然，古代战争与现代战争不同，在现代战争中，一支技术先进的部队要隐藏自己的行踪，可以采用隐形飞机、电子干扰等手段，使对方无法掌握确切的信息，甚至可以通过大规模的伪装技术，给敌方提供假目标。古代战争则不同，一支几万人或十几万人的部队，骑着战马，乘着战车，还有庞大的后勤辎重队伍，想要隐瞒自己的行踪，是比较困难的。那么，一旦自己的行踪被敌方发现，又该怎么办呢？对此，老子的应对之策是：让敌人摸不清你的意图，不知道你要去干什么！如在第六十九章中，老子在引用"用兵"者的话，说"吾不敢为主，

●《老子》第六十九章：
　　是谓行无行，攘无臂，执无兵，扔无敌。

而为客；不敢进寸，而退尺"后，紧接着说：这叫作虽排列阵势，却像没有阵势一样；虽捋袖露臂，却像没有手臂一样；虽执持兵器，却像没有兵器一样；虽面对敌人，却像没有敌人一样。

古代打仗讲究阵势，如八卦阵、一字长蛇阵之类，对于不同的阵势，要采取不同的破解方法。因此，一个合格的军事将领，首先便要能布得阵势、识得阵势。可是，当你发现对方所布的阵势是你完全不识的时候，你敢贸然发动进攻吗？

古代打仗，用的是刀枪弓弩等冷兵器，所谓刀对刀，枪对枪，只有当你发现对方配备什么样的兵器时，才会知道自己应该用什么样的兵器去克制。可是，当你完全不知道对方使用的是什么兵器时，你会有战胜对方的绝对把握吗？

当两军对阵之时，明明你看到了对方，对方也看到了你，可是当你发现对方根本没有把你放在眼里，对你视若无睹时，你能心里不犯嘀咕吗？因为即使像诸葛亮那样，明明摆的是空城计，可是当诸葛亮好整以暇，面对司马懿的十多万大军，却装出城中埋着无数伏兵，正等着司马懿上钩的样子之时，司马懿不是乖乖地退兵了吗！

因此，用兵打仗之时，对于自己的行踪，能隐则隐；实在不能隐时，则虚虚实实，让敌人摸不着头脑，弄不清情况，这是老子用兵之道中极其重要的组成部分。

值得我们注意的是，老子的上述用兵之道在《孙子兵法》中得到了充分的继承和发展。在《孙子兵法·虚实篇》中，孙子说：善于进攻的人，敌人

●《孙子兵法·虚实篇》：

故善攻者，敌不知其所守；善守者，敌不知其所攻。微乎微乎，至于无形；神乎神乎，至于无声，故能为敌之司命。

……

故形兵之极，至于无形；无形，则深间不能窥，智者不能谋。因形而错胜于众，众不能知。人皆知我所以胜之形，而莫知吾所以制胜之形。

不知道该在哪里设防；善于防守的人，敌人不知道该向哪里进攻。微妙啊微妙，以至于没有任何形迹；神奇啊神奇，以至于没有丝毫声息，所以能成为敌人命运的主宰者。同样是在《孙子兵法·虚实篇》中，孙子接着说：在排兵布阵时制造假象达到极点，就可以不露任何形迹；不露任何形迹，那么深藏的间谍无法探明虚实，有智谋的人想不出对付的办法。即使把根据敌情灵活变化而取得的胜利摆在众人面前，众人也不知道其中的奥妙；人们都知道我取得胜利运用的方法，却没有人知道我是如何运用这些方法克敌制胜的。

由以上论述可知，老子和孙子都重视用兵打仗时军队隐于无形和不让敌人知晓自己的军事部署和动向的重要性，但老子的论述侧重于强调这种重要性，孙子则是在强调这种重要性的基础上，更多地论述了如何设法去战胜敌人。这也从一个侧面反映了老子与孙子军事智慧的异同之处。

在中国历代战争中，当面临敌强我弱的情况时，一些高明的军事将领，往往会采取某些特殊的措施来迷惑敌人，使敌人摸不清自己的虚实，弄不清自己的底细，从而达到战胜敌人或保存自己的目的。

韩信是西汉的开国功臣，素有"兵仙"之称。他与萧何、陈平一起被称为"汉初三杰"。汉高祖刘邦曾评价他说：率领百万大军，战必胜，攻必取，我不如韩信。韩信也称自己带兵越多越好，从而有了"韩信将兵，多多益善"的典故。韩信一生经历过无数的战争，这其中，"井陉（xíng）之战"中计谋百出，令敌人防不胜防，最终以少胜多，体现了韩信极其高明的军事指挥艺术。

公元前 204 年，刘邦和项羽的争斗趋于白热化。这年的十月，韩信、张耳率军数万人，向东继续挺进，攻击赵国。赵王赵歇及成安君陈余得到情报后，在井陉口（即井陉关，在今河北省井陉县北）聚集重兵，严密防守，号称有二十万人。广武君李左车向陈余献计说：井陉关路窄，不能同时通过两辆车和两匹马。汉军前进，粮秣必然在大军之后。你如果交给我三万人，从小道出击，断绝他们的补给，你只要坚守要塞，拒绝迎战，不出十天，韩信、张耳两颗人头，就可放在我们的军旗之下。然而，陈余一向自称他的军队是"仁义之师"，不肯使用奇谋诡计，回答说：韩信的军队，数量既少，又十分疲惫，对这样的敌人，不给他一个迎头痛击，各国都会看不起我们，打我们的主意。

韩信派出间谍探听，得知陈余拒绝采用李左车的建议，大喜。于是直入井陉险道，在将到井陉口三十里处，安营扎寨。到半夜的时候，选拔精锐骑兵二千人，让他们每人手持一面红色旗帜，从小路爬上附近山头，隐蔽起来，并告诫他们说：赵军发现我们被击败，一定会倾巢而出，追击我们，你们要迅速冲进他们的大营，拔去赵国国旗，插上红旗。然后命裨将传话给高级将领，说：等消灭赵军后，再行会餐。然而高级将领们没有人相信今天能够消灭赵军。

接着，韩信又派出一万人，渡过桃河，背水列阵。赵军在营垒中望见，哄堂大笑，认为韩信不懂兵法，因为背水列阵，相当于把自己置于死地。

等到天色微明，韩信命人竖起统帅大旗，擂出统帅在营的鼓声，直出井陉口。赵军大开营门迎击。两军大战了很久，韩信、张耳假装不能支持，向桃水狼狈撤退，连统帅旗鼓也都抛弃。桃水边的汉军营垒开门接入，再出而迎战。赵军果然出动营垒中的所有人员，一面搬运汉军抛弃的旗鼓辎重，一面进攻汉军。汉军因为背后就是桃水，无法再退，只有死战，赵军一时无法打败汉军。而就在此时，韩信派出的两千精锐骑兵，一看赵军营垒已空，立即飞奔驰入，拔下赵国国旗，插上了汉军红旗。

赵军发现一时不能打败韩信、张耳，便准备先回营垒再说。可是一回头，却看到自己的营垒中全已竖起汉军的红旗，便认为汉军已捉住赵王，惊恐震骇，军心动摇，霎时，大家狂奔，四散逃命。汉军乘势夹击，赵军崩溃。陈余被斩杀，赵王赵歇被生擒。

井陉一战，汉军以区区数万人，歼灭了二十万赵军，因此，汉军将领们对他们的统帅韩信敬如神明。他们问韩信说：兵法中有明确规定，军队要靠山扎营，切不可背河扎营，然而，将军却教我们背河扎营。又下令：等消灭赵军后，再行会餐。虽然我们执行了命令，心里却并不相信，因为你违背了兵法，使自己处于必败之地。但想不到竟然打了一个胜仗，这是什么道理？韩信说：我用的战术，也在兵法之中，这便是所谓的陷之死地而后生，置之亡地而后存。我们的部队，并不是训练有素、铁板一块的劲旅，不过是一群乌合之众，必须引导到死地亡地，他们才肯拼死奋战。如果战场广阔，恐怕

● 《史记·淮阴侯列传》：
信曰："此在兵法，顾诸君不察耳。兵法不曰'陷之死地而后生，置之亡地而后存'？且信非得素拊循士大夫也，此所谓'驱市人而战之'，其势非置之死地，使人人自为战；今予之生地，皆走，宁尚可得而用之乎！"诸将皆服，曰："善。非臣所及也。"

早已一哄而散，还能指望他们打仗呀！将领们万分敬佩，一致说：这种谋略，我们永远也学不会。

由此可见，韩信之所以能取得井陉之战的胜利，有两个关键之点：一是充分利用敌人的轻敌之心，违反常规用兵，背水列阵，好像毫无章法，从而使敌人彻底放松警惕，同时也使自己的军队除了拼死一搏，别无退路；二是利用两千人的伏兵，乘虚占领敌方营垒，造成敌方主帅已经被擒的假象，从而使敌方军心崩溃。真可谓虚虚实实，莫测高深，运用之妙，存乎一心。

在中国历史上，还有一个与上述十分类似的例子，见于《史记·李将军列传》。我们在前面讲过，李广是汉武帝时的名将，却因为各种原因，一生都未能封侯，但李广在军事指挥方面，确实是很有一套。有一次，他就凭借自己过人的胆量，大摆"空城计"，让处于优势的匈奴人不明虚实，不敢贸然进攻，最终使一百多名汉军躲过一劫。

李广做上郡太守的时候，正好赶上匈奴人大举进攻上郡。当时汉武帝派了一名受宠信的宦官到上郡来跟着李广学习对付匈奴的方法。有一次，这个宦官带领几十名骑兵纵马奔驰，突然遇到了三个匈奴人，便打了起来。结果这个宦官被匈奴人用箭射伤，他带的几十名骑兵几乎全都被匈奴人射死。宦官逃回到李广那里，李广说：他们一定是射雕的。于是立即带了百余名骑兵去追赶这三个人。追上以后，李广用弓箭射死了两个，活捉了一个，一审问，果然是匈奴的射雕人。他们刚把俘虏绑在马上，准备回营，突然望见从远处来了几千名匈奴骑兵。这

●《史记·李将军列传》:
　　广曰:"吾去大军数十里,今如此以百骑走,匈奴追射我立尽。今我留,匈奴必以我为大军之诱,必不敢击我。"

些骑兵也发现了李广,但他们怀疑这是汉军派来故意引诱他们上钩的,心里很吃惊,于是慌忙冲上山头布好阵式。李广的这百余人怕极了,都想赶紧往回跑。李广说:这里离我们的大部队有几十里地,如果我们往回跑,匈奴人肯定会追上来把我们全部射死。如果我们留下来不走,匈奴人必然会以为我们是大部队派出来故意引诱他们上钩的,他们一定不敢攻击我们。于是李广命令这百数人一直前进到离匈奴人只有二里地的地方才停下来,接着又下令说:全体下马,把马鞍解下来!有人说:敌人这么多,离我们又这么近,解下马鞍,如果敌人进攻我们,我们怎么办?李广说:敌人肯定以为我们会跑,现在我们却下马解鞍表明不跑,以此来强化他们以为我们是诱饵的判断。这样一来,匈奴人果然没敢进攻。后来,敌人那边有个骑白马的将领出来保护士兵,李广突然上马,带着十来个人飞奔过去将他射死,然后又退了回来,解下马鞍,并命令士兵们把马放开,大家都躺在地上休息。这时天色渐晚,匈奴人始终觉得这伙人可疑,没敢轻易攻击。到了半夜,匈奴人更加怀疑附近可能埋伏着大批汉军,打算乘着夜晚偷袭他们,于是他们赶紧撤走了。第二天清晨,李广才率军回到大本营。

　　从那个宦官的经历即可知道,李广及手下的一百余人只要骑马逃跑,便必然会被数千匈奴骑兵杀得一个不剩。在这生死悬于一线的关键时刻,李广等人能挽救自己性命的办法只有一个:让匈奴骑兵误以为他们是汉军派出的诱饵,这些诱饵旁边埋有大量汉军伏兵,只等匈奴骑兵对这些诱饵下手,

雁門縱牧

▲清末民国时期画家马骀绘制的《雁门纵牧图》，描绘了战国时赵国名将李牧守边时，用大批牛羊引诱匈奴军前来抢夺的情形。

汉军伏兵就会一拥而上。这是因为，在汉人与匈奴人的战斗中，经常有使用诱饵的做法。如战国末年，李牧是赵国的名将，他在戍守赵国北部边境时，便曾经派赵军在野外大规模放牧，诱使匈奴兵前来掠夺，又佯装败退，成功吸引匈奴单于大规模进攻，之后，李牧运用左右包抄的战术大获全胜。还有就是汉朝初年，汉高祖刘邦率军北伐，匈奴用老弱残兵为诱饵，导致刘邦陷入平城白登山之围，差点送掉性命。因此，对于对方是否会使用诱饵，汉匈双方都是十分关注的。而李广也正是利用匈奴骑兵的这种心理，成功地把自己装扮成诱饵，从而躲过了一劫。然而，李广的做法，无疑是一场豪赌，因为一旦匈奴骑兵识破李广的诡计，弄清事实的真相，李广及他手下的一百余人就会像送入狼群的绵羊一样。因此，正是李广在关键时刻敢赌，而且会赌，演得跟真的一样，没有列阵而好像列阵一样，没有军力而好像有强大的军力一样，对老子"行无行""执无兵"等思想作反向运用，让匈奴骑兵莫测虚实，才使自己死里逃生。

【深度透讲】

本节论述老子"虚实莫测，隐于无形"的用兵之道，主要依据的是《老子》第二十七章中的"善行，无辙迹"和第六十九章中的"是谓行无行，攘无臂，执无兵，扔无敌"。关于这两段文字的确切含义，历代学者有诸多不同的理解，需要我们深入分析的，主要有以下五个方面。

1. "善行，无辙迹"中的"善行"之所指

"善行，无辙迹"中的"辙迹"，指的是马车行驶时留下的车辙马迹，也可泛指痕迹，对此，学者们的理解较为一致，值得我们注意的是对其中的"善行"的理解。

关于"善行"的意思，当代学者多把它释为善于行走。如高亨的《老子注译》说："善于行路的人不留车辙马迹（无迹可寻）。"陈鼓应的《老子今注今译》说："善于行走的，不留痕迹。"

但是这样的表述其实是有问题的，因为人不会飞，怎么可能在地上行走而不留痕迹呢？此正如《老子吕惠卿注》所说："车行则有辙，徒行则有迹，则行固不能无辙迹者也。"既然如此，那么这里的"善行"指的又是什么呢？从古代学者对于"善行"的解释来看，值得我们注意的主要有这样两种理解。

一种认为，这里的"善行"，指的是修道行道。修道行道者求之于自身，而无表现于外的行动，故"无辙迹"。如《老子道德经河上公章句》说：善于行道的人从自己身上寻求，不下堂，不出门，所以没有痕迹。成玄英的《老子道德经开题序诀义疏》说：把没有行动看作行动，行动就表现为没有行动的样子，所以称为善于行动。行动的结果与所修的目标奇妙地契合，境界和智慧暗中相合，所以看不见痕迹。

另一种认为，这里的"善行"，指顺乎自然或顺乎理而行，因顺乎自然或顺乎理而行，则无人为的做作，故"无辙迹"。如王弼的《老子道德经注》说：顺乎自然而行，不人为造作，所以事物自然到

● 《老子道德经河上公章句》：

善行道者求之于身，不下堂，不出门，故"无辙迹"。

● 成玄英《老子道德经开题序诀义疏》：

以无行为行，行无行相，故云善行。妙契所修，境智冥会，故无辙迹之可见也。

● 王弼《老子道德经注》：

顺自然而行，不造不（始）〔施〕，故物得至，而无辙迹也。

●苏辙《老子解》：
乘理而行，故无迹。

来，而没有痕迹。苏辙的《老子解》说：顺着道理而行动，所以没有痕迹。

笔者认为，以上两种理解，在逻辑上均能说通。不过，第一种理解把"善行"释为善于修道行道，取义较窄，不如第二种理解显得更加全面。因此，把"善行，无辙迹"理解为善于顺理行事的人，不会留下痕迹，是比较恰当的。当代亦有学者持此种理解，如林语堂的《老子的智慧》说："善于处事的人，顺自然而行而不留一点痕迹。"把它运用于军事，便是：善于用兵打仗的人，不会留下任何痕迹。

2."行无行"中的"行"的含义：行列，还是行走？

对于"行无行"的含义，学者们主要有以下三种解释。

一是认为这里的"行"读作háng，指军队的行列，"行无行"指虽有行列，却像没有行列一样。如吴澄的《道德真经注》说：进行作战时，布列阵势而行，"不行"则指的是虽有行列，却像没有行列一样。林语堂的《老子的智慧》说："虽有行阵，却好像没有行阵可列。"

●吴澄《道德真经注》：
进战者，整其行阵而行，……不行则虽有行如无行。

二是认为这里的"行"读作xíng，指行师、用兵的意思，"行无行"指虽然行师用兵却像没有行师用兵一样。如李荣的《道德真经注》说：战争由对方发动，我其实并没有采取行动，根据事物的发展而采取行动，并非有心去做，这就是"行无行"。杜道坚的《道德玄经原旨》说："行"，指的是用兵打仗。"无行"，指的是没有用兵打仗之心，因此，军队虽然行动而不轻易冒进。

●李荣《道德真经注》：
兵由彼起，我实不行，应物而行，无心而动，"行无行"也。

●杜道坚《道德玄经原旨》：
行，行师也。无行，无行师之心，师虽行而不轻进。

三是认为"行无行"中的第一个"行"，读作xíng，指行走；"无行"中的"行"，读作háng，指行列。因此，"行无行"指行走而没有行列的意思。如张默生的《老子章句新释》说："'行无行'的上'行'字，读为行走之行；下'行'字，读为行列之行。"张松如的《老子说解》说："行进没有行列。"

　　笔者认为，对于"行无行"的理解，不能孤立地进行，而必须联系上下文的意思。从上文的意思来看，它是用来说明"不敢为主，而为客；不敢进寸，而退尺"的，因此，表达的应是谦退的意思；从下文来看，"攘无臂""执无兵""扔无敌"与之并列，共同用来说明谦退的意思。因此，这里的"行"，不应释为行师、用兵，因为行师、用兵的意思较为宽泛，把"执无兵""扔无敌"等也包含在内了，故第二种理解并不确切。若释为行走而没有行列，则又无谦退的意思。因此，相比之下，第一种理解较为恰当。在笔者看来，"行无行"相当于"行行而无行"之省写，"行"读作háng，意为军队的阵势；第一个"行"为动词，意为排列（阵势）。因此，"行无行"意为虽排列阵势，却像没有阵势：一方面，面对敌人的进攻，必须有充分的军事准备，故需排列阵势；另一方面，这种排列阵势并不是大张旗鼓地进行，而是低调地进行，就像没有排列阵势一样，以表示军事行动的迫不得已及自己的谦退之心，但同时又隐含着藏于无形，让敌人无法识破自己之意。

　　3."执无兵"的含义及其是否应在"扔无敌"之前

　　"执无兵"中的"兵"，指的是兵器，因此，所谓"执无兵"，从文字本身来说，便是执持而没有兵器或没有执持兵器的意思。然而，作为准备作战的军队，怎么可能不执持兵器呢？因此，一些学者认为，这里的"执无兵"，指的是虽有兵器可执，却像没有执持兵器一样。如蒋锡昌的《老子校诂》说："'执无兵'，言虽有兵执，若无兵可执也。"林语堂的《老子的智慧》说："虽有兵器，却好像没有兵器可持。"

那么，虽有兵器，却像没有兵器可持，表达的又是怎样的意思呢？对此，一些学者认为，它指的是因为被迫用兵，不以杀戮为目的，故虽执持兵器，却像没有执持兵器一样。如《唐玄宗御制道德真经疏》说：执持兵器的目的，是用来杀敌，但如果以慈悲为主，止息战争，那么即使有兵器也没有杀戮的想法，这便与没有兵器相同。杜道坚的《道德玄经原旨》亦说：兵器是一种凶器，虽然手执凶器，但不用它去杀戮。

笔者认为，上述解释是很有道理的，"执无兵"相当于"执兵而无兵"之省写，意即虽执持兵器，却像没有兵器一样，明确表示执持兵器的目的是为了平息战争，获得和平，而不是为了杀戮，但同时也隐含着虽手握利器而不为敌方所察觉的意思。

需要指出的是，"执无兵，扔无敌"两句，王弼本、范应元的《老子道德经古本集注》等作"扔无敌，执无兵"，"执无兵"句在"扔无敌"句之后；傅奕本、严遵的《老子指归》等则作"执无兵，仍无敌"。对此，一些学者指出，"执无兵"句应在"攘无臂"句后，而不应在"扔无敌"句后，如高明的《帛书老子校注》说："陶邵学云：'"执无兵"句

●《唐玄宗御制道德真经疏》：

夫执持兵者，将欲杀敌，以慈为主，自戢（jí）干戈，则有兵本无杀意，是则与无兵同也。

●杜道坚《道德玄经原旨》：

兵，凶器也。虽执凶器而不行杀戮。

应在"扔无敌"句上。弼注曰:"犹行无行,攘无臂,执无兵,扔无敌也。"是王同此。'"易顺鼎的《读老札记》亦说:"'执无兵'本在'攘无臂'之下,王注可证。毕氏《考异》傅奕本亦同。今本'执无兵'三字在'行无行'三句注文之后,其为夺误明矣。毕氏谓王本'执无兵'在'扔无敌'之下,盖未考王注。"

这两句文字帛书甲本作"执无兵,乃无敌矣",乙本作"执无兵,乃无敌",均以"执无兵"句在"无敌"句前,故一些学者明确指出,这两句的顺序当以傅奕本和帛书本为准。如高亨的《老子注译》说:"此四句,王弼原作……。今依傅奕本、帛书甲乙本移正。"

笔者认为,若仅从意思上来看,"执无兵"与"扔无敌"两句孰前孰后,关系都不大。但考虑到傅奕本、严遵的《老子指归》等"执无兵"一句在前,帛书甲乙本亦均以"执无兵"在前,且据王弼注文,王弼本所依《老子》原文亦是"执无兵"一句在前,故当以"执无兵"在"扔无敌"之前为妥。

4."扔无敌"的含义及其是否应作"仍无敌"或"乃无敌"

对于"扔无敌"的含义,学者们有各种不同的理解,其中值得我们注意的,主要有以下两种。

一是认为"扔"是因、就的意思,"扔无敌"意为虽然面对敌人,却像没有敌人可以面对。如蒋锡昌的《老子校诂》说:"'扔无敌',言虽有敌可就,若无敌可就也。"陈鼓应的《老子今注今译》亦说:"虽然面临敌人,却像没有敌人可赴。"

二是认为"扔"是引、牵引的意思，"扔无敌"指想引出敌人，却没有敌人可引出来攻打。如高亨的《老子注译》说："扔，引也，捉也。……要捉的敌人，可能根本没有了。"许抗生的《帛书老子注译与研究》说："扔无敌，指没有敌人可引出来攻打。扔，引也。"

笔者认为，"扔无敌"相当于"扔敌而无敌"之省写，因"扔"既有因、就的意思，亦有引的意思，因此上述两种解释都是可以的。不过，这两种解释其实亦并无实质上的差别，因为所谓没有敌人可以面对，与没有敌人可引出来攻打，表达的都是不与敌人相争的意思，故《唐玄宗御制道德真经疏》说：把敌人引出来是想与敌人相争，现在不追求与敌人相争，那就是没有敌人可引。不过，相比之下，把"扔无敌"释为虽面对敌人，却像没有敌人可以面对一样，似更恰当一些，因为说虽想引敌人，却没有敌人可以引出来攻打，在意思上稍显曲折。

不过，对于"扔无敌"一句，一些《老子》本子有不同的表述，如河上公本、傅奕本、景龙碑本等均作"仍无敌"。对于"仍无敌"的含义，学者们亦主要有两种解释。

一是认为"仍"是因、就的意思，"仍无敌"指虽面对敌人却像没有敌人可以面对、攻击的意思；二是认为"仍"是引的意思，"仍无敌"指虽想引导敌人，却像没有敌人可以引导，以示不争的意思。

由此可知，学者们对于"仍无敌"的理解与"扔无敌"类似，故一些学者指出，"扔"与"仍"在这里的意思一样，如高亨的《老子正诂》说：

●《唐玄宗御制道德真经疏》：

　　夫引敌欲有所争，今以不争为德，则是无敌可引。

●《马王堆汉墓帛书老子》：
执 无 兵，乃（扔）
无敌。

"扔、仍古通用。"既然"扔"与"仍"的意思一样，说明这里作"扔"或"仍"均是可以的。不过，因为王弼本、陆德明的《经典释文》、范应元的《老子道德经古本集注》等该字均作"扔"，故笔者倾向于这里应作"扔"。

这里特别值得我们注意的是，"扔无敌"一句，帛书甲本作"乃无敌矣"，乙本作"乃无敌"。对于其中的"乃"字，马王堆汉墓帛书整理小组认为即"扔"，许抗生的《帛书老子注译与研究》也说："'乃'为'扔'之误。"然而，楼宇烈的《老子道德经注校释》认为，这里应依帛书本作"乃无敌"，不应作"扔无敌"，作"扔"系不明其义者妄改："'扔'字，疑当作'乃'。长沙马王堆三号汉墓出土帛书《老子》甲乙本经文均作'乃'。观王弼注文说：'言无有与之抗也'之意，正释经文'乃无敌'之义。故似作'乃无敌'于义为长。"

楼宇烈的观点得到一些学者的赞同。如高明的《帛书老子校注》说："楼氏之说似较旧注贴切，'乃无敌'谓无人与之为敌也。"刘笑敢的《老子古今》也说："楼说成理。"董平的《老子研读》则进一步解释说：

> 以"无行""无臂""无兵"而应战，则主战者便无法找到其作战的对象，是正所谓"不战而屈人之兵"，故谓"乃无敌"。"乃无敌"三字，王弼本作"扔无敌"，并且在"执无兵"一句之前。帛书甲、乙本均作"乃无敌"，且在"执无兵"一句之后，据帛书本改。"乃无敌"是前三

句，也即"行无行，攘无臂，执无兵"的结果。以无战阵而战，以不战而战，以无兵而战，实际上也就从根本上取消了战争中双方的敌对态势，是所谓"无敌"也。

然而，笔者认为，这里还是以作"扔无敌"为妥，理由如下。

一是根据王弼的注文："犹行无行，攘无臂，执无兵，扔无敌也。言无有与之抗也"，可以说明两点：其一，王弼本所据原文作"扔无敌"，而非"乃无敌"；其二，"言无有与之抗也"是就"行无行，攘无臂，执无兵，扔无敌"整段文字而言的，而非单就"扔无敌"一句而言的，因此，楼宇烈说"观王弼注文说'言无有与之抗也'之意，正释经文'乃无敌'之义"，明显存在偏颇。

二是从"行无行""攘无臂""执无兵"三句来看，"行""攘""执"三字皆为动词，则"无敌"前的字亦应为动词。而"乃"在这里是"就"的意思，并非动词；相反，"扔"在这里为动词，有面对或引导的意思，因此，作"扔"比作"乃"要更为恰当。

三是从王弼的整段注文来看："言以谦退哀慈，不敢为物先用战，犹行无行，攘无臂，执无兵，扔无敌也。言无有与之抗也。"其中的"言无有与之抗也"亦非没有谁能与之抗衡、所向无敌的意思，而是没有与之相对抗的一方的意思。

四是历史上的各种有代表性的《老子》本子，该句文字不是作"扔无敌"，就是作"仍无敌"，作"乃无敌"的只有帛书本，因此，我们不能仅据帛书本就改变该句的原文。

5."行无行，攘无臂，执无兵，扔无敌"四句的实质意蕴

由以上对于"行无行，攘无臂，执无兵，扔无敌"的具体解释可知，老子这种颇似绕口令的文字表述方式既为人们对它的确切含义的理解增加了难度，又极易造成歧解。那么，老子说这四句话，究竟想表达什么样的意思呢？对此，我们在前面对各句的分别解释中已有涉及，但论述过于分散，未能透彻地说明问题，故在此再作一综合的解释。

从古今学者对于这四句话的义旨的解释来看，值得我们注意的，主要有以下两种观点。

一是认为它表达了老子谦退不争，不敢轻敌用兵的思想，如苏辙的《老子解》说：无意于与敌人相争，那么虽然动用军队，就与不动用一样。假如无意于与敌人相争，那么即使在军队之中，就像将袖子时没有胳膊，没有敌人可以接触，没有兵器可以执持，又怎么会有用兵带来的灾殃呢？蒋锡昌的《老子校诂》亦说："此四语者，皆所以表示谦退哀慈，谨慎戒惧，不敢轻敌而好用兵也。"

二是认为它表达的是老子关于如何战胜敌人的方法。如《老子吕惠卿注》说：确实知道虽然有作为但并不是有意去做，那么我的列阵常常是没有阵，捋起袖子却常常没有胳膊，常常没有敌人可以接触，常常没有兵器可以执持，这样就能无往而不胜！张默生的《老子章句新释》说："这四句话，可以解作'如入无人之境'，也可以解作'不战而胜'。……如此用兵，必能常致敌命而不为敌所致，是谓操得全

●苏辙《老子解》：

无意于争，则虽用兵，与不用均也。苟无意于争，则虽在军旅，如无臂可攘，无敌可因，无兵可执，而安有用兵之咎邪？

●《老子吕惠卿注》：

诚知为常出于无为，则吾之行常无行，其攘常无臂，其仍常无敌，其执常无兵，安往而不胜哉！

胜之术，可以不战而胜"。

　　除了上述，还有一些其他的理解，为避免烦琐，在此就不一一引述了。那么，这四句话的实质意蕴究竟是什么呢？笔者认为，首先我们必须注意的是，老子说"是谓行无行，攘无臂，执无兵，扔无敌"，用了"是谓"二字，已经表明这四句话是用来解释前面的"我不敢为主，而为客；不敢进寸，而退尺"的，而"我不敢为主，而为客；不敢进寸，而退尺"表达的主要是不主动发起战争，在战争中谦退不争的意思，因此，上述第一种解释是比较恰当的。但是，不可否认的是，根据老子柔弱胜刚强的原则，谦退不争恰恰是战胜敌人的法宝，因此，这四句话同时也隐含着通过把自己的实力或战略战术隐于无形，让敌人莫测虚实，并最终战胜敌人的意思。故把上述两种解释结合在一起，方为对这四句话含义的完整解释。

八、以奇用兵，务求必胜

老子反对发动战争，但是，当战火烧到了家门口，在迫不得已的情况下，老子亦不反对用兵，但同时强调用兵时要见好就收，只要取得战争的胜利即可，切不可借此耀武扬威，好战嗜杀。那么如何去取得战争的胜利呢？老子提出了要善于谋划、隐于无形、让敌人莫测虚实、后发制人等原则，这其中，影响最大、亦最为人们所重视的原则或方法，当数"以奇用兵"。

"以奇用兵"的提法见于《老子》第五十七章："以正治国，以奇用兵，以无事取天下。"意思是：用正道来治理国家，用变幻莫测的计谋来用兵打仗，用无为来取得天下。这其中，"以奇用兵"的"奇"，意为变幻莫测的策略或计谋。

中国古代由老子率先提出的"以奇用兵"思想，为《孙子兵法》所直接继承，并发展出了"奇正相生""出奇制胜"等丰富的思想。如《孙子兵法·势篇》中说：所统帅的全部军队，可以让它即使在受到敌人进攻时也不会打败仗，是因为在战略战术上正确运用了奇和正。大凡作战时，都是用部队与敌人正面交战，用奇兵取得胜利。所以善于出奇制胜的人，像天地一样变化无穷，像江河一样奔流不息。日月周而复始地运行，四季来回不断地更替。声音只有宫、商、角、徵（zhǐ）、羽五个音阶，然而这

●《孙子兵法·势篇》：

三军之众，可使必受敌而无败者，奇正是也；……凡战者，以正合，以奇胜。故善出奇者，无穷如天地，不竭如江河。终而复始，日月是也；死而复生，四时是也。声不过五，五声之变，不可胜听也；色不过五，五色之变，不可胜观也；味不过五，五味之变，不可胜尝也。战势不过奇正，奇正之变，不可胜穷也。奇正相生，如循环之无端，孰能穷之？

五声的组合变化，却能产生听不完的音乐；颜色只有青、黄、赤、白、黑五种正色，然而这五色的掺杂变化，却能产生看不完的色彩；滋味只有酸、辛、甘、苦、咸五种，然而这五味的调合变化，却能产生尝不尽的味道。作战的方式只有奇和正两种，然而奇和正的运用变化，却不可穷尽。奇和正之间互相依存和转化，就像顺着圆环转动一样没有终点，谁能够穷尽它？

在《孙子兵法》中，奇、正可谓全书的核心概念。孙子所谓的"正"，指正面交战，堂堂正正，完全依靠实力与敌人对阵交锋；"奇"，则指为取胜而采取的一切变通手段，如设伏掩袭，巧用间谍，兵不厌诈，等等。在具体的战争中，正有正的作用，奇有奇的作用，两者不可或缺。但是，相比之下，孙子还是更重视奇的作用，因为正无法包含奇，而奇中则可以包含正，它可以有正中之奇、奇中之正，甚而还可以有奇中之奇。所以孙子说"凡战者，以正合，以奇胜"，指作战时要用部队与敌人正面交战，用奇兵取得胜利。与敌人正面交战，是军队实力和士气的较量，而出动奇兵制胜，则是军事将领谋略和智慧的体现。

对于《孙子兵法》中的奇正观，后世兵家又有进一步的论述和发挥。如曹操在《孙子注》中说：先出来交战的属于正，后出来交战的属于奇。又说，与敌人正面交锋的属于正，从旁边攻击没有防备之敌的属于奇。

唐代的李筌在其《孙子注》中也说，与敌人正面交锋属于正，从旁边出击属于奇。统率三军去打

●《十一家注孙子》：

曹操曰：先出合战为正，后出为奇。……正者当敌，奇兵从傍击不备也。

●《十一家注孙子》：

李筌曰：当敌为正，傍出为奇。将三军无奇兵，未可与人争利。汉吴王濞拥兵入大梁，吴将田伯禄说吴王曰："兵屯聚而西，无分（他）奇道，难以立功。臣愿得五万人，别循江淮而上，收淮南、长沙，入武关，与大王会。此亦一奇也。"不从。遂为周亚夫所败。此则有正无奇。

仗，如果没有奇兵，就无法获得军事上的优势。为此，他又专门举了一个汉景帝时吴王刘濞（bì）起兵造反时的例子。据《史记·吴王刘濞列传》记载，公元前154年，吴王刘濞联合楚王、胶西王、胶东王等，以"诛晁错，清君侧"为名，发动武装叛乱，史称"吴楚七国之乱"。当时刘濞有兵二十多万，刚开始出兵的时候，任命田伯禄为大将军。田伯禄向吴王建议：如果我们单是把军队集中起来向西推进，而没有其他出人意料的办法，是很难成功的。因此，请让我率领五万人，沿着长江、淮河西上，等到收服淮南、长沙两国后西入武关，去跟您在关中会师，这样便容易取得成功。然而，吴王的太子却劝阻吴王说：您现在做的是造反的事，造反的兵是不能分出来交给别人率领的，您要是把兵交给了别人，万一别人也起来反您，那您又该怎么办呢？吴王一听，便否决了田伯禄的建议，把所有的军队都集中起来由自己带领。

当时，汉景帝任命周亚夫为太尉率兵平叛。周亚夫固守昌邑（今山东省巨野县东南），使叛军无法前进，又以轻兵断绝叛军的粮道。叛军由于缺乏补给，最终溃散。周亚夫率军攻击，吴王被杀，七国之乱平定。

试想一下，如果当初吴王刘濞听从田伯禄的建议，分兵攻击，虽然并不能确保肯定获得胜利，但至少会给政府军制造极大的麻烦，最终鹿死谁手，未可预料。故李筌对此事评论说："此则有正无奇。"意即吴王刘濞只知用正兵，不知用奇兵，故无法最终获胜。

不过，在论述老子"以奇用兵"的军事智慧时，有一个十分重要的问题需要我们厘清，这便是老子有没有从军事角度探讨奇、正及奇、正转化的问题。从学者们现有的观点来看，有不少是认为老子有奇、正转化的军事思想的。如廖勇传思在《大道兵法》一书中说："老子精通辩证法，……他在提出'以奇用兵'战术总原则的同时，又进一步探讨了奇正转化的问题。第五十八章上讲：'祸兮福之所倚，福兮祸之所伏。孰知其极？其无正？正复为奇，善复为妖。人之迷，其日固久。'"孙守领在《老子的军事辩证法思想探析》一文中说："老子'以奇用兵'的军事战术思想表现在他对'正'和'奇'关系的清楚认识上。所谓'正'就是行兵作战的一般性原则，'奇'则是指灵活多变的作战方式。……'正复为奇，善复为妖'"。陈林在《道与战争——以老子军事哲学为中心的阐释》一文中亦说："老子曰：'以正治国，以奇用兵'，……老子'奇正'的辩证思想改变了西周以来'旧军礼'的传统，并开始触及军事斗争的内在规律，具有重要的理论价值。"

　　但是，这样的观点是值得商榷的。从以上论述来看，这些学者认为老子有奇、正转化的军事思想的依据主要有两点：一是第五十七章中说的"以正治国，以奇用兵"；二是第五十八章中说的"正复为奇，善复为妖"。然而，在笔者看来，《老子》中的这两条论述均不足以说明老子有奇、正转化的军事思想。

　　我们先来看第一条："以正治国，以奇用兵"，这其中，毫无疑问，"以奇用兵"中的"奇"与《孙子兵法》关于奇、正中的"奇"一样，指的是为了在战场上取胜而采取的一切变通手段。但是，"以正治国"中的"正"，指的则是正道或正规的方法，包括重用贤才、严肃法纪之类，它与军事上关于奇、正的"正"在内涵上并不一样。因为军事上奇、正的"正"，指的是在战场上与敌人正面作战，堂堂正正。所以，由老子的"以正治国，以奇用兵"，我们不能得出老子有关于奇、正或奇、正转化的军事思想的结论。

接下来再来看第二条："正复为奇，善复为妖"。关于"善复为妖"的含义，学者们或释为善良又变为邪恶，或释为善良又变为妖孽，意思都差不多。但是，关于"正复为奇"的含义，特别是其中的"奇"的含义，学者们则有诸多不同的理解，其中有代表性的，主要有以下两种。

一是认为这里的"奇"是奇特、反常的意思。如李荣《道德真经注》说：奇，是奇特的意思。正不能始终保持，偶然发生变化，所以叫作"奇"。任继愈的《老子绎读》说："正常随时可变为反常。"

二是认为这里的"奇"是奇邪、诡异不正的意思。如吴澄的《道德真经注》说：正与不正相对，正完全反过来就是不正的"奇"。董平的《老子研读》说："'正'又变为'不正'"。

此外还有别的理解。如《老子道德经河上公章句》认为这里的"奇"指"诈"："奇，诈也。人君不正，下虽正，复化上为诈也。"王弼的《老子道德经注》认为这里的"奇"即上章"以奇用兵"之"奇"："以正治国，则便复以奇用兵矣。故曰'正复

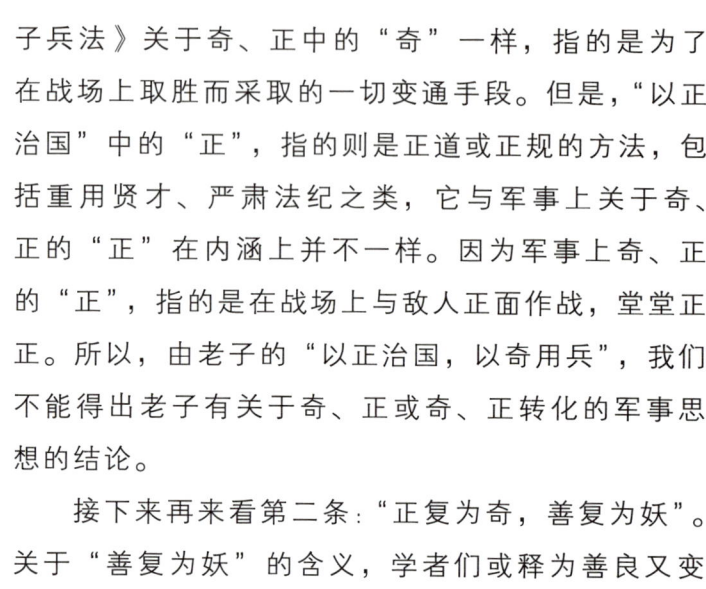

● 李荣《道德真经注》：
奇，异也。……正不常正，俄然变异，故曰为奇。

● 吴澄《道德真经注》：
正与不正对，正一反则为不正之奇。

为奇'。"等等。

综合以上学者关于"正复为奇"的"奇"的各种解释，笔者认为，这里的关键，是要弄清老子说"正复为奇"这句话的用意。老子说"正复为奇，善复为妖"，是紧接上文"祸兮，福之所倚；福兮，祸之所伏"而来的，而"祸兮，福之所倚；福兮，祸之所伏"强调的是祸福对立转化的意思，则"正复为奇"所要表达的意思的实质也应该是一样的。也就是说，"正复为奇"，强调的是"正"和"奇"之间的对立和转化；"善复为妖"，强调的是"善"和"妖"之间的对立和转化。此正如司马光的《道德真经论》所言：不光祸福是这样，邪和正、善和恶也常常互相转化，这都是因为物极则反。张默生的《老子章句新释》亦说："你看为正的，说不定又变为奇；你看为善的，说不定又成为妖。正奇奇正，善妖妖善，反来覆去，永无终穷。凡世间相对的事理，无不如此。"

既然如此，则对于这里的"正"和"奇"，关键是要从对立转化的意义上去理解，故"正"可以释为正道、正直，"奇"与"正"相对，则应指不正或诡异不正的意思。而诡异不正意思的"奇"，读作jī，而非qí。

综上可知，老子确实有关于奇、正或奇、正对立转化的思想，但它们均是在普遍意义上的，而非专门关于军事的。考虑到军事意义上的奇、正与普遍意义上的奇、正在内涵上并不相同，因此，我们可以说老子的奇、正思想启发或催生了军事意义上的奇、正思想，但不能说老子已经提出了军事意义

● 司马光《道德真经论》：
　非独祸福为然，邪正善恶亦常反覆，皆由物极则反。

上的奇、正思想。

不过，老子虽然没有提出军事意义上的奇、正思想，但是，老子"以奇用兵"的思想则是说得清清楚楚的，它明确告诉我们，要用变幻莫测的手段或计谋来用兵打仗。而且，老子的这一思想，不仅在中国军事思想史上有着十分重要的地位，在中国的历代战争中也发挥了巨大而重要的指导作用。

据《资治通鉴卷第一百一十八·晋纪四十》载，公元416年，东晋太尉刘裕率大军北伐后秦，命振武将军沈田子、建威将军傅弘之率一千多人进入关中。因后秦各城守将纷纷弃城逃走，沈田子顺利进屯青泥（今陕西省蓝田县南）。

后秦皇帝姚泓，准备亲自统军迎击刘裕主力，因担心沈田子袭击他的背后，故打算先把沈田子等人消灭，再出动全国所有兵力，东下决战。遂率步骑兵数万人，突然在青泥出现。沈田子这支部队，本是一支虚张声势、迷惑敌人的游击部队，沈田子听到姚泓御驾亲征，就打算迎战，傅弘之则认为寡不敌众，竭力劝阻。沈田子说：军事行动，贵于以奇用兵，出奇制胜，不一定非要人多不可。而且，今天双方兵力的众寡，相差太大，势不能并存。一旦他们的包围圈牢固结成，我们就没有地方可逃了。不如趁他们刚刚到达，阵势和营垒都还没有建立，我们主动进攻，可以立下大功。遂率他手下的部队先行前进，傅弘之作为后继。后秦大军把他们重重围住，沈田子激励他的士卒说：各位冒险远征，就是为了要打这一仗，生死对决，封侯升官的机会，就看今天。士卒们雀跃欢呼，大声呐喊，手执短小

●《资治通鉴卷第一百一十八·晋纪四十》：

田子曰："兵贵用奇，不必在众。且今众寡相悬，势不两立，若彼结围既固，则我无所逃矣。不如乘其始至，营陈未立，先薄之，可以有功。"

武器，奋勇肉搏，后秦军大败。东晋军奋勇追击，杀一万余人，缴获姚泓的御车、御衣，以及皇家专用的器物。姚泓逃回灞上。

最初，刘裕认为沈田子的兵力太少，便派沈林子率军越过秦岭增援，等到沈林子到达时，后秦军已经溃败，于是联合追击，关中郡县，很多向沈田子暗中投降。

姚泓以数万大军围困沈田子一千余人，兵力相差十分悬殊，因此，按照正常的逻辑，沈田子或应固守待援，或应乘机突围逃走，怎么也想不到他竟敢"以卵击石"，以区区一千余人向强大的围城军主动进攻。然而，正是因为沈田子用兵出乎众人的意料，却符合"以奇用兵"的规则，所以才取得了大捷。

在战争中运用"以奇用兵"之策，至少可以进一步具体化为两个方面：一是"兵不厌诈"，二是"出其不意，攻其不备"。所谓"兵不厌诈"，语本《韩非子·难一》："战阵之间，不厌诈伪"，后以"兵不厌诈"指用兵作战时尽量使用欺诈等计谋来迷惑敌人。其实，在《孙子兵法》中已有类似"兵不厌诈"的思想，因为《孙子兵法·计篇》中说："兵者，诡道也"，意即用兵打仗，以诡诈为原则。

在中国历史上，汉朝初年，匈奴单于在汉高祖刘邦北征时把精兵藏匿起来，以羸弱的士卒和瘦弱的牛羊示人，使刘邦陷入平城白登山之围；三国时诸葛亮摆空城计，使司马懿的十几万大军不敢对诸葛亮所在的空城发动进攻，都是"兵不厌诈"的典型例子。在此，我们再讲一讲中国军事史上另外两个典型的"兵不厌诈"的例子——"减灶计"和"增灶计"。

"减灶计"发生在战国时期。据《史记·孙子吴起列传》记载，公元前341年，庞涓率魏军与赵军联合攻韩，韩国向齐国告急。齐王命田忌为将，带兵直扑大梁。庞涓闻讯后，急急从韩国撤兵，赶回魏国东境阻击齐军，可是这时齐军已经越过边境突入魏国腹地了。军师孙膑对田忌说：魏国人以剽悍勇猛著称，他们向来瞧不起齐国人，认为齐兵怯懦。善于作战的人就是要因势利导，引诱他们轻敌上当。兵法上不是说过：每日行军百里赶去和敌人争利的，就要折损自己的上将；每日行军五十里赶去和敌人争利的，部队也会减员一半。因此，我们可以在进入魏境的头一天，在营地上安排给十万人做饭的炉灶，到第二天安排给五万人做饭的炉灶，到第三天只安排给三万人做饭的炉灶。

庞涓追了三天，发现炉灶越来越少，高兴地说：我早就知道齐国人胆怯，进入我国境内才三天，士卒逃跑的就超过一大半了。于是，他下令不带步兵，只带一支轻装的骑兵昼夜兼程地追赶齐军。孙膑估算着魏军的行程，到天黑时应当可以赶到马陵。马陵这个地方道路狭窄，两旁地势险要，可以埋下伏兵。于是孙膑叫人把路边的一棵大树削去树皮，露出白色，在上面写了"庞涓死于此树之下"几个大字。然后调集了万余名善射的齐兵，埋伏在山路两旁，约定说：晚上只要看见有人点火把，你们就一齐放箭。当天夜里，庞涓果然带兵进入了马陵道，来到这棵大树下，他见树白上写着字，于是叫人点

● 《史记·孙子吴起列传》：

孙子谓田忌曰："彼三晋之兵素悍勇而轻齐，齐号为怯，善战者因其势而利导之。兵法，百里而趣利者蹶上将，五十里而趣利者军半至。使齐军入魏地为十万灶，明日为五万灶，又明日为三万灶。"

起火把来照看，结果树白上的字还没看完，两旁埋伏的齐兵就万箭齐发，魏军一下子乱成一团。庞涓知道大势已去，只好拔剑自杀了。临死前他说：这一下可成就了孙膑这小子的名声！齐军乘胜追击，大破魏军，并俘虏了魏国太子申，凯旋而归。

"增灶计"则发生在东汉时期。据《资治通鉴卷第四十九·汉纪四十一》载，东汉安帝时，公元115年，皇太后邓绥听说怀县（今河南省武陟县）县长虞诩有将帅之才，富有谋略，便任命他当武都（今甘肃省成县）太守。虞诩前往赴任，当地的西羌人因虞诩曾设计对付他们，使他们在战争中失败，故痛恨虞诩，于是派军数千人，在陈仓（今陕西省宝鸡市）崤谷埋伏。虞诩在谷口停止前进，宣称：已上书请求援军，等援军到时，再行出发。羌军得到消息，便放心大胆地到其他各县劫掠。虞诩等到羌军兵力分散，即日夜挺进，一天奔驰一百余里，命战士每人各做两个灶。以后每天倍增，羌军尾追，却始终不敢发动攻击。有人问虞诩：孙膑当年曾经使用减少炉灶的方法，而今你却增加炉灶。兵法上说：部队行军，每天不可以超过三十里，以防备发生不测之事，现在你竟然每天行军将近二百里。这是什么缘故？虞诩说：羌军多，我军少，走得太慢，容易被他们追上，我们迅速挺进，他们就不会知道我们的底细。羌军查点我们留下的炉灶，发现每天都在增加，会误认为郡政府派来迎接的部队已经到达。我们兵力既然强大，而行军速度又快，羌军在追我时必存畏惧心理。孙膑故意显示衰弱，而我则故意显示强大，只因为形势不同。

增竈斷追

叩池漁父寫於混濱圖

▲ 清末民国时期画家马骀绘制的《增灶断追图》，描绘了东汉时武都太守虞诩用增灶
之计迷惑羌军的情形。

虞诩抵达郡政府所在地后，部队还不到三千人，而羌军一万余人已围攻赤亭数十日。虞诩下令，不准使用强弩，而只偷偷用小弩。羌军判断守城部队的弓箭力量小，不能造成伤亡，遂集结城下，猛烈攻城。于是虞诩命每二十张强弓组成一个射击组，集中射一个人，百发百中，羌军震恐，急行撤退。虞诩出城反击，杀伤很多。

第二天，虞诩命全军出城，从东门出，从北门入，入城后立即改换服装，如此出出入入好几次，羌人弄不清城中到底有多少守军，便互相传告，引起恐惧。虞诩估计羌军将要撤走，便暗中派五百多人到附近河流水浅的地方埋伏，在其逃跑的路上等候。羌军果然经过那里，伏兵骤起，大破羌军，杀死及俘虏无数。羌军从此溃散。

从虞诩与羌军作战的情况来看，可谓诈招迭出：一是到达崤谷时，因手下兵少，便诈称要等待援军，从而使羌军放松了警惕；二是在虞诩率兵快速挺进时，还是因为兵少，怕羌军摸清底细后快速追击，于是采用增灶之计，让羌军误以为虞诩的增援部队越来越多；三是在守卫郡政府所在地时，因羌军攻城的人员远远多于守城人数，于是采用示弱、设伏等欺诈方式，终于把拥有优势力量的羌军打得大败而逃。

前面所说的"以奇用兵"的第二个方面："出其不意，攻其无备"，意即在敌人意想不到的地方采取行动，进攻敌人没有防备的地方。此说法出自《孙子兵法·计篇》，只是在《孙子兵法·计篇》中作"攻其无备，出其不意"，顺序不同，但是意思完全一样。在敌人意想不到和没有防备的地方实施进攻，相当于以实击虚，当然就能获得最大的战争效益，因此，无论古今中外，一些优秀的军事将领，都会采取这一"以奇用兵"的方法。

据《资治通鉴卷第六十三·汉纪五十五》载，东汉末年，群雄并起，曹操与袁绍相争不已，此时刘备新起，曹操认为袁绍容易对付，而刘备则是人中豪杰，如果不趁他弱小时采取行动，必将后患无穷。因此，公元200年，曹操不顾诸将的反对，决意亲自率兵征讨刘备。然而，刘备认为曹操正跟袁绍对抗，不可能抽出身来对付自己，因此，对曹操毫不防备。等到曹操大军到达刘备据守的徐州附近，侦探向刘备报告曹操大军已到时，刘备大吃一惊，但仍然不肯相信，率领数十名骑兵出城观察，果然看到了曹操的军旗，便不顾一切地逃跑了。结果，曹操俘虏了刘备的妻子，攻陷了下邳（pī，今江苏省邳县），俘虏了关羽。

刘备之所以抛弃城池和家人、部下，不顾一切地只身逃跑，是因为他压根儿想不到曹操会向他下手，而他自己也没有丝毫的准备，在这种情况下，想要阻止曹操的进攻，打败曹操，简直是天方夜谭，所以只好一逃了之。

另据《资治通鉴卷第二百四十一·唐纪五十七》载，唐宪宗时，公元819年，吐蕃国节度论三摩等率大军十五万人包围了唐朝的盐州（今陕西省定边县），党项部落也出兵助战。盐州刺史李文悦守城，竭力抵抗，前后二十七日，吐蕃军不能攻克。灵武牙将史奉敬建议朔方节度使杜叔良：让自己率领精锐士兵三千人，携带三十天粮食，深入吐蕃占领区，以解除盐州的包围。杜叔良交给他二千五百人。史奉敬率军挺进，十余天没有任何消息，朔方人认为他已经全军覆没。然而，没过多久，史奉敬绕道到吐蕃军背后，突然出现，吐蕃军大吃一惊，全军溃散。史奉敬急行攻击，大破吐蕃军，杀伤及俘虏不计其数。

史奉敬之所以能协助打赢盐州保卫战，并大败吐蕃军，正是因为他的军队突然出现在吐蕃攻城兵的身后，"出其不意，攻其不备"，导致吐蕃军军心涣散，一败涂地。

【深度透讲】

本节讲述老子"以奇用兵"的军事思想，主要依据的是第五十七章中的"以正治国，以奇用兵，以无事取天下"。关于该段文字的含义，学者们存在不同的理解，需要我们深入分析的，主要有以下两个方面。

1．"以奇用兵"中"奇"的含义：变幻莫测，还是邪而不正？

对于"以奇用兵"特别是其中的"奇"的含义，学者们的理解很不统一，其中值得我们注意的，主要有以下三种理解。

一是有较多的学者认为，"以奇用兵"，即用出人意料、变幻莫测的手段来用兵，相当于兵法中所说的"兵不厌诈"，反映的是用兵打仗独有的特点，其中的"奇"，意为出人意料，使人不测。如林希逸的《道德真经口义》说：以奇用兵，指的是用兵时必须采用诈术。牟钟鉴的《老子新说》说："用兵的

● 林希逸《道德真经口义》：
　 以奇用兵，用兵则必
　须诈术。

●《唐玄宗御制道德真经疏》:

奇，变诈也。不祥之器，君子恶之，况加变诈之名，而无节制之用，是以兵犹火也，不戢将自焚，故知奇变之兵，非制胜之道也。

●刘师培《老子斠补》:

"奇"与"正"对文，则"奇"义同邪。……"以奇用兵"，即不依正术用兵也。……王注:诡异乱群谓之"奇"，实则此文之"奇"，亦当训邪。

●范应元《老子道德经古本集注》:

兵以禁乱除暴，不得已而用之，不可以为常也。运筹于帷幄之中，决胜于千里之外，以奇异之谋也。

具体做法却不能因循常规，而是要强调出奇制胜。……俗话说兵不厌诈，向来如此。不知道严守机密，不懂得声东击西，而按照政治公开化的原则去用兵，那就是蠢人，没有不失败的。"

二是认为这里的"奇"，是巧诈、变诈或邪而不正的意思，因此，"以奇用兵"，即用不正的手段来用兵，此为君子所不取。如《唐玄宗御制道德真经疏》说:奇，是巧变诡诈的意思。兵器是不吉祥的东西，君子讨厌它，何况再加上巧变诡诈之名，而不加节制地去使用? 所以战争就像火一样，不加以约束，就必将自焚，所以知道用巧变诡诈去用兵，不是获得胜利的办法。刘师培的《老子斠(jiào)补》说:"奇"与"正"相对而言，则"奇"即邪的意思。"以奇用兵"，就是不按照正确的法则去用兵。王弼在注释中说:怪异，惑乱百姓，这称为"奇"，实际上这里的"奇"，也应当释为邪。

三是强调这里的"以奇用兵"，是指在迫不得已而用兵的情况下，亦即在正义的前提下，运用计谋，出奇制胜，战胜敌人。如范应元的《老子道德经古本集注》说:兵器是用来禁止叛乱，消除暴行的，在不得已的情况下使用它，不可以经常使用。运筹于帷幄之中，决胜于千里之外，靠的是奇特的谋略。董平的《老子研读》说:"兵者诡道，但因为战争原本是非常事件，且以克敌制胜为目的，所以为取得战争的胜利而'出奇'是可以的，但'奇'必用于'正'，必归于'正'，'正'乃是'奇'的限度。"

那么，上述三种观点中，哪一种更为合理呢? 对此，笔者将在后面一并讨论。

2. "以正治国""以奇用兵""以无事取天下"三者间的关系及老子是否主张"以奇用兵"

老子说"以正治国，以奇用兵，以无事取天下"，一些学者认为，这是老子指出了"治国""用兵"和"取天下"的不同手段和方法：一为"以正"，二为"以奇"，三为"以无事"，它们之间是并列的关系。如高亨的《老子注译》说："用正常平易的方法来治国，用出奇变异的计谋来用兵，用无为的政治来取天下。"陈鼓应的《老子今注今译》亦说："以清静之道治国，以诡奇的方法用兵，以不搅扰人民来治理天下。"

然而，也有学者认为，老子这里的"以正治国""以奇用兵""以无事取天下"三句并非简单的并列关系，而是把"以正治国"和"以奇用兵"都视作有为之事，因此它们都是存在缺陷的，唯有无事无为取得天下才是正确的，所以，老子其实是贬抑"以正治国，以奇用兵"而崇尚"以无事取天下"。如《唐玄宗御注道德真经》说：让天下自由自在地变化，贵在采取无为的措施，如果依靠政教来治理国家，依靠奇诈来用兵打仗，这么做都不合乎"道"。只有无事无为，才可以取得天下。林希逸的《道德真经口义》说："以正治国"，指的是治理国家一定要有政事；"以奇用兵"，指的是用兵必须依靠诈术。这两种做法都是刻意用心去做。只有抱着无为的心态去做事，才可以得到天下人心，所以说"以无事取天下"。吴澄的《道德真经注》亦说："奇"只能用于战争，不可以用来治国；"正"只可用来治国，不可以用来取天下。所谓"无事"，指的

● 《唐玄宗御注道德真经》：
在宥天下，贵乎无为为政，若以政教理国，奇诈用兵，斯皆不合于道。唯无事无为，可以取天下。

● 林希逸《道德真经口义》：
"以正治国"，言治国则必有政事；"以奇用兵"，用兵则必须诈术。二者皆为有心。无为而为，则可以得天下之心，故曰"以无事取天下"。

● 吴澄《道德真经注》：
奇者仅可施于用兵，不可以治国；正者仅可施于治国，不可以取天下。无事者，三皇无为之治，如天不言而四时行，百物生，不期人之服从，而天下无不服从，故唯无事者可以取天下也。

● 王弼《老子道德经注》:

以道治国则国平，以正治国则奇（正）〔兵〕起也。以无事，则能取天下也。……故以正治国，则不足以取天下，而以奇用兵也。夫以道治国，崇本以息末；以正治国，立辟以攻末。本不立而末浅，民无所及，故必至于〔以〕奇用兵也。

是三皇时的无为而治，就像《论语》中说的天不说什么，但是春夏秋冬四季自然更替，万物自然生长；不去追求人们服从，而天下之人无不服从，所以只有实行无为才可以取得天下。

王弼的《老子道德经注》的观点亦与上述类似。他认为"以正治国""以奇用兵"均存在缺陷，正确的做法，应是以道治国，以无事取天下。王弼还进一步认为，"以正治国"必会导致"以奇用兵"的结果，因为"以正治国"是设立刑法来治国，属于有为，所以会导致"以奇用兵"之事的发生。

卢育三的《老子释义》在对王弼、吴澄、陈鼓应关于该段文字的解释进行比较后认为，陈鼓应以"清静之道"释"正"，不妥；吴澄的观点不及王弼的观点，但王弼的观点亦有不足，该段文字的大意是"以正治国"与"以奇用兵"均不好，不如"以无事取天下"为好。

然而，汤漳平等注译的《老子》则认为陈鼓应把"以正治国""以奇用兵""以无事取天下"理解为三个并列的句子并对其都加以肯定是正确的，卢育三的观点则是对老子思想的误解。

卢氏举诸家解释，只有陈鼓应的解释大体近是。但卢氏却倾向于赞同吴、王的说法。这是三个并列的陈述句，老子以同样的"肯定"的语气（陈述句本身所具有的肯定语气）对"治国""用兵""取天下"的方法提出了看法。问题在于"以奇用兵"一句，没有这一句，理解便不成问题。人们不能理解反对奇巧、反对战争的老子为什么会肯定"以奇用兵",于是便有了各种曲解,力求"纠正"老子的思想,而且连"以正治国"也因受"以奇用兵"的"连累"被一并视为老子所否定的错误观念。……实际上"以正治国"是相对于"以奇用兵"而言的,而"以无事取天下"则是对"以正治国"的补充和阐发。老子所说的"正"道,也就是清静无为之道,"以正治国"与"以无事取天下"在思想上是同一的。

由以上学者的论述可知,对于老子是否赞成"以正治国,以奇用兵",学者们形成了两种明显对立的观点。笔者认为,对于老子是否赞成"以正治国",因为对这里的"正"的含义有不同的理解,我们无法遽下结论,故我们不妨从"以奇用兵"入手,看看"以奇用兵"是否老子赞成的观点。

从《老子》一书来看,对于用兵亦即进行战争,值得我们关注的主要有以下两个方面的观点。一是明确反对用兵,认为用兵是不符合"道"的,如第三十一章中说:"夫佳兵者,不祥之器,物或恶之,故有道者不处。"第四十六章中说:"天下有道,却走马以粪。天下无道,戎马生于郊。"第八十章中说:"小国寡民。……虽有甲兵,无所陈之。"

二是在迫不得已的情况下,老子亦不反对用兵,但明确提出了用兵的以下几个原则。其一,反对逞强用兵,如第三十章中说:"以道佐人主者,不以兵强天下。……善者果而已,不敢以取强。"第六十八章中说:"善为士者,不武"。其二,提倡恬淡为上,如第三十一章中说:"兵者不祥之器,非君子之器,不得已而用之，恬淡为上。胜而不美，而美之者，是乐杀人。"其三，强调慈爱，如第六十七章中说："夫慈，以战则胜，以守则固。"第六十九章中说："故抗兵相若，哀者胜矣。"其四，提倡机动灵活地战胜敌人，如第六十八章中说："善胜敌者，不与"，即善于战胜敌人的人，不和敌人对阵交锋。第六十九章中说："'吾不敢为主，而为客；不敢进寸，而退尺。'是谓行无行，攘无臂，执无兵，扔无敌。"意即我不敢主动发起战争，而宁可不得已而应战；不敢前进一寸，而宁可后退一尺。这叫作虽排列阵势，却像没有阵势一样；虽面对敌人，却像没有敌人一样；等等。

以老子以上关于用兵的思想为依据，来理解这里的"以奇用兵"，我们可以得出这样两点认识：一是从根本上说，老子反对用兵，则老子肯定亦反对"以奇用兵"；二是在迫不得已的情况下，老子并不反对用兵，并主张要用机动灵活的方式战胜敌人，因此，"以奇用兵"中的"奇"，当指出人意料、使人不测的意思。而在前面介绍的学者们对"奇"的三种理解中，第一、第三两种理解其实是一样的，都是指用出人意料的方式战胜敌人，第二种理解强调这里的"奇"指巧诈不正，则存在偏颇。因此，现在需要我们作出判断的，是老子在此说"以奇用兵"，是从根本上来说的，还是从迫不得已用兵时采取的手段来说的。笔者认为，这里应该是从根本上来说的，因为从"以正治国，以奇用兵，以无事取天下"的表述及第五十七章下面的文字"天下多忌讳，而民弥贫""我无为，而民自化"等来看，老子在此并不是从如何具体用兵的角度来谈用兵，而是把用兵视作人类社会一种特殊的活动来谈论的，既然如此，则这里的"以奇用兵"，应当是为老子所反对的。老子在此之所以说"以奇用兵"，用了"以奇"二字，是为了强调用兵的特点，而其实质，则是认为它属于明显的人为，不符合自然无为的原则。

既然"以奇用兵"是为老子所反对的，则"以正治国"亦应是为老子所反对的，故"以正治国"中的"正"，不应释为清静之道，因为清静之道即无为，它是为老子所提倡的。因此，这里的"正"，应当释为"正道"，不过，这里所谓的"正道"，指的是世俗之人眼里的正道，它包括运用政策法令，创制各种有用的器物等，故下文所说的"天下多忌讳""人多伎巧""法令滋彰"等，都可以视作"以正治国"的具体内容。因此，"以正治国，以奇用兵，以无事取天下"的确切含义应该是：世俗之人都提倡用正道来治国，用出其不意的谋略来用兵，其实只有无为才能取得天下。因老子用字过于简略，才造成后人的种种误解。因此，王弼、林希逸、卢育三等的解释思路是较为合理的。只是王弼认为"以正治国"必会导致"以奇用兵"，所说虽不无道理，但未免有些牵强，而且容易引起误解。

不过，需要说明的是，虽然从根本上说，老子反对"用兵"即发动战争，自然亦会反对"以奇用兵"，但是，老子又主张在迫不得已的情况下可以"用兵"，并且倡导既然用兵，便应取得用兵的胜利，即第三十章中所谓的"善者果而已"，善于用兵的人，只要取得胜利就罢了，则说明在具体的用兵手段上，老子不仅不会反对"以奇用兵"，而且还会提倡"以奇用兵"。因此，把"以奇用兵"视为老子军事智慧的重要内容，是十分恰当的。

九、欲取先予，动之以利

战争的目的是打败敌人，夺取胜利。然而，当战胜敌人的条件尚不具备，如敌人的实力明显比我方强大、我方的战争准备尚不充分时，又该采取什么样的对策呢？对此，人们通常会想到的办法是：要么尽快壮大自己，要么静观待变，等到敌人的力量衰落的时候，等等。然而，老子的办法则与众不同。老子提出的办法是：先让对方继续强大，而且越强大越好，从而达到削弱对方、最终战胜对方的目的。在《老子》第三十六章中，老子对这种办法有这样的表述：想要让它收缩，一定要姑且让它张开；想要让它衰弱，一定要姑且让它强大；想要把它废除，一定要姑且让它兴旺；想要夺取它，一定要姑且先给予它。这叫作道理隐微而效果明显。

这样的办法乍看之下会让人觉得匪夷所思：对方越来越强大，越来越兴旺，越来越丰富，在这种情况下，你想胜过对方，岂不是越来越难？这不是典型的南辕北辙吗？

然而，老子的办法虽出人意表，却又让你不得不服，我们来看看老子对自己所提办法的论证逻辑：你看那天上的月亮，不是圆了之后就变缺了吗，因此，天上的月亮越圆，也就预示着它很快就要变缺；你看那人间的富贵，当那些富贵之人穷奢极欲，暴殄天物之时，亦往往是他们由盛转衰的开始。事物

● 《老子》第三十六章：
将欲歙（xī）之，必固张之；将欲弱之，必固强之；将欲废之，必固兴之；将欲夺之，必固与之。是谓微明。

的发展有一个普遍的规律，这就是物极必反，即事物发展到极端，便会向相反的方向转化。因此，如果你能运用这一规律，助力对方尽快达到极端，对方便会向你所希望的方向发展。好比对方追求财富，你就不断地把财富送给他，让他的贪欲不断膨胀，膨胀到丧心病狂，你便可乘其不备，一举夺之；好比对方炫耀自己充满智慧，高明之极，你便不断地恭维对方，吹捧对方，让他以为自己真的是普天之下最聪明之人，从而忘乎所以，目空一切，此时你只要略施小计，便可让他原形毕露，不堪一击。

老子的这一独特的思维方式，受到不少军事家或军事思想家的追捧、继承或发展。如在《孙子兵法·势篇》中，提出了利用敌人贪利的特点，先给予敌人某种利益，从而达到调动敌人的目的：善于调动敌人的人，用假象欺骗敌人，敌人一定会上当；用利益引诱敌人，敌人一定会来夺取。用利益来调动敌人，用军队来迎击它。对于孙子的上述思想，李筌在《孙子注》中用具体的例子解释说：东汉时，大司马邓禹率军攻击赤眉军，军中缺粮。赤眉军知道后，便把装运粮食的车中装满泥土，在上面薄薄地盖上一层豆子，然后运粮的军人假装逃跑。邓禹的军队看到后，便纷纷前往夺取，导致军队行列大乱。赤眉军趁机攻击，邓禹大败。这便是用利益调动敌人，用军队来迎击它的意思。

而在《淮南子·兵略训》中，则更是以老子的"歙张"之说为依据，发展出了具体的"用兵之道"：因此用兵的方法，要显出柔和的样子，而用刚强来迎击敌人；要装出弱小的样子，而用强大来对付敌

● 《孙子兵法·势篇》：

故善动敌者，形之，敌必从之；予之，敌必取之。以利动之，以卒待之。

● 《十一家注孙子》：

李筌曰：后汉大司马邓禹之攻赤眉也，赤眉佯北，弃辎重而遁；车皆载土，覆之以豆。禹军乏食，竞趋之，不为行列。赤眉伏兵奄至，击之，禹大败。则其义也。

● 《淮南子·兵略训》：

故用兵之道，示之以柔，而迎之以刚；示之以弱，而乘之以强；为之以歙，而应之以张。

人；要做出收缩的样子，而用扩张应对敌人。

这里需要指出的是，老子所说的"将欲歙之，必固张之"等八句话，并不是专门针对军事而言的，但是，后人则往往喜欢把它直接应用到军事上。如唐朝初年，唐太宗李世民即位不久，突厥南侵，在如何应对突厥军队的问题上，唐太宗告诉身边的将领：老子说，将欲取之，必固与之，因此，我们可以先满足突厥的一些要求，与之议和，然后再寻机消灭突厥。北宋神宗时，在如何对待西夏国的问题上，王安石亦是以老子所说的"将欲取之，必固与之"为依据，劝宋神宗暂时放弃一些领土，与西夏讲和，从而说服了宋神宗。在当代，在如何对待战争中土地得失的问题上，毛泽东亦是借用老子"将欲取之，必固与之"的思想来作透彻的说明。如1936 年 12 月，在《中国革命战争的战略问题》一书中，说："关于丧失土地的问题，常有这样的情形，就是只有丧失才能不丧失，这是'将欲取之必先与之'的原则。如果我们丧失的是土地，而取得的是战胜敌人，加恢复土地，再加扩大土地，这是赚钱生意。"[1]

由此可见，老子关于"将欲取之，必固与之"的思想，已经穿越时空，成为中华民族军事智慧的结晶，不断指导着中国人的军事实践。

为了使人们对老子"将欲歙之，必固张之"等智慧有更为深入的认识，这里姑举两例，看看它是

---

[1] 《毛泽东军事文集》第 1 卷，军事科学出版社、中央文献出版社 1993 年版，第 732 页。

如何在实践中运用的。

据《史记·匈奴列传》载，公元前209年，匈奴头曼单于的儿子冒顿杀父自立为单于。这时东胡强盛，就派使臣向冒顿说，想要头曼单于的那匹千里马。冒顿问群臣给不给，群臣说：千里马是我们匈奴的宝马，不能给他。冒顿说：作为人家的邻国，怎能舍不得一匹马？于是把千里马送给了东胡。过了不久，东胡以为冒顿怕他，就派使臣对冒顿说，想要冒顿的一位妻子。冒顿又问左右，左右大怒说：东胡无礼之极，竟敢要大王的妻子，应该给它点教训！冒顿说：作为人家的邻国，怎能心疼一个女人呢？于是将所爱的妻子送给了东胡王。

东胡王越来越骄横，便率兵西侵。东胡与匈奴之间有一片千余里无人居住的地区，东胡派使臣对冒顿说：这千余里无人居住的中间地带，是你们不能到达的地方，我想要这片土地。冒顿问群臣，有人说：这本来就是无人居住的地方，给也可以，不给也可以。冒顿大怒说：土地是国家的根本，怎能给他？于是把那些说可以把土地给东胡的人都处死了。冒顿上马，下令国中的青壮年都要跟着征伐东胡，迟到者斩。东胡王本来就瞧不起冒顿，故没有作任何防备。等到冒顿率兵攻来，把东胡打得一败涂地，杀死了东胡王，俘获了东胡的全部民众和牛羊。冒顿在回兵时向西赶走了月氏，向南吞并了楼烦与白羊两个部落，并且夺回了当年被蒙恬夺去的全部土地，以战国时代的旧边界与汉朝为邻，最南到达朝那、肤施一带，并继续入侵燕国、代郡。当时，汉军正忙于与项羽争天下，中国军力衰弱，因

● 《史记·匈奴列传》：

冒顿大怒曰："地者，国之本也，奈何予之！"诸言予之者，皆斩之。冒顿上马，令国中有后者斩，遂东袭击东胡。东胡初轻冒顿，不为备。及冒顿以兵至，击，大破灭东胡王，而虏其民人畜产。

此冒顿得以趁机壮大起来，能拉弓射箭的战士达三十多万。

由上可见，冒顿在如何对待东胡的问题上，先是利用东胡对自己的轻视，不断满足对方对宝马、女子等的要求，从而使东胡彻底对自己放松警惕，以为自己懦弱无能。于是，在对方继续提出对领土的要求时，便以此激励匈奴民众，在东胡毫无防备的情况下，对东胡发动突然袭击，一举歼灭了东胡。这可谓对老子"将欲取之，必固与之"思想的忠实运用。

另据《资治通鉴卷第一百九十一·唐纪七》载，公元626年，李世民发动玄武门之变，夺得帝位。不久，东突厥的颉（xié）利可汗听说唐朝内部发生动乱，政局不稳，便率大军南侵。同年的八月二十八日，颉利可汗开进到渭水便桥的北岸，派遣他的亲信执失思力到长安进见，以便观察形势。执失思力声称颉利可汗与突利可汗两人率领着百万大军，现在已经到达。唐太宗李世民斥责他说：我与你们的可汗当面约定和睦通好，前后赠给你们的金银布帛，多到无法计算。你们的可汗独自背弃盟约，率领兵马深入内地，我可没有对不起你们的地方！于是将执失思力囚禁在门下省。

之后，唐太宗亲自出玄武门，与高士廉、房玄龄等六人骑马径直来到渭水边上，同颉利可汗隔着渭水对话，责备他背弃盟约。一会儿，唐朝各军相继赶到，旗帜与盔甲遮盖了原野，颉利可汗看到执失思力没有回来，而太宗挺身而出，唐军的阵容又很盛大，脸上也浮现出恐惧的神色。太宗指挥各军

▲ 元代画家陈及之绘制的《便桥会盟图》（局部之一）

▲《便桥会盟图》（局部之二）

退出一些地方来结成阵势，自己仍然独自与颉利可汗交谈。当日，颉利可汗前来请求讲和，得到了太宗的许可。三十日，唐太宗又前往城西，宰马歃血，与颉利可汗在便桥会盟。之后突厥兵马撤退。

萧瑀（yǔ）向太宗请教说：在突厥没有准备言和的时候，各位将领争先请求出战，陛下没有允许，我等对陛下的做法也感到疑惑不解；不久，突厥果然自动撤退了，奥妙何在？唐太宗说：朕不肯与他们交战，是由于朕即位的时间太短，国家尚未安定，百姓并不富足，应当休息生养。一旦与突厥开战，带来的损失就会很多。突厥在与我们结下深深的怨仇以后，因恐惧而整饬武备，我们就无法达到目的了。所以才决定停战息兵，以金银布帛诱惑他们，他们的欲望得到满足以后，便会自动撤退，而且会因此心志骄矜，意气怠惰，不再防备。此后，我军蓄养军力，寻找他们的破绽，就能够一举消灭他们。想要夺取它，一定要姑且给予它，说的就是这个道理。萧瑀拜了两拜说：这不是我所能够想到的啊！

便桥会盟后，唐太宗勤修德政，稳固政局，又考核将帅，奖赏勇士，设计离间东突厥各部。终于在公元629年，唐太宗趁东突厥分裂衰弱之际，发兵进攻东突厥，并于第二年生擒颉利可汗，东突厥自此灭国。唐太宗非常高兴，宣布大赦天下，举国欢庆五天。

隋末天下大乱的时候，北方的突厥十分强大。公元617年，唐高祖李渊在太原起兵反隋时，为了免除后顾之忧，就曾向突厥称臣。对此，李世民痛心疾首，自称"坐不安席，食不甘味"，发誓要消灭

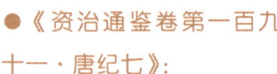

● 《资治通鉴卷第一百九十一·唐纪七》：

彼既得所欲，理当自退，志意骄惰，不复设备，然后养威伺衅，一举可灭也。将欲取之，必固与之，此之谓也。

突厥。然而，在公元 626 年突厥南侵时，唐太宗因刚刚继位，一切准备均未充足，此时若与突厥匆忙开战，胜负难料，于是便采取羁縻之策，一方面斥责颉利可汗违背和约，占据道义上的制高点；另一方面又虚张声势，展示军威，使对方不明虚实。因此，颉利可汗在得到一定的实惠后，便率军撤退了。

然而，对于唐太宗的上述决策，身边的不少将领感到不解，因为他们都是准备与突厥一决高下的。对此，唐太宗解释说，老子说过："将欲取之，必固与之"，我们的目的当然是要打败突厥，但是，当条件不具备的情况下，就不妨姑且满足突厥的欲望，这样，突厥就会狂妄自大，不可一世，从内心里轻视我们。而我们则可以趁机厉兵秣马，壮大自己，然后寻机一击致命。后来的事实也证明了唐太宗的决策是十分英明的。据史载，当时尚在世的太上皇李渊听说颉利可汗被擒，东突厥灭亡后，高兴地说：胡越一家，这是从古未有之事。

【深度透讲】

本节介绍老子"欲取先予"的军事智慧，主要依据的是第三十六章中的"将欲歙之，必固张之；将欲弱之，必固强之；将欲废之，必固兴之；将欲夺之，必固与之。是谓微明"一段文字。关于该段文字，我们在前面已经指出，它不是专门用来论述军事的，但是，它可以有效地用来指导军事。另外，从古今学者对这段文字的解释来看，无论是其含义还是文字表述，都存在不少的争议，其中需要我们深入分析的，主要有以下四个方面。

1. 对"将欲歙之，必固张之"等八句的不同理解及"将欲夺之"中的"夺"是否应作"取"

"将欲歙之"中的"歙"，学者们多释为收缩、收敛、合上。因此，"将欲歙之"，从字面上来理解，就是想要让它收缩的意思。

"必固张之"中的"固"，学者们多认为通"姑"，意为姑且、暂且。有的学者则认为，这里的"固"指原来、本来，此可作为参考。"张"与"歙"为反义词，在这里指扩张、张开，因此，所谓"必固张之"，指一定要姑且让它扩张。

综上所述，则"将欲歙之，必固张之"，指的是想要让它收缩，一定要姑且让它扩张的意思。这里的"之"泛指事物，因此，这两句文字指某事物之收缩或扩张，背后都有一个主导者，该主导者想要让某事物收缩，所以采取某种手段：先姑且让它扩张。如想控制人的欲望，必先让其欲望膨胀之类。不少学者都作此种理解，如陆希声的《道德真经传》说：想要除去强横凶暴，覆灭昏乱暴虐，一定要顺着它贪求利益之心，以实行收缩扩张之术。这种术的具行运用是这样的：对方贪求利益的心正旺盛时，一定要让它满足并张开，对方因满足而高兴，便能掌握它的实情，然后可以用正道来使它收缩。董平的《老子研读》说："如果要达到收束、收敛某一对象的目的，那么固然就一定要先使它进一步扩张。"

然而，有些学者的理解则与此不同。他们认为，"将欲歙之，必固张之"是指事物本身的一个规律：凡是要收缩的，一定会先扩张。如林语堂的《老子的智慧》说："任何事物，要收敛的，必定会先扩

●陆希声《道德真经传》：

夫欲除强梁，覆昏暴者，必因其利欲之心，以行歙张之术。术之用曰：彼利欲之心方盛，必且足之令张，喜其足则获其情，然可歙之以正。

充。"刘笑敢的《老子古今》说："某物将要收缩，必然先会扩张。"

那么，哪一种理解更为合理呢？在此暂时不下结论，待把"将欲歙之……是谓微明"一段文字的含义作完整的介绍后再来一并讨论。

"将欲弱之，必固强之"，意即想要让它衰弱，一定要姑且让它强大，与"将欲歙之，必固张之"一样，反映的是想要削弱某事物时采用的先使之强大的特殊手段。不过，也有一些学者认为，"将欲弱之，必固强之"指事物要衰弱下去，一定会先强起来。

"将欲废之，必固兴之"中的"废"，意为废弃、废除；"兴"，意为兴旺、兴盛。因此，这两句的意思是：想要把它废除，一定要姑且让它兴旺。不过，也有一些学者认为，"将欲废之，必固兴之"指要废弃的事物，必定会先兴举。

"将欲夺之，必固与之"，意为想要夺取它，一定要姑且先给予它。对此，学者们的理解如下。如《韩非子·喻老》说：晋献公准备袭取虞国，先赠给虞君璧玉和宝马；智伯将要袭取仇由，先赠给对方一辆大车。所以说："将欲取之，必固与之。"《老子道德经河上公章句》说：先给他的目的，是让他的贪心极度膨胀。刘笑敢的《老子古今》说："要夺取甚么，先要给予一些。"

需要指出的是，"将欲夺之"中的"夺"字，《韩非子·喻老》作"取"，范应元的《老子道德经古本集注》亦作"取"。范应元说："'取'一作'夺'，非古也。"蒋锡昌的《老子校诂》亦认为该字应据

● 《韩非子·喻老》：

晋献公将欲袭虞，遗之以璧马；知伯将袭仇由，遗之以广车。故曰："将欲取之，必固与之。"

● 《老子道德经河上公章句》：

先与之者，欲极其贪心。

《韩非子·喻老》作"取"。

陈鼓应、牟钟鉴等不少当代学者亦认为该字应作"取"，并在其《老子》注译著作中直接把原文改成了"取"。如陈鼓应的《老子今注今译》说："'取'通行本作'夺'。惟《韩非·喻老篇》引作'取'，范应元本及彭耜（sì）本亦作'取'。因据改正。"

不过，劳健的《老子古本考》明确反对把"夺"字改为"取"："按：'翕''弱''张''强''废''夺''举''与'，皆两句相间成韵，当作'夺'无疑。范说不足据。《韩非》亦偶误，或后人据《战国策》改耳。"

笔者认为，"取"和"夺"在这里的意思一样，都是指夺取。不过，考虑到历史上有代表性的《老子》本子如河上公本、王弼本、傅奕本、景龙碑本等多作"夺"，帛书甲乙本亦作"夺"，故该字还是以作"夺"为妥。

2. 对"微明"的不同理解

对于"是谓微明"中的"微明"，学者们有各种不同的理解，其中较有代表性的，有以下三种。

一是认为"微明"的"微"，指道理很微妙；"明"，指效果很明显。因此，"微明"是道理微妙而效果明显的意思。如《老子道德经河上公章句》说：它的道理很微妙，它的效果很明显。《唐玄宗御注道德真经》说：这种道理很微妙，而效果则很明显，所以说"是谓微明"。

二是认为"微明"指道理看似隐微而实际上很明显。如林希逸的《道德真经口义》说：这个道理

● 《老子道德经河上公章句》：
　　其道微，其效明也。

● 《唐玄宗御注道德真经》：
　　此道甚微，而效则明著，故云"是谓微明"。

● 林希逸《道德真经口义》：
　　此理虽晦而实明，故曰"微明"。"微"，犹晦也。

● 司马光《道德真经论》：
　知微之明。

● 吴澄《道德真经注》：
　视之不见曰微，"微明"者，微其明也，谓匿其可见者而使之不可见，犹前章言"袭明"也。

虽然隐晦但实际上很明显，所以说"微明"。"微"，相当于隐晦的意思。林语堂的《老子的智慧》说："这个道理，看似隐微，其实很明显。"

三是认为"微明"指"知微之明"，即洞察微妙的明智或智慧。如司马光的《道德真经论》说：洞察微妙的明智。卢育三的《老子释义》说："微明，洞察几微的明智。"

此外还有各种别的理解，如吴澄的《道德真经注》认为"微明"即"匿明"，即把可见的东西藏匿而使之不见，任继愈的《老子绎读》认为指"深沉的聪明"，等等。

笔者认为，在上述三种有代表性的理解中，第一种、第二种理解较为接近，因为第二种理解——道理看似隐微而实际上很明显，与第一种理解——道理微妙而效果明显，并无实质上的区别。那么"微明"的确切含义应该是什么呢？对此，笔者认为，这里的"微明"，是对上述"将欲歙之，必固张之"等八句话的概括和总结，而上述八句话的实质，是指为了达到"歙之""弱之""废之""夺之"的目的，一定要采取"张之""强之""兴之""与之"的手段，这就明显与世俗之人的所作所为相反。因为世俗之人为了达到"废之""夺之"等目的，必会采用强力的手段，而不会先让对方兴旺或先把要夺取的东西送给对方。然而，世俗之人的做法往往因为会引起对方的警觉或反抗而达不到目的，或即使达到了目的，也会留下不少后患。而老子提倡的做法却往往能出人意料且较为完美地达到目的，如《韩非子·喻老》中所说的"晋献公将欲袭虞，遗之以璧马；知伯将袭仇由，遗之以广车"之类。老子提倡的做法是随顺事物的自然之势：事物强壮到极点，必走向衰弱；不断满足对方的贪欲之心，对方便会因贪得无厌而失去理智，故很容易便能夺其所有；……因此，老子提倡的这种做法或道理至少有两个明显的特点：一是与世俗的做法或道理相反，很难为普通人所认知，此可谓"微"，即微妙、隐微；二是它十分实用，效果明显，或道理看上去隐微而其实十分明显，此可谓"明"。因此，把"微明"释为隐微而明显，是比较恰当的。至于释为"知微之明"、洞察微妙的明智，当然也是可以的，只是不如前一种理解更为直接、易懂，而且释"微"为"知微"，亦有增字作解之嫌。

3. 关于"将欲歙之，必固张之"等八句文字的两种不同解释思路

从前面的介绍中，我们已经可以看出，关于"将欲歙之，必固张之"等八句文字，其实存在两种明显不同的解释思路：一种认为，这八句文字指的是人们想要达到某种目的，一定要先如何去做；另外一种理解认为，这八句话是指事物本身的一种特点或规律，即事物在有某种表现之前，一定会先有另外一种表现。

以上两种解释思路存在实质的不同，第一种解释极易导致认为老子采用权谋之术的理解；第二种解释则只是说明老子揭示了事物的某种规律，并不代表老子提倡通过某种手段去达到某种目的。除此之外，在古代学者中，还有一种值得我们注意的解释思路，就是认为句中的"必固"指的是事物本来

● 董思靖《道德真经集解》：

所谓"必固"云者，犹言物之将歛，必是本来已张，然后歛者随之，此消息盈虚相因之理也。

● 王道《老子亿》：

"将欲"云者，将然之辞也；"必固"云者，已然之辞也。……物之将欲如彼者，必其已尝如此者也。

已经如此，"将欲"则指事物将会如何。"将欲歛之，必固张之"指事物将要收敛的，一定是本来就已经张开的。如董思靖的《道德真经集解》说：所谓"必固"，相当于说事物将要收缩，一定是本来已经张开，然后便会收缩，这是事物盛衰变化相互依托的道理。王道的《老子亿》说："将欲"，指将要发生的事；"必固"，指已经发生的事。事物将要那样，必然是它已经这样。

陈鼓应的《老子今注今译》认为董思靖所解"精确"，说："前人如董思靖……等对于这段文义都曾有精确的解说"。不过，在笔者看来，董思靖等的理解与上述第二种理解并无实质的差别，因为他们都认为老子这八句话揭示的是事物的某种特点或规律，所不同的只是一种把"必固"释为"一定会先如何"，另一种则把"必固"释为"一定是本来已经如何"。

那么上述两种理解中，哪一种理解更为合理呢？笔者认为，相比之下，当以第一种理解更为合理，理由如下。

一是第一种理解更为明晰顺畅。因为这种理解把"歛之""弱之""废之""夺之"视作目的，把"张之""强之""兴之""与之"视作手段，说明人们想要达到前面的目的，就一定要采取后面的手段，意思十分清楚，逻辑亦很顺畅。而第二种理解则明显存在意思不能贯通的情况，这里以刘笑敢在《老子古今》中的解释为例："某物将要收缩，必然先会扩张；某物将要衰弱下去，往往会先有增强的过程；将要废除某物，必让它先经过兴盛的阶段；要夺取什么，先要给予一些"。从中可以看出，在前两句

● 《韩非子·喻老》：

越王入宦于吴，而观之伐齐以弊吴。吴兵既胜齐人于艾陵，张之于江、济，强之于黄池，故可制于五湖。故曰："将欲翕之，必固张之；将欲弱之，必固强之。"

● 《二程集》：

老子书，其言自不相入处如冰炭，其初意欲谈道之极玄妙处，后来却入做权诈者上去（如"将欲取之，必固与之"之类）。

● 《朱子语类》：

老氏之学最忍，它闲时似个虚无卑弱底人，莫教紧要处发出来，更教你支梧不住，如张子房是也。子房皆老氏之学。如峣关之战，与秦将连和了，忽乘其懈击之；鸿沟之约，与项羽讲解了，忽回军杀之，这个便是他柔弱之发处。可畏，可畏！它计策不须多，只消三两次如此，高祖之业成矣。

中，"某物"是主语；在第三句中，"某物"则成了宾语；在第四句中，则"某物"已然不见。因此，这样的理解，有较强的主观随意性，恐不符合老子的本意。

二是历史上有代表性的解读老子的著作大多作上述第一种理解，这亦从一个侧面说明这样的理解更易为人们所接受，当然也可能更符合老子的本意。

4. "将欲歙之，必固张之"等是一种权谋之术吗？

如上所述，"将欲歙之，必固张之"等八句话说明了老子认为想要达到某种目的，一定要先采取某种特殊的手段，这样便很容易让人认为老子是在教人们某种权谋之术。而从一些学者对这八句话的解释来看，他们也正是从权谋之术的角度来进行理解的。如《韩非子·喻老》说：越王勾践去做吴王的奴仆，怂恿吴王攻打齐国以削弱吴国。吴国军队在艾陵战胜齐国以后，势力扩张到长江、济水流域，又在黄池逞强，所以越国可以在太湖地区制服吴国。所以说："想要让它收缩，一定要姑且让它张开；想要让它衰弱，一定要姑且让它强大。"《二程集》中说：《老子》这本书，其中的言语像冰炭一样不相容，它刚开始的目的是想谈论"道"极其玄妙的地方，后来却陷于权诈之术（如"将欲取之，必固与之"之类）。

对于老子这一类"权谋之术"，朱熹的《朱子语类》有这样的评论：老子的学说最讲忍耐，它平常的时候好像一个虚无卑弱的人，但是，你不要让它在关键时刻发作出来，那会让你抵挡不住，张良就是这样的。张良学的都是老子之术。比如崤（yáo）关之战，已经与秦朝的将领联合交好了，却忽然趁对方松懈而发动攻击；如鸿沟之约，本来已经与项羽讲和了，却忽然回军攻杀项羽，这个就是它所说的柔弱发挥作用的地方。可怕，真是可怕！它的计策不用太多，只需要这么做两三次，汉高祖刘邦的事业就成功了。

不过，对于把老子的这八句话理解为权谋之术甚或阴谋之术，一些学者明确表示反对。如范应元的《老子道德经古本集注》说：有的人把这几句话看作权谋之术，这是不对的。圣人看见事物自然的盛衰变化就是这样的，于是知道柔弱才是常胜之道，因为事物一旦变强壮就会走向衰老。陈鼓应的《老子今注今译》说："本章第一段乃是老子对于事态发展的一个分析，亦即是道家'物极必反''势强必弱'观念的一种说明。不幸这段文字普遍被误解为含有阴谋的思想，而韩非是造成曲解的第一个大罪人，后来的注释家也很少能把这段话解释得清楚。"

那么，老子的这八句话究竟是不是在讲权谋之术呢？对此，笔者认为，我们必须弄清以下几个相互关联的问题。

首先，老子的这八句话确实可以作为一种"术"在现实生活中有效地运用。如对其中的"将欲夺之，必固与之"，任继愈的《老子绎读》举例说："北宋时，宰相王安石劝神宗皇帝暂弃熙河地，与西夏国讲和，培养国力。神宗还在犹豫，王安石引用《老子》'将欲取之，必固与之'以说服神宗皇帝。"其

● 范应元《老子道德经古本集注》：

或者以此数句为权谋之术，非也。圣人见造化消息盈虚之运如此，乃知常胜之道是柔弱也，盖物至于壮则老矣。

他，如"将欲歙之，必固张之""将欲弱之，必固强之""将欲废之，必固兴之"也是一样的，在现实生活中对它们进行灵活运用，都能收到出奇制胜、异乎寻常的效果。

其次，老子的这种"术"与普通所谓的"术"即权术、计谋不同。因为所谓权术、计谋是只求达到目的，为达目的可以不择手段，老子的这种"术"则是要以合理或合"道"的手段来达到目的。为什么这么说呢？因为老子的这种"术"体现了物极必反、对立面互相转化的道理。如前所述，"歙之""弱之""废之""夺之"是要达到的目的，"张之""强之""兴之""与之"是所采取的手段。把手段与目的进行比较，可以发现，"歙"和"张"、"弱"和"强"、"废"和"兴"、"夺"和"与"恰好互为矛盾的对立面，而老子此"术"的实质，则是让事物矛盾的其中一方发展到极致，然后使其自然向对立的一方转化，如张到极处自然歙合，强到极处自然转衰，等等。因此，老子的这种"术"，只是对物极必反原理的自觉运用：世俗之人都想争强，你想削弱他，就不要用强力去压制他，而是要助他变得越来越强，强到极处，他自然便会衰弱；世俗之人常常贪得，你想剥夺他的财富，就不要用强力去抢，而是要让他拥有更多的财富，到最后"金玉满堂，莫之能守"，自然就会一一还回来。故魏源的《老子本义》说："圣人待小人，常因天道之自然，而不费人力。"

再次，正因为老子的这种"术"以合理或合"道"为特点，故也有一些学者称之为"行权"或

● 《唐玄宗御注道德真经》：

《易》云：巽以行
权。……孔子曰：可与立，
未可与权。信矣。故老君
前章云执大象，斯谓之实。
此章继以歙张，是谓之权。

● 陆希声《道德真经传》：

夫圣人之渊奥莫妙于
权实，实以顺常为体，权
以反经为用，……权实虽
殊，其归一揆（kuí）。

"权"术。如《唐玄宗御注道德真经》说：《周易》中说，《巽》卦可以使人们用变通的方法处理问题。孔子说：可以与他一起坚守不变，未必可以与他一起灵活变通地处理问题。确实如此。所以老子在前一章说持守无形无象的"道"，这是显示真理。这一章以收缩和张开相继，这可以说是行权。陆希声的《道德真经传》说：圣人的深奥之处没有比权和实更微妙的，显示真理的实以顺乎常道为本体，权变则以与常道相反为运用，权和实虽然含义不同，但它们的旨归是一样的。

也就是说，老子主张为达"歙之""弱之"等目的而采用"必固张之""必固强之"等手段，但在上述学者看来，老子所说的这些手段，并非耍弄阴谋诡计，而是"行权"。那么什么是"行权"呢？在《周易·系辞传》中，有"巽以行权"的说法，意即《巽》卦可以用来使人以变通的方法处理问题。因"巽"有顺应时势之义，故有此说。因此，所谓"行权"，即用变通的方法处理问题。在中国古代，"权"常常与"经"即常道、准则相对而言，被认为是一种很高的智慧。如《论语·子罕》中说："子曰：'可与共学，未可与适道；可与适道，未可与立；可与立，未可与权。'"意思是：可以与他一起学习的人，未必可以与他一起归从于道；可以与他一起归从于道的人，未必可以与他一起坚守不变；可以与他一起坚守不变的人，未必可以与他一起灵活变通地处理问题。在这里，孔子把"共学""适道""立""权"作为为学的顺序，并把能掌握"权"视为为学的最高境界。而"权"的实质是通权达变，即在坚持原则的前

●陆希声《道德真经传》：

圣人行权所以合乎道，小人窃权所以济乎奸。

●苏辙《老子解》：

圣人乘理，而世俗用智。乘理如医药巧于应病，用智如商贾巧于射利。

提下，灵活变通地处理问题。

最后，既然老子这八句话的实质是"行权"，而"行权"是一种很高的智慧和境界，非普通人所能掌握，因此，一些学者明确指出，这八句话究竟是不是一种权谋之术，关键要看什么人来运用，圣人或君子用它，便是"行权"；小人用它，便是行诈。如陆希声的《道德真经传》说：圣人行权是为了与"道"相合，小人则是通过窃取权变来实现奸谋。苏辙的《老子解》说：圣人顺理而行，世俗之人则运用巧智，顺理而行好比用医药巧妙地治病，运用巧智就好比商人善于追逐利益。牟钟鉴的《老子新说》亦说："这章后人评论，颇多争议。有人认为此乃阴谋权诈之术，这是不了解和误解老子。老子主张自然，反对人为，更不会去倡导权术。本章讲的是事物运动的客观辩证法，其特点是物极必反、相互转化。……当然阴谋家也可以利用转化原理，达到不可告人的目的，其咎不在老子。"

综上所述，对于老子的这八句话是不是一种权谋之术，我们可以得出这样的结论：一是它不是一种权谋之术，而是一种在认识事物的本质和规律的基础上得出的处理问题的高超智慧；二是小人和阴谋家也可以利用这种智慧去达到其不可告人的目的，但是我们不能据此就认为老子的这八句话是一种权谋之术，更不能因此而归咎于老子；三是我们必须承认，老子的这八句话是处理具体问题的有效手段和方法，是一种"术"，只不过这种"术"是以"道"为基础的。我们不要讳言老子讲"术"，认为老子只讲"道"，不讲"术"，说老子讲"术"，就是降低了老子思想的层次，这种观点是要不得的。老子思想有很强的目的性，不是凭空论道。当然，从根本上说，老子思想是通过对"道"的存在的揭示，使人们信道、修道，并最终复归于道。但是，具体而言，老子之"道"往往表现为治国之道、处世之道、修身之道以至用兵打仗之道，等等。这些具体的道，便是由一系列的方法、手段、措施等组成的，而这些方法、手段或措施也可以称为"术"。"将欲歙之，必固张之"等便是这样的"术"。

下编 将帅素质

俗话说，千军易得，一将难求，说明具有优秀素质的将帅，是取得战争胜利的关键。因此，老子对于军中将帅应该具备什么样的素质，提出了十分明确的要求，如在治军时，要宝持慈爱，谦下待人，以取得手下将士和民众的衷心支持和拥护；在指挥作战时，要做到清静持重，不逞勇武，不受愤怒情绪的支配，不轻视敌人；在取得战争的胜利后，要不矜不伐，功成而弗居，甚至要功成身退。从中可以看出，老子对为将者素质的要求，与《老子》中修道者的形象是高度一致的，因为所谓清静持重、功成身退等，实质上即老子自然无为、柔弱不争的核心思想在将帅身上的具体化。

一、善为将者，不逞勇武

打仗的目的，是打败敌人，获得胜利。因此，作为一个合格的军事将领，必须时刻牢记这一点，从而使自己的所作所为、所思所想，紧紧围绕这一目的，所有与这一目的无关的行为或表现，如好出风头，好大喜功，个人英雄主义之类，都应尽量摒弃。然而，从历史事实来看，总是有那么一些将领，他们把战场视作自己耀武扬威的舞台，为了显示自己所谓的勇敢和胆量，不顾战争的规律，无视万千将士的生命，一味地好勇斗狠，最终导致战争失败。对于这样的行为，老子在第六十八章中明确提出警告：善于做军事将领的人，不逞勇武。

而且，老子还直截了当地告诫那些喜欢炫耀勇武的将领：你这么做会不得好死的！如在第四十二章中，老子说：逞强好胜的人不得善终，我将把它作为教人的根本。在第七十三章中，老子进一步说：勇于果敢就会死，勇于不果敢就会活。所谓勇于果敢，亦即逞强好胜、炫耀勇武；所谓勇于不敢，亦即勇于安守柔弱。

孙子直接继承了老子的上述思想，在《孙子兵法·九变篇》中，他指出会给军队将帅带来危险的五种弱点，其中第一种即好勇斗狠——所以将帅会有五种带来危险的弱点：只知死拼，就会被杀死。

当然，老子和孙子这么说，并不是说勇敢不重

● 《老子》第六十八章：
　　善为士者，不武。

● 《老子》第四十二章：
　　强梁者不得其死，吾将以为教父。

● 《老子》第七十三章：
　　勇于敢则杀，勇于不敢则活。

● 《孙子兵法·九变篇》：
　　故将有五危：必死，可杀也。

要，一个将领，如果胆小怕死，又怎么能有资格领兵打仗呢？而是说，作为将领，你的首要任务，不是去炫耀你的不怕死，而是运用你的智慧，去战胜敌人！因为打仗靠的是整支军队努力，而不是依仗某个将领的勇气。众所周知，秦末楚汉相争时，项羽的力量、勇气、武功都远在刘邦之上，然而，最终的结果却是刘邦夺得了天下，项羽在乌江边被迫自尽。故善为将者，不逞勇武，这也是历史的经验教训。

据《资治通鉴卷第十·汉纪二》载，楚汉相争时，因守卫成皋的楚军大司马曹咎不听项羽劝告，贸然出城与汉军交战，导致成皋失守，楚军的重要粮食基地敖仓亦告丢失，项羽只好率军返回，并在广武（今河南省广武县）驻扎下来，与汉军对峙。这样过了几个月，楚军粮食短缺，项羽很是担忧，便准备了一个大大的肉案，把刘邦的父亲放到上面，告诉刘邦说：今日你如不赶快投降，我就煮杀了太公！刘邦说：我曾与你一起面向北作为臣子接受楚怀王的命令，盟誓结为兄弟，因此我的父亲就是你的父亲；倘若你一定要煮杀你的父亲，希望你也分给我一杯肉羹！项羽怒不可遏，想要立即杀掉太公，听了项伯的劝告，才没有这么做。

项羽对刘邦说：天下沸沸扬扬地闹腾了好几年，只是因为我们两个人相争。现在我愿意向你挑战，一决雌雄，不要再让天下的老百姓白白地受苦了！刘邦笑着推辞道：我宁肯斗智，不肯斗力。项羽便连着三次命楚军壮士出阵挑战，但每次都被汉营中擅长射箭的楼烦射杀了。项羽因此勃然大怒，就亲

●《资治通鉴卷第十·汉纪二》：

项王谓汉王曰："天下匈匈数岁者，徒以吾两人耳。愿与汉王挑战，决雌雄，毋徒苦天下之民父子为也！"汉王笑谢曰："吾宁斗智，不能斗力。"

自披甲持戟上阵挑战。楼烦想要用箭射项羽，项羽愤怒地瞪着眼睛厉声喝斥，吓得楼烦不敢张弓发箭，急忙奔回营垒，不敢再露面了。

后来项羽与刘邦相互隔着广武涧对话。项羽想要单独向刘邦挑战。刘邦则历数项羽的十条罪状，最后说：如今我率领正义的军队随各诸侯一起征讨你这残虐的贼子，只须让那些受过刑罚的罪犯来攻打你就行了，又何苦要单独与你相斗呢！

由上可知，项羽因为在与刘邦的交战中不能取胜，便屡次提出要与刘邦单打独斗，以两人的胜负来定天下的归属。这样的要求无疑是十分幼稚可笑的。而刘邦则明确告诉项羽：我跟你比的是智慧，而不是力量，要是比力量，我手下有的是人，我干吗要自己与你相比呢？因此，正是刘邦的"勇于不敢"，依靠柔软的手段，最终使自己成为天下之主。

而南北朝时的东魏大将高敖曹，则正是因为勇于逞强，给自己带来了灭顶之灾。

据《资治通鉴卷第一百五十八·梁纪十四》载，东魏的高欢与西魏的宇文泰征战不休。公元538年，西魏的部队向东魏的部队发起攻击，后者遭到了惨败，将士们纷纷逃往北方。京兆人忠武公高敖曹心里轻视宇文泰，他为了显示自己的威风，专门在阵前竖起元帅的大旗和公爵专用的华丽伞盖。西魏的将士看到后，都迅猛地向他攻过去，打得他全军覆没，高敖曹逃奔河阳南城（黄河大桥南端城堡）。该城的守将北豫州刺史高永乐，是高欢族兄的儿子，与高敖曹有仇怨，便紧闭城门不放高敖曹进去。高敖曹见没人理睬他，就拔出腰刀砍门，可是门还没有砍开，追兵就赶到了，高敖曹只好藏到桥的下面。追赶的西魏兵看见他的奴仆手里拿着一条金带，就问高敖曹的下落，奴仆指出了主人藏身的地方。高敖曹知道自己已无法幸免，便昂起脑袋对追兵说道：来吧！送你一个当开国公的机会。追兵便砍下他的脑袋离去了。

试想一下，如果高敖曹不是那么高调，不用大旗、伞盖和金带之类显示自己的存在，而只是在千军万马中沉稳地指挥自己的队伍，则最终鹿死谁手，或许另当别论。

【深度透讲】

本节介绍老子关于善于为将的人应当不逞勇武的思想，主要依据的是第六十八章中的"善为士者，不武"，第四十二章中的"强梁者不得其死，吾将以为教父"，以及第七十三章中的"勇于敢则杀，勇于不敢则活"这三段文字。关于这三段文字的含义，需要我们深入分析的，主要有以下三个方面。

1. "善为士者，不武"中"士"的含义：将领，士兵，还是武士？

对于"善为士者"中"士"的含义，学者们有不同的理解，其中有代表性的，主要有以下三种。

一是认为，这里的"士"指军事将领，如王弼的《老子道德经注》说："士"，指的是士卒的将领或统帅。高亨的《老子注译》亦释"善为士者"为"善于做将帅的人"。

二是认为，这里的"士"指军人、士兵，如奚侗的《老子集解》说："士，军士也。"所谓"军

● 王弼《老子道德经注》：
士，卒之帅也。

士"，即士卒、士兵。牟钟鉴的《老子新说》亦释"善为士者"为"善于做军人的人"。

三是认为，这里的"士"指武士，如任继愈的《老子绎读》说："'士'，……是士兵的领导人，即武士。"卢育三的《老子释义》说："士，武士。"

此外，还有各种别的理解。如成玄英的《老子道德经开题序诀义疏》认为这里的"士"指"修道之士"。蒋锡昌的《老子校诂》认为指"君"，即统治者："'士'，君也"，等等。

对于"不武"的含义，学者们有的将其释为不逞勇武、不崇尚勇武或武勇，有的释为不崇尚武力、不耀武扬威，等等。笔者认为，上述解释，意思都差不多，释为不崇尚武力或不逞勇武，都是可以的。

综上所述，笔者认为，把这里的"士"释为"武士"，似值得商榷，因为"武士"主要有两个含义：一是指有勇力的人；二是指武卒，即军队、士兵。任继愈说武士指士兵的领导人，不知有何依据？因此，把这里的"士"释为"武士"，并不妥当。至于把这里的"士"释为将领还是军人、士兵，笔者认为，释为将领要更恰当些，因为士兵以服从命令为天职，不像将领有更大的选择权、自主权。因此，说善于做军事将领的人，不逞勇武，在意思上要更为恰当。

2. "强梁者"之所指及"强梁者"为什么"不得其死"

对于"强梁者不得其死"中的"强梁"，学者们通常将其释为强劲有力。那么，为什么"强梁"意为强劲有力呢？对此，一些学者分析了"强梁"一词的来源，认为无论桥梁还是屋梁，都是极能负重

● 王安石《字说》：

　　物之强者莫如梁。所谓"强梁"者，如梁之强。

● 焦竑《老子翼》：

　　木绝水曰梁，木负栋亦曰梁。取其力之强也，故曰"强梁"。

● 《老子道德经河上公章句》：

　　强梁〔者〕，谓不信玄妙，背叛道德，不从经教，尚势任力也。

● 李荣《道德真经注》：

　　不从君父之命，不顺圣人之教，贪荣而守胜，尊己以陵人，强梁也。

● 成玄英《老子道德经开题序诀义疏》：

　　强梁之人，必当夭折，不得依于天命，寿终而死也。

● 王安石《老子注》：

　　人之强者，死之徒也。……是皆失柔弱之义也。

之物，说明"梁"是强有力的东西，故称之为"强梁"。如王安石的《字说》说：梁是事物中强有力的东西，所谓"强梁"，指的是像梁一样强而有力。焦竑（hóng）的《老子翼》说：架在水流上的木叫作梁，上面架栋的木头也称为梁，因为它的力量十分强大，所以称为"强梁"。

　　这样的解释，既形象又生动，对于我们深入把握"强梁"的确切含义，无疑是很有启发意义的。

　　另一些学者则进一步认为，老子这里所说的"强梁者"，指的是不遵柔弱之道、一味崇尚暴力之人。如《老子道德经河上公章句》说：强梁，指的是不相信老子的玄妙之道，与道德相背，不遵从教化，只崇尚势力的人。李荣的《道德真经注》说：不听从君父的命令，不顺从圣人的教化，贪慕荣华，守己取胜，妄自尊大，凌辱他人，这就是强梁。

　　因此，一些学者指出，强梁者之所以"不得其死"，即不得好死或不得善终，就是因为他们尚势任力，崇尚刚强。如成玄英的《老子道德经开题序诀义疏》说：强梁之人，一定会夭折，不能享受天赋之命，寿终而死。王安石的《老子注》说：刚强的人，归于死亡一类，因为他们不符合柔弱的思想。

　　俗话说，强中更有强中手；又说，恶人自有恶人磨。一味逞强斗狠之人，一旦碰到比他更强、更狠的人，当然就"不得其死"了。因此，保存自己的最好办法，就是收起仗势欺人那一套，以谦卑、柔弱的态度对待他人，与他人和睦相处，这样当然就不会中途夭折，而得以享尽天年了。在第七十六章中，老子说"故坚强者死之徒"，其意思与"强梁者不得其死”相同。

3. "勇于敢"与"勇于不敢"的实质：勇于坚强与勇于柔弱

"勇于敢则杀"中的"勇"，是不怕、有胆量的意思。"敢"，学者们多释为果敢或果决，所谓果决，意为果敢坚决；果敢，意为果决勇敢，因此两者的意思差不多。

"勇于敢则杀"中的"杀"，是死、致死的意思。如焦竑的《老子翼》说："杀，犹死也。"董平的《老子研读》说："'杀'与'活'对，则'杀'的意思是'死'。"

据上，则"勇于敢则杀，勇于不敢则活"，就其文字本身来说，意即勇于果敢就会死，勇于不果敢就会活。

然而，在世俗的观念中，一个人"勇于敢"，亦即做事果断，勇往直前，这是值得肯定或赞扬的，为什么老子说它会导致死亡呢？而一个人"不敢"，则意味着怯懦无能，做事没有勇气，这是要被人指责或嘲笑的，怎么反而说它能使人生存呢？对此，一些学者认为，老子在第四十二章中说"强梁者不得其死"，在第七十六章中说"坚强者死之徒，柔弱者生之徒"，因此，这里的"勇于敢"，即勇于强梁、勇于坚强，而"勇于不敢"，即勇于柔弱。勇于强梁的人当然会导致死亡，而勇于柔弱的人自然便能活了。如高延第的《老子证义》说："敢"是强劲有力的意思，"不敢"是柔弱的意思。强劲有力归于死亡一类，所以死；柔弱归于生存的一类，所以活。蒋锡昌的《老子校诂》说："七十六章：'坚强者死之

● 高延第《老子证义》：
"敢"谓强梁，"不敢"谓柔弱。强梁者死之徒，故杀；柔弱者生之徒，故活。

徒，柔弱者生之徒'。'敢'即'坚强'，'不敢'即
'柔弱'。'勇于敢则杀，勇于不敢则活'，言勇于坚
强则死，勇于柔弱则生也。"

　　笔者认为，这样的理解是很有道理的，比较契
合老子的思想逻辑。一个勇于果敢的人，往往喜欢
逞强示能，但强中自有强中手，故往往会死于逞强。
如《论语》中记载的子路，因经常展示其赳赳武夫
的一面，故孔子曾预言其"不得其死"，后来子路果
然死于一场动乱之中。

二、善战者，不怒

战争不是儿戏，玩游戏失败了，可以重来，在战争中一旦失败，则大概率会赔上身家性命，而且，不光是赔上将领自己的身家性命，还有全军将士的。因此，作为军中的统帅，对于是否出兵，如何出兵，必须有周密的计划，冷静的考虑，切忌受情绪支配，冲冠一怒，不计后果。

然而，战争又是最容易受情绪支配的活动。在第十二章中，老子曾经说过：缤纷的色彩使人的视觉受损，纷繁的音乐使人的听觉失灵，各种味道的美食使人的味觉丧失，纵马打猎使人内心狂荡。为什么纵马打猎会使人内心狂荡？一是因为骑马奔驰，速度极快，使人容易产生失控的感觉；二是打猎以猎杀动物的生命为目标，容易刺激人心中某种残忍的本能，让人产生一种狂野的快感。如成玄英的《老子道德经开题序诀义疏》说：从事打猎的人，因为贪心于追逐禽兽，恣意行事，心中放荡，就像发狂之人。董平的《老子研读》亦说："骑马打猎，以追逐野兽为戏，以捕获野兽为乐，但在这种追逐的戏乐之中，人心也如走马之驰骋，放逸飞扬，难以收拾"。

骑马打猎以野兽的生命为目标，尚且能使人心发狂，而战争则是以人的生命为目标，以自己的生命和他人的生命为赌注，当然就更能使人心发狂了。

●《老子》第十二章：
五色令人目盲，五音令人耳聋，五味令人口爽，驰骋畋（tián）猎令人心发狂。

●成玄英《老子道德经开题序诀义疏》：
田猎之夫，贪逐禽兽，快心放荡，有类狂人。

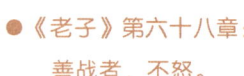

● 《老子》第六十八章：
　　善战者，不怒。

● 《老子》第三十三章：
　　胜人者有力，自胜者强。

● 《孙子兵法·九变篇》：
　　故将有五危：必死，可杀也；必生，可虏也；忿速，可侮也；廉洁，可辱也；爱民，可烦也。凡此五者，将之过也，用兵之灾也。覆军杀将，必以五危，不可不察也。

尤其是当看到敌人在你面前耀武扬威的时候，但凡有血性的汉子都不愿意当缩头乌龟，更何况手握千军万马的军中统帅？然而，战争的最大目的是取得胜利，而不是随心所欲，图一时之快。如果逞一时之快的后果是大败亏输，全军覆没，那无疑是极其愚蠢的行为。因此，在第六十八章中，老子对军中统帅提出了十分明确的告诫：善于打仗的人，不会发怒。这里所谓的不会发怒，并不是说不会产生怒气，而是能控制自己的怒气，使自己的决策不受怒气的影响和支配。此正如老子在第三十三章中所说：能战胜别人的有力量，能战胜自己的可谓坚强。也就是说，一个真正合格的军事将领，必须学会控制自己，使自己时时处于冷静、理性的状态，而不受各种私心杂念、各种情绪欲望的影响。

　　关于老子关于军事将领应该不会发怒，要学会战胜和控制自己情绪的思想，《孙子兵法》中有很好的继承和发挥。如《孙子兵法·九变篇》中说：所以将帅会有五种将带来危险的弱点：只知死拼，就会被杀死；贪生怕死，就会被俘虏；容易发怒，就会被人戏弄；过于追求廉洁的名声，就会被人侮辱；溺爱民众，就会受到烦扰。上述五种情况，都是将帅的过失，在用兵打仗时会带来灾难。军队覆灭，将帅被杀，一定是这五种会带来危险的弱点造成的，不能不仔细考察分析。这里明确指出将帅容易发怒，就会被人戏弄。当然，这里所谓的被人戏弄不是指简单地被人耍笑捉弄，而是指整支军队被敌人牵着鼻子走，并最终招致失败，即孙子所说的"覆军杀将"：军队覆灭，将帅被杀。

● 《孙子兵法·火攻篇》:

　　主不可以怒而兴师，将不可以愠（yùn）而致战。合于利而动，不合于利而止。怒可以复喜，愠可以复悦，亡国不可以复存，死者不可以复生。故明君慎之，良将警之，此安国全军之道也。

　　关于军队统帅因为愤怒、生气而出动军队的危害，在《孙子兵法·火攻篇》中有进一步深入的论述：国君不能因为愤怒而发动战争，将帅不能因为生气而与敌人交战。符合己方的利益就行动，不符合己方的利益就停止。愤怒可以重新变为喜悦，生气可以重新变为高兴，国家灭亡了就不能再存在，人死了也不能再活过来。所以英明的国君对此一定要慎重，优秀的将帅对此一定要警惕，这是使国家安定、军队得以保全的根本原则。

　　孙子说愤怒可以重新变为喜悦，生气可以重新变为高兴，国家灭亡了就不能再存在，人死了也不能再活过来，因此，作为军事统帅，千万不能受愤怒、生气等情绪的支配。这样的告诫，真可谓循循善诱，无微不至。然而，从后世的历史事实来看，有许多战争的失败，往往与一些军事统帅或军事将领不能遵循老子、孙子强调的上述原则有关。

　　据《资治通鉴卷第十·汉纪二》载，秦末楚汉相争时，公元前203年，楚国的项羽派大司马曹咎驻守成皋（今河南汜水县虎牢关），并吩咐他只要坚守即可，切勿轻易出战。因此，虽然汉军屡次挑战，楚军只是坚守不出。汉军于是派人到阵前百般辱骂，一连几天，激得曹咎怒气冲天，随即领兵横渡汜水。楚国的士兵刚渡过一半，汉军就对它发起攻击，大败楚军，缴获了楚军的全部金银玉器和财物，曹咎和司马欣都在汜水畔自杀身亡。刘邦随即领兵渡过黄河，再次收复成皋，驻扎到广武，取用敖仓的粮食做军粮。

　　曹咎小不忍而乱大谋，导致成皋失守，给楚军带来了灾难性的影响。对此，柏杨在《现代语文版资治通鉴》中有这样的评论："西楚国（项羽）跟汉国（刘邦），血战四年，西楚一直居于主动，占尽优势。但成皋（河南省汜水县虎牢关）战役，是一个转折点。因成皋一失，敖仓不保，西楚开始缺少粮秣。即令钢铁部队，一旦'乏食'，便只有破败。长平战役，坑杀降卒四十万，秦国所用的秘密武器，就是饥饿。现在，饥饿开始抓住西楚。成皋之失，由于曹咎先生之不能忍，试看以后发展，可知刘邦之能忍。心胆俱裂，由衷屈服的忍，是奴才。跳高前弯曲双膝的忍，是英雄。《伊索寓言》上的螃蟹，当钓竿敲打它时，它立刻凶恶的钳住。这是刚愎暴戾型人物，当一个码头小流氓，足足有余，任谁都不怕。但当一个领袖——无论是政治的或军事的，曹咎先生就是鉴戒。"

与曹咎类似的例子也发生在隋朝末年。据《资治通鉴卷第一百八十三·隋纪七》载，公元617年，右御卫将军陈棱（léng）讨伐杜伏威起义军，杜伏威率部众抗击官军。因杜伏威军队势大，陈棱紧闭营垒，不出来交战。为了激怒陈棱，杜伏威送给他妇人的衣服，称他为"陈姥"。陈棱果然发怒，率军出战，杜伏威率军奋力攻击，大破官军，陈棱仅只身逃脱。

由陈棱的怒而出战，我们很自然地会想到《三国演义》中碰到类似情形的司马懿。公元234年，诸葛亮率蜀军北伐，魏国派司马懿率军抵御。司马懿深知自己在军事谋略上不及诸葛亮，便采取坚守不出以疲敌军的战略方针，使诸葛亮无法前进。为了迫使司马懿出来应战，诸葛亮想到一计，于是派人给司马懿送去了一套妇人穿的衣服，同时附上一封信，称司马懿就跟妇人一样。司马懿收到衣服和信以后，心中大怒，手下将领更是怒不可遏，纷纷要求出战。但是，司马懿权衡利弊后，最终还是忍住了。后来，无计可施的诸葛亮在五丈原病逝，蜀军只好撤退。因此，同样的情形，一样的场景，司马懿和陈稜采取了截然不同的对策，结局也是天壤之别：一个等到了云开日出，一个却全军覆灭，仅以身免。因此，"善战者，不怒""将不可愠而致战"，古人的军事智慧，需要我们时刻牢记。

【深度透讲】

本节论述老子关于军事将领在战争中必须具备不会发怒的素质，主要依据的是第六十八章中的"善战者，不怒"和第三十三章中的"胜人者有力，自胜者强"，关于这两段文字的确切含义，需要我们深入分析的，主要有以下两个方面。

1. "善战者，不怒"中"不怒"的含义：不会发怒，还是不靠强悍？

"善战者，不怒"中的"善战者"，意为善于打仗的人，意思比较明确，然而，对于"不怒"的含义，学者们则有不同的解释，值得我们注意的，主要有两种观点。一种认为指不会被激怒或不会发怒，如牟钟鉴的《老子新说》释为"不会被激怒"，林语堂的《老子的智慧》释为"不轻易发怒"。另一种则认为这里的"怒"指"健"，即强健的意思，"不怒"指不靠强悍或不以强健示人，如高亨的《老子注译》

说："善于作战的人不靠强悍"，张默生的《老子章句新释》说："善战的人，不肯以强健示人的"，等等。

值得注意的是，虽然"善战"即善于打仗，意思十分清楚。但是，一些古代学者专门强调，老子在这里说"善战"，并不是老子提倡打仗，而是指在迫不得已的情况下用兵打仗。如《唐玄宗御注道德真经》说："事不得已，必须应敌"。故对于这里的"善战"的内涵，一些学者也专门作了限定。如李荣的《道德真经注》说："能息寇乱，善战"，即能平息外患与内乱，才是善战，亦即"善战"并非好战，而是为了有效地止息战争。既然作战是迫不得已的行为，且作战的目的是为了止息战争，当然就不应该发怒了。故王弼的《老子道德经注》说：居后而不居先，应和而不倡导，所以不会发怒。范应元的《老子道德经古本集注》说：迫不得已而出兵抵御，便会从容安乐，怎么会发怒呢？发怒就会没有谋略。

综上所述，笔者认为，按照老子的思想逻辑来理解，则这里的"不怒"，当指不会发怒。当然，释为不会被激怒，也是可以的，只是稍显曲折，不如释为不会发怒更直接、贴切。至于释为不靠强悍或不以强健示人，则无此必要。因为"怒"的常用义是指愤怒，"怒"虽然也有强、健的意思，但此义相对偏僻，当用常用义就能解释通的情况下，没有必要用偏僻的义项。

2."自胜"的内涵及为什么说"自胜"的境界要高于"胜人"

"胜人者有力，自胜者强"，意思亦很好理解，

● 王弼《老子道德经注》：
后而不先，应而不唱，故不在怒。

● 范应元《老子道德经古本集注》：
不得已而用兵御之，则从容和豫，何怒之有？怒则无谋矣。

指的是能战胜别人的有力，能战胜自己的可谓坚强。这里所谓的"有力"，既可指有力量，也可指有权势或财力。

对于"自胜者强"中的"自胜者"，有不少学者认为，它指的是能克制或战胜自己的私心欲念或勇于改正自己错误的人，因为只有这样的人才能称得上坚强。如《老子道德经河上公章句》说：人能克制自己的情欲，那么天下就没有能与自己相争的人，所以才称得上是坚强。高亨的《老子注译》说："战胜自己思想弱点的人（如改正自己的错误，克服自己的弱点等），可谓坚强。"

亦有不少学者用《老子》第五十二章中的"守柔曰强"来解释"自胜者强"的意思，认为这里的"自胜者"亦即能"守柔"，即持守柔弱的人，因老子认为柔弱胜刚强，故"自胜者强"。如《唐玄宗御制道德真经疏》说：自胜，指的是能克制自己的心，使心柔弱；柔弱的东西，外物无法加到它的上面，所以可以保全它的坚强。所以《老子》下经中说："守柔曰强"。又说：柔弱胜于刚强，所以说"自胜者强"。蒋锡昌的《老子校诂》说："五十二章：'守柔曰强'；……柔弱不争，而以自胜为务者，是强也。"这样的解释都是很有道理的。

值得注意的是，在对"胜人者有力，自胜者强"的解释中，一些学者指出，做到"自胜"，比做到"胜人"的难度要大，因此，"自胜"的境界要高于"胜人"。如《韩非子·喻老》中说：所以一个人立志困难，不在战胜别人，而在于战胜自己。刘笑敢的《老子古今》亦说："以'胜人'与'自胜'相

●《老子道德经河上公章句》：

人能自胜己情欲，则天下无有能与己争者，故为强也。

●《唐玄宗御制道德真经疏》：

自胜者，自能制胜其心，使心柔弱；柔弱之道，物不能加，故可全其强尔。故下经云：守柔曰强。又曰：柔胜强，故曰"自胜者强"。

●《韩非子·喻老》：

是以志之难也，不在胜人，在自胜也。

●杜道坚《道德玄经原旨》：
　胜人者有力，人欲炽
也；自胜者强，天理明也。

对，而以'自胜'高于'胜人'。"

　　有的学者还进一步指出，"自胜"之所以高于"胜人"，是因为"胜人"体现的只是外在的力量和欲望，"自胜"则体现的是德行和天理。如杜道坚的《道德玄经原旨》说：能战胜别人的有力，说明人欲炽盛；能战胜自己的坚强，说明天理昭明。

　　争强好胜，可谓人的天性。在现实生活中，有谁不希望自己在与他人的竞争中能获胜呢？然而，在老子看来，在与他人的竞争中获胜，这只是说明你的能力或实力比他人强。作为"域中""四大"之一的人，追求的不应是此类外在的成功，因为对此类外在成功的追求，不仅使人沉溺于对外物的追逐中，而且还会导致人的夭亡，即第七十六章中所说的"坚强者死之徒"。因此，人应该追求的，是内心的宁静，以及对大道的体悟和把握；而要真正达到对大道的体悟和把握，便须排除外物的诱惑，泯灭争强好胜之心，进入"虚极""静笃"的心灵状态；而这种排除物欲诱惑的过程，实质上便是"自胜"，即战胜自我的过程。因此，追求"胜人"，是世俗之人的目标；追求"自胜"，才是修道之士的目标。

三、清静持重

一个人，当他乍遇突发的情况，尤其是遇到影响人的生死存亡的情况时，极易惊慌失措，智计全无。可是，无数的事实告诉我们，越是在这样的情况下，越是需要人们保持冷静的头脑，理性的判断，否则，便极易陷入万劫不复之境地。战争不仅关系着万千将士的生死，而且关系国家的存亡，因此，它需要军事将领作出明智的、有利的决策。可是，国际形势纷繁复杂，战场情况瞬息万变，这便对将帅的素质提出了极高的要求：一个人，若不能在千变万化的军情面前沉着冷静，镇定自若，便不可能成为一个好的军事将领。

在《老子》一书中，对于一个人必须稳重安静，不急不躁，亦即对于清静持重的重要性专门强调过。如在第二十六章中，老子说：重是轻的根本，安静是躁动的主宰。所以君子整天行走，不离开装有重物的辎车。轻就会失去根本，躁动就会失去主宰。

所谓重是轻的根本，指的是凡物通常都是上头轻而下部重的，否则，头重脚轻，便难以持久，这个道理很好理解。所谓安静是躁动的主宰，这亦是老子对自然界与社会生活中的一种普遍现象的总结。如在战场上，以逸待劳、稳如磐石的一方总能战胜劳师远征、盲目进攻的一方；如政治上，朝令夕改、频繁骚扰百姓的统治必然短暂，相反，政令稳定、

●《老子》第二十六章：
重为轻根，静为躁君。是以君子终日行不离辎重。……轻则失本，躁则失君。

● 《老子》第四十五章：
　　躁胜寒，静胜热，清静为天下正。

与民休息的统治则必然长久；如"飘风不终朝，骤雨不终日"（第二十三章），暴风骤雨肆虐的时间不会持续很久，最终必归于宁静；……

由上可知，"重为轻根，静为躁君"两句，其实质便是强调"重"和"静"的重要性，并要求人们努力避免"轻"和"躁"。因为一个遇事轻浮、狂躁的人，是不可能取得成功的；相反，一个稳重谨慎的人，一个每遇大事有静气的人，才能取得真正的成功。故老子得出结论：轻浮就会失去根本，躁动就会失去主宰。至于说君子整天行走，不离开装有重物的辎车，则是用形象的比喻，来说明持重的重要性。

在第四十五章中，老子对清静的作用和价值，对躁动的特点与局限性又作了进一步的论述：躁动可以战胜寒冷，安静可以制服炎热，清静无为是天下的准则。也就是说，当一个人面临寒冷的时候，如果在没有外力相助的情况下，他就必须让自己的身体运动起来，通过运动发热来抵御寒冷；可是，当一个人面对炎热的时候，即使无外力相助，也可以较为轻易地对付，因为他只要什么都不做，让自己的心灵安静下来，自然便感觉不到炎热了，这便是俗话所说的"心静自然凉"。通过这两者的比较，老子得出结论：清静无为才是应对事物的正确原则。

由上可知，老子关于轻躁的害处，关于安静的重要性，关于清静无为的作用的论述，并非专门针对军事而言，但是，它们无疑可以给军事行动提供重要的指导：作为一个合格的将领，必须认识到轻躁盲动的害处，从而把清静持重作为自己的座右铭。

● 《孙子兵法·九地篇》：
　　将军之事：静以幽，正以治。

● 《孙子兵法·地形篇》：
　　故战道必胜，主曰无战，必战可也；战道不胜，主曰必战，无战可也。故进不求名，退不避罪，唯人是保，而利合于主，国之宝也。

　　《孙子兵法》可谓对老子清静持重的思想作了很好的继承和发挥，如在《九地篇》中，孙子明确指出：统帅军队这件事情，一定要做到沉着冷静，隐秘莫测；严正肃穆，有条不紊。在《地形篇》中，他则进一步指出，将帅在决定采取军事行动时，一定要冷静、客观地按照战争的规律办事，不能因为君主不正确的命令，或为了自己推卸责任，而去做违背战争规律的事情。所以，如果根据战争的规律一定能取胜，即使国君说不要打，也应该坚持去打；如果根据战争的规律不能取胜，即使国君说一定要打，也应该不去打。所以进不追求名誉，退不回避罪责，只求保全百姓和士卒的生命，并符合国君的利益，这样的将帅，才是国家的宝贵财富。

　　从中国历史上看，能冷静地分析客观形势，理性地对待战场情况，从而作出正确的战略决策，去获得战争的胜利，这样的军事将领还是很多的，如人们耳熟能详的廉颇、白起、韩信、岳飞等，都属于这样的将领。但是，有一类将领则比较罕见，这便是在冷静分析利弊得失的情况下，能不惧内外压力，不计个人得失，而以将士的生命和民众的利益为重的将领。这其中，唐玄宗时的王忠嗣是较有代表性的一位。

　　据《资治通鉴卷第二百一十五·唐纪三十一》载，公元747年，唐玄宗想让河东、朔方、河西、陇右四镇节度使王忠嗣率兵攻打吐蕃所占领的石堡城（今青海湟源西南）。王忠嗣上疏说：石堡城地势险要，十分坚固，吐蕃全力守卫，如果陈兵城下，不战死数万人不能攻克。我恐怕所得不如所失，不如暂且秣马厉兵，等有机可乘，然后再攻取。玄宗听后很不高兴。将军董延光主动请求率兵攻打石堡城，玄宗就命令王忠嗣分出部分兵力助战。王忠嗣不得已，只好奉命，而实际上却不准备满足董延光的想法，所以董延光怨恨他。

河西兵马使李光弼对王忠嗣说：你因为爱护士卒生命，不想成全董延光的功劳，虽然迫于皇帝的命令而出兵助战，实际上却在破坏他的计谋。我从何得知的呢？因为你虽然把数万名将士交给董延光统领作战，却没有制定重赏的制度，这样将士们怎么肯为他出力作战呢！但是攻打石堡城是皇帝的主意，董延光不能立功，必然要归罪于你。你军中物资充足，为什么因为爱惜这数万段绸帛而不肯塞住董延光进谗言的嘴呢！王忠嗣说：现在牺牲数万将士的生命来争得一城，得到它也不足以制敌，不得到也无害于国家，所以我不想干这种事情。我现在受到皇帝的责难，不过罢掉我的职务罢了，我怎么能够用数万名将士的生命来保全自己的一官半职呢！李将军，你是真心为我好，但我的主意已定，你不要再多说了。李光弼说：以前我是恐怕你会因此事受到连累，所以不敢不说。现在看到你能够像古代的贤人那样做事，真是我所不能做到的。

董延光果然未能如期攻下石堡城，就上疏说王忠嗣阻挠军计，玄宗大怒。李林甫又乘机让济阳别驾魏林检举说：王忠嗣曾经说过他从小在宫中长大，与太子李亨关系十分密切，他是想拥兵尊奉太子为皇帝。于是玄宗就下令让王忠嗣入朝，将他交付御史台、中书省与门下省三司共同审问。

●《资治通鉴卷第二百一十五·唐纪三十一》：

忠嗣曰："今以数万之众争一城，得之未足以制敌，不得亦无害于国，故忠嗣不欲为之。……忠嗣岂以数万人之命易一官乎！……"

在三司审问王忠嗣的罪行时，玄宗突然醒悟，说：我儿子居于深宫之中，怎么能与外人通谋呢？这一定是假的，只调查王忠嗣有阻挠军计的罪即可。陇右节度使哥舒翰入朝时，有人劝他多拿一些金帛去救王忠嗣。哥舒翰说：如果天下还有公道，王公必不会冤枉而死；如果公道快要丧失，多拿金帛行贿又有什么用呢！于是就只带了一些随身行李入朝。三司上奏说王忠嗣的罪该判死刑。哥舒翰正受到玄宗的赏识，就坚持说王忠嗣冤枉，并请求用自己的官爵来赎王忠嗣的罪。玄宗起身走入宫中，哥舒翰随后叩头，声泪俱下。玄宗也感到王忠嗣冤枉，于是只贬王忠嗣为汉阳太守。

作为四镇节度使的王忠嗣，在当时还有鸿胪卿、金紫光禄大夫等头衔，可谓位高权重，尊贵之极，按照通常的做法，他只要听从唐玄宗的命令，去率军攻下石堡城就行了，即使付出数万将士的性命，但这丝毫无损他的地位和利益，说不定还能因军功进一步加官进爵。然而，王忠嗣宁可放弃这泼天的富贵，也不愿意让数万将士去作意义不大的牺牲，这便是其清静持重之处，亦是其难能可贵之处。

不过，需要注意的是，对于一个军事将领必须具备清静持重的素质，我们不应作片面的理解，认为只要他在千军万马之中，在战争的巨大挑战面前，能够不慌不忙，视若无睹，便是清静持重。如三国时期，蜀国的来敏对费祎是否是合格的军事将领的考察，便存在严重的偏颇。

据《资治通鉴卷第七十四·魏纪六》载，公元244年，魏军入侵汉中，汉主刘禅派遣大将军费祎统领各军救援汉中。将要出发时，光禄大夫来敏来到费祎住所送别，请求共下一盘棋。此时，战地文书纷纷送到，将士战马都已披挂铠甲，大军出动的命令已经下达，可是费祎与来敏对弈，并没有厌烦的神色。来敏说：我是故意来考验你的，你确实了不起，一定可以退敌。

对于来敏的所作所为，柏杨在《现代语文版资治通鉴》中批评说："兵，是国家大事，三军整装待发，竟然容许来敏先生这种小聪明妄人，让人马暴露原野，留住统帅下棋，可看出他的玩忽心态。救兵如救火，任何城池的陷落，都在刹那之间，援军迟到一分钟，就来不及，而来敏先生竟利用他的权势，施以阻挠；前线将士，正血肉横飞，情何以堪？而且统帅会不会临危不乱，要在平时考察，事到临头，再去试探，岂不荒唐。如果费祎先生紧张过度，或心急如焚，不能终局，难道临时撤换统帅？何况，大军出动前的小动作，又何足为凭？"

柏杨所说是很有道理的，对费祎的考察，应在任命他为大将前进行，既已任命他为大将，便应勉励他尽快出征取胜，此时再玩这种雕虫小技，无疑是很不严肃的。

作为一个军事将领，若不能具备清静持重的素质，为人轻躁，出言不慎，亦极易给自己、甚至给国家带来巨大的灾难和损失。据《资治通鉴卷第二百七十二·后唐纪一》载，五代十国时期，公元923年，后晋向后梁发动进攻，后梁滑州节度使王彦章被任命为北面招讨使，率军抵御晋军。当时，赵岩、张汉杰两个家族扰乱朝政，王彦章对此十分

●《资治通鉴卷第二百七十二·唐纪一》：

王彦章疾赵、张乱政，及为招讨使，谓所亲曰："待我成功还，当尽诛奸臣以谢天下！"赵、张闻之，私相谓曰："我辈宁死于沙陀，不可为彦章所杀。"相与协力倾之。

260 / 不战而善胜：老子的军事智慧·下编　将帅素质

厌恶。他当了招讨使后，对别人说：等我成功返回，将杀掉全部奸臣，以此来向天下百姓谢罪。赵岩、张汉杰听到这些话后，私下议论说：我们宁愿被李存勖（xù）的沙陀族杀死，也不能被王彦章所杀。于是相互合作，准备搞倒王彦章。后梁将领段凝平素就很嫉妒王彦章的才能，因而依附赵、张，在军中动不动就和王彦章作对，千方百计进行阻挠，唯恐他建立战功，经常偷偷地搜集王彦章的过失，然后报告梁主。每次送来捷报，赵、张都把功劳归于段凝，因此王彦章始终不能取得成功。他退守杨村后，后梁主相信了谗言，又怕王彦章一旦取得成功便难以控制，于是把他调回大梁。后来，晋王率大军包围王彦章驻守的中都城，王彦章在战斗中受重伤被俘，因不愿投降而被杀害。而后梁国也在此次战争中灭亡。

因此，王彦章的失败，以及由此导致的梁国的灭亡，与他说话不慎，口出大言，得罪权贵有十分密切的关系。由此可见，为人稳重，清静自守，这是为将者必须具备的一个极其重要的素质。

【深度透讲】

本节介绍老子关于清静持重的为将素质，主要依据的是第二十六章中的"重为轻根，静为躁君。是以君子终日行不离辎重。……轻则失本，躁则失君"，以及第四十五章中的"躁胜寒，静胜热，清静为天下正"。关于这两段文字，需要我们深入分析的，主要有以下四个方面。

1. 对"重为轻根"内涵的不同理解

"重为轻根"中的"根"，学者们多理解为"本"

或"根本"。所谓根本，指事物的根源或最重要的部分。因此，所谓"重为轻根"，也就是重是轻的根本，轻以重为根基、轻依赖于重的意思。

"重为轻根"，其实是自然界和社会生活中的一种普遍现象，如树木的树根沉重，花和叶则很轻；堆积物体时，通常要把重的物体堆在下面，而把轻的东西堆在上面，否则便极易垮塌。引申而言，如一个人想要轻松地解决面临的各种问题，必先有厚重的知识和经验的积累。故王弼的《老子道德经注》释"重为轻根"说："凡物，轻不能载重，小不能镇大"。

然而，也有一些学者不从上述思路去理解"重为轻根"的含义，其中值得我们注意的，主要有以下两种理解。

一种是把这里的"轻"视作贬义，相当于轻率、轻浮的意义，因此，所谓"重为轻根"，是指轻必会造成不好的后果，故重比轻优。如《老子道德经河上公章句》说：君主不持重就无法保持尊严，治身不慎重就会失去精神，草木的花和叶子分量轻所以会凋落，根部沉重所以能长存。成玄英的《老子道德经开题序诀义疏》说：譬如树根沉重，花和叶子很轻。轻的容易凋落，重的容易长存。这是告诫人们不要轻率浮躁。

当代学者的理解大多与上述类似，他们多把"重"释为稳重、自重，而把"轻"释为轻浮、轻率。如蒋锡昌的《老子校诂》说："重谓寡欲自重，轻谓纵欲自轻，二者皆以治身言。……'重为轻根'，犹谓治身须以重为根，毋以轻为根。"林语堂的《老子的智慧》亦说："稳重为轻浮的根本。"

● 《老子道德经河上公章句》：

人君不重则不尊，治身不重则失神，草木之花叶轻故零落，根重故长存也。

● 成玄英《老子道德经开题序诀义疏》：

譬重为树根，轻为花叶。轻者凋落，重者长存。此戒行人勿得轻躁。

●《韩非子·喻老》:

　制在己曰重，……重
则能使轻。

另一种理解是从重能克制、驾驭轻的角度去释"重为轻根"。如《韩非子·喻老》说：控制在自己手里叫作重，君权重就能役使权位轻的臣下。张默生的《老子章句新释》说："'重为轻根'，就是重为轻的根本，意思是说以重御轻。"

笔者认为，从"重为轻根"的本义来看，当指重是轻的根基、轻依赖于重的意思。但是，既然轻依赖于重，就说明重比轻更重要，由此亦可引申出重比轻优、重可以驾驭或克制轻等意思，因此，后面的两种理解，是就"重为轻根"的引申义而言的。

2."轻则失本，躁则失君"的内涵及"失本"是否应作"失根"或"失臣"

有不少学者指出，"轻则失本，躁则失君"是与本章开头的"重为轻根，静为躁君"相对而言的。如易顺鼎的《读老札记》说："上文云'重为轻根，静为躁君'，故此言'轻则失本，躁则失君'，'本'即'根'也。"

既然如此，则这两句中的"轻""本""躁""君"之义当与第二十六章开头两句中的"轻""根""躁""君"之义相同，即"轻"为"轻重"之"轻"，亦可引申为轻率、轻浮；"本"即"根"，均指根本；"躁"指躁动；"君"指主宰。不少学者也正是这样来理解"轻则失本，躁则失君"的含义的。如高亨的《老子注译》说："轻举则失其所以为根本，妄动则失其所以为主宰。"林语堂的《老子的智慧》亦说："轻浮便失去根本，躁动就失去主帅的地位。"

需要指出的是，"轻则失本"一句，《韩非子·喻老》、河上公本、景龙碑本等作"轻则失臣"，焦竑（hóng）的《老子翼》、奚侗的《老子集解》及不少当代《老子》注译著作则作"轻则失根"。那么究竟应作"失本"，还是作"失根"或"失臣"呢？我们先来看各家的观点。

一些学者认为应作"失臣"。如刘师培的《老子斠（jiào）补》说："据《韩非子》此文，则《老子》古本当作'臣'，河上本所据盖不误也。后人据上文'重为轻根，静为躁君'二语，疑此亦'根''君'对文，遂改'臣'为'根'。'本'为作根本旁注之字，刊王本者据以入正文。"劳健的《老子古本考》说："'轻则失臣'，诸唐本与河上、韩非皆如此，……旧说亦多强为牵附，故改'失臣'作'失本'、作'失根'以求与章首二句文字相对，乃反与万乘之主句义不贯。……今仍从'失臣'。"

一些学者认为应作"失根"。如俞樾（yuè）的《老子平议》说："《永乐大典》作'轻则失根'，当从之。盖此章首云'重为轻根，静为躁君'，故终之曰'轻则失根，躁则失君'。言不重则无根，不静则无君也。王弼所据作'失本'者，'本'与'根'一义耳，而弼不晓其义，以失本为丧身，则曲为之说矣。至河上公作'失臣'，殆因下句'失君'之文而臆改耳。"朱谦之的《老子校释》说："此文当作'轻则失根，躁则失君'，与上首句'重为轻根，静为躁君'相对成文。……至'君''臣'对立之文，则为后之尊君者所妄改，当非《老子》本文。"

一些学者认为应作"失本"。如范应元的《老子道德经古本集注》说："'本'字，严遵、王弼同古本，河上公作'轻则失臣'，与前文不相贯，宜从古本。"高明的《帛书老子校注》说："帛书甲、乙本与王本俱言'轻则失本，躁则失君'，'本'乃承前文'根'字而言，不仅词顺音谐，而且谊胜。"

据上所述，我们可以得出以下几点认识。

一是历史上作"失臣"的本子很多，且《韩非子·喻老》、河上公本等均作"失臣"，可见其有很深的渊源。但是，刘师培、劳健说"失本"系后人所改的观点有误，因为马王堆帛书甲乙本及傅奕本等均作"失本"，说明"失本"非后人所改。

二是认为应作"失根"的依据有二：一为《永乐大典》所载王弼本为"失根"，二为作"失根"则与首句"重为轻根"相呼应。然范应元的《老子道德经古本集注》说"'本'字，严遵、王弼同古本"，说明更早的王弼本应作"失本"，而非"失根"。因此，"失根"系后人所改的可能性较大。

三是《韩非子·喻老》中作"失臣"，是一些学者认为该句应作"失臣"的重要依据；然而，对于《韩非子·喻老》中"故曰'轻则失臣，躁则失君'"等文字，后世学者有不少质疑。为了更好地说明这一问题，我们先来看《韩非子·喻老》中的相关原文：

> 邦者，人君之辎重也。主父生传其邦，此离其辎重者也，故虽有代、云中之乐，超然已无赵矣。主父，万乘之主，而以身轻于天下。无势之谓轻，离位之谓躁，是以生幽而死。故曰"轻则失臣，躁则失君"，主父之谓也。

文中的"主父"即战国时的赵国国君赵武灵王。赵武灵王是战国时期的一代雄主，公元前299年，正值壮年的赵武灵王突然宣布废太子赵章而把君位传给小儿子赵何，结果赵章发动叛乱，赵武灵王被围宫中三个多月后饿死。对于此历史事件，韩非子认为，赵武灵王的错误就在于把君位传给赵何是轻躁之举，因为国君失去君位相当于"离其辎重"，"以身轻于天下"。对于韩非子的这一解释及"失臣"之语，除了上引朱谦之认为"至'君''臣'对立之文，则为后之尊君者所妄改，当非《老子》本文"，高明的《帛书老子校注》也明确指出："韩非以'主父生传其邦'为喻，则称'轻则失臣，躁则失君，主父之谓也'。岂不知此乃以法释道，甚违道家之旨。老子主张'功遂身退天之道'，主父所为正合此旨"。

笔者认为，上述学者的观点是很有道理的，韩非子以"主父"之事为例来说明老子的思想，明显系以法家思想释道家思想，与老子的本旨不符。因此，韩非所谓"故曰'轻则失臣，躁则失君'"所引是否即《老子》原文，是存在很大疑问的。所以，综上所述，本句作"轻则失本"，是较为妥当的。

3."躁胜寒，静胜热"中"躁"和"胜"的确切含义

对于"躁胜寒，静胜热"的含义，古代学者主要有以下两种理解。

一是认为"躁"指阳气躁动，"胜"是"极"，即极端的意思。因此，所谓"躁胜寒"，指阳气躁动到极点，就会产生寒；"静胜热"则指气（阴气或阳

●《老子道德经河上公章句》：

　　胜，极也。春夏阳气躁疾于上，万物盛大，极则寒，寒则零落死亡也，言人不当刚躁也。秋冬万物静于黄泉之下，极则热，热者生之源。

●成玄英《老子道德经开题序诀义疏》：

　　躁，阳也。静，阴也。胜，极也。言四时运转，阴极阳生，阳极阴起。阴起故一切凋落，阳生故庶物咸盛。喻静是长生之本，躁是死灭之原，以劝行人去躁归静也。

●《老子吕惠卿注》：

　　一躁焉则可以胜寒，一静焉则可以胜热。

●《宋徽宗御解道德真经》：

　　阳动而躁，故胜寒；阴止而静，故胜热。

气）安静到极点，就会产生热。如《老子道德经河上公章句》说：胜，是极端的意思。春夏时阳气在上迅捷躁动，万物兴盛，到了极端，则产生寒气，寒气产生则万物凋零死亡，说明人不应该刚强急躁。秋冬时万物在地下的泉水之下安静，到了极端，就产生热气，热气是生命之源。成玄英的《老子道德经开题序诀义疏》说：躁，属于阳；静，属于阴；胜，指极端，指的是四季变化，阴极则阳生，阳极则阴起。阴起所以万物凋落，阳生所以万物都兴盛。比喻静是长生的根本，躁是死灭的根源，从而劝人们离开躁动而归于安静。

　　二是认为"胜"是战胜、制服的意思，因此，"躁胜寒"指躁能制服寒，"静胜热"指静能制服热。如《老子吕惠卿注》说：一躁动起来就可以制服寒冷，一安静下来就可以制服酷热。《宋徽宗御解道德真经》说：阳躁动，所以能制服寒；阴静止，所以能制服热。

　　由上可见，这两种理解的区别主要在于：其一，把"胜"释为"极"，即极端；其二，把"胜"释为战胜、制服。令笔者感到不解的是，把"胜"释为"极"，不知有何依据？因为"胜"并无"极"的意思，但是"胜"有"盛""过"的意思。因此，若要从"极"的角度去解释"躁胜寒，静胜热"，亦当如林希逸的《道德真经口义》所说："躁之胜者，其极必寒；静之胜者，其极必热。"意即以躁为主，到了极点，一定会寒；以静为主，到了极点，一定会热。但这样无疑有增字作解之嫌。故当代学者多持上述第二种理解，把"胜"释为战胜、克服、制服，而释"躁胜寒"为躁动或活动可以战胜寒冷,释"静胜热"为安静可以制服炎热。

最后要说明的是,对于"躁胜寒"中的"躁"字,学者们的解释亦是五花八门,迄今未能统一。如《老子道德经河上公章句》将其释为"躁疾",《唐玄宗御制道德真经疏》将其释为"动",高亨的《老子注译》将其释为"活动",张松如的《老子说解》将其释为"躁动",陈鼓应的《老子今注今译》将其释为"疾动",任继愈的《老子绎读》将其释为"急走",蒋锡昌的《老子校诂》将其释为"扰动",马叙伦的《老子校诂》将其释为"干燥",等等。《汉语大字典》亦把"躁胜寒"中的"躁"释为干燥。

上述种种解释,当然有其各自的依据,但它们肯定不可能都符合老子的原意。在笔者看来,对于这里的"躁"的含义,我们可以从以下三个角度对它加以定位。一是从与"静"相对的角度,因为既然说"躁胜寒,静胜热",则"躁"应该是"静"的反义词,而这里的"静"指安静,则"躁"无疑有运动、躁动之义。二是从"躁胜寒"即战胜寒冷的角度,则据常识即可知道,人在感到寒冷的时候,如果活动自己的身体,让自己运动起来,渐渐地便会浑身发热,不再感到寒冷,据此,则"躁"有运动、活动的意思。三是从下文"清静为天下正"的角度,说明老子崇尚"静"而反对"躁",如王弼的《老子道德经注》说:"静则全物之真,躁则犯物之性",意即静可以保全事物的本真,躁会改变事物原来的状态,则此"躁"当指躁动,因为老子不可能反对运动。综上所述，笔者认为，把这里的"躁"释为躁动，即因急躁而活动，是比较恰当的。因此，所谓"躁胜寒，静胜热"，其确切含义当为：躁动可以战胜寒冷，安静可以制服炎热。

4."清静为天下正"中的"正"的含义：准则，君长，还是模范？

"清静为天下正"中的"清静"，意为清虚宁静、清静无为。对于"天下正"中的"正"字，学者们则有不同的理解，其中值得我们注意的，主要有以下三种。

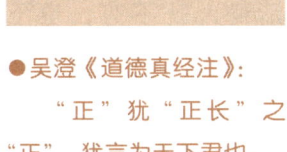

●吴澄《道德真经注》：
"正"犹"正长"之
"正"，犹言为天下君也。

一是认为这里的"正"指君长。如吴澄的《道德真经注》说："正"指的是"正长"中的"正"，相当于说担任天下的君主。高亨的《老子注译》说："清而无欲，静而无为，可以做天下的君长。"

二是认为这里的"正"指模范。如蒋锡昌的《老子校诂》说："'正'者，所以正人也，故含有模范之义。此言人君应以清静之道为天下人民之模范也。"陈鼓应的《老子今注今译》说："清静无为可以做人民的模范。"

三是认为这里的"正"是准则的意思。如董平的《老子研读》说："'正'者，中也；'中'者，极也。'清静'可以为天下的最高准则。"汤漳平等译注的《老子》说："只有清静才是天下万物的准则。"

笔者认为，要弄清这里的"正"的含义，取决于对"清静为天下正"一句与上文"躁胜寒，静胜热"的关系的理解。

关于"清静为天下正"与"躁胜寒，静胜热"的关系，学者们主要有两种理解。一种认为，"静胜

●苏辙《老子解》：

夫躁能胜寒而不能胜
热，静能胜热而不能胜寒，
皆滞于一偏，而非其正也。
唯泊然清净，不染于
一，……而后无所不胜，
可以为天下正矣。

●林希逸《道德真经口义》：

躁静只是阴阳字，言
阴阳之气滞于一偏，皆能
为病。惟道之清静，不有
不无，不动不静，所以为
天下之正，犹曰为天下之
式也。

●王弼《老子道德经注》：

躁罢然后胜寒，静无
为以胜热。以此推之，则
清静为天下正也。静则全
物之真，躁则犯物之性，
故惟清静，乃得如上诸
大也。

●徐大椿《道德经注》：

凡事相反则能相制，
如人躁甚，则虽寒亦不觉，
而足以胜寒。心静，则虽
热亦不觉，而足以胜热。
由此推之，则天下纷纷纭
纭，若我亦用智术以相逐，
则愈乱而不可理矣。惟以
清静处之，则无为而自化，
亦如静之胜热矣。

热"中的"静"，只是人一时的安静，它只能胜热而不能胜寒，故存在偏颇，只有"清静为天下正"之"清静"，才是真正的"道"之"清静"，所以才能"为天下正"。如苏辙的《老子解》说：躁能够制服寒而不能制服热，静能够制服热而不能制服寒，它们都存在偏颇，而不属于正。只有淡泊清静，心中不受外物影响，然后才能战胜一切，可以为"天下之正"。林希逸的《道德真经口义》说：躁和静只是从阴阳的角度而言，指阴气和阳气发生偏滞，都能产生疾病。只有像"道"那样清静，既不有，也不无，既不动，也不静，所以成为"天下之正"，相当于说成为天下的准则。

另一种理解认为，"清静为天下正"中的"清静"，即"静胜热"中的"静"，老子是通过"静胜热"与"躁胜寒"的比较，凸显静的重要性，从而得出"清静为天下正"的结论。如王弼的《老子道德经注》说：运动完后才能战胜寒冷，安静无为就能制服炎热。由此推断，清静才是天下的准则。清静能保全事物的本性，运动则使事物的性质发生改变，所以只有清静，才能如上文中"大成若缺""大盈若冲"等中的"大"一样。徐大椿的《道德经注》说：凡事相反的方面能互相制约，好比一个人躁得很，则虽然很寒冷，也感觉不到，从而足以战胜寒冷。内心安静，则虽然很热，也感觉不到，从而足以战胜炎热。依此类推，则天下事物纷乱杂多，如果我也用才智与权谋去追逐，那么就会越来越乱，无法厘清。只有用清静去对待，就会无为而治，就像安静能战胜炎热一样。

笔者认为，以上两种关于"清静为天下正"与
"躁胜寒，静胜热"的关系的理解，当以第二种理解
更为合理，理由如下。

　　一是第一种理解认为"清静"与"静胜热"中
的"静"含义明显不同，这样的说法看上去虽也有
一定的道理，但它容易引起不必要的混乱。因为
《老子》一书中屡次提到"静"，如第十六章："致虚
极，守静笃。……归根曰静，静曰复命"，第三十七
章："不欲以静，天下将自定"，第五十七章："我无
为，而民自化；我好静，而民自正"，等等。其中的
"静"，都与"清静"的意思差不多。因此，单单认
为"静胜热"中的"静"与"清静"存在实质区别，
并不妥当。

　　二是从上述第一种理解关于"清静为天下正"
与"躁胜寒，静胜热"之关系的解释来看，其实质
是认为"躁"和"静"各有一偏，唯"清静"无偏。
如苏辙说："夫躁能胜寒而不能胜热，静能胜热而不
能胜寒，皆滞于一偏，而非其正也"。林希逸说：
"躁静只是阴阳字，言阴阳之气滞于一偏，皆能为
病。"若只是为了说明事物不能滞于一偏，则老子完
全可以用别的意思更为明确的例子，为什么非要用
"躁胜寒，静胜热"这一容易引起误解的例子呢？如
卢育三的《老子释义》即说："这句话很难解释，注
家多没有解释清楚，近人有改字解释的。"因此，这
种解释看似逻辑严密，实际上却是遮蔽了该段文字
的丰富含义。

　　三是上述第二种理解认为，通过"躁胜寒"与
"静胜热"的比较，发现"静胜热"要优于"躁胜

寒"，从而得出"清静为天下正"的结论。如王弼说："躁罢然后胜寒，静无为以胜热。以此推之，则清静为天下正也。"这样的解释，在逻辑上是十分严密的。然而，遗憾的是，由于一些学者对王弼的注释未能准确地把握，导致其思想未能很好地被人们接受。如楼宇烈的《老子道德经注校释》说："'躁'借为'燥'，干也，……老子、王弼之思想，均以寒静比躁热为根本。……马叙伦《老子校诂》疑《老子》经文有误，以为据义推之当作'寒胜躁'。然因经文已作'躁胜寒'，故王弼只能曲折为解，而说必待躁止以后才能胜寒。"汤漳平等译注的《老子》说："王注不知老子此章本意，拘泥于清静之旨，曲折求解，辄谓'躁则犯物之性'，大失其意；又以'躁罢然后胜寒'（意为'躁停止了才能胜寒'）解'躁胜寒'，则完全是不顾原文的强解，就后世的种种曲解而言，王注可谓始作俑者。"

由以上引文可知，楼宇烈、汤漳平等学者均是以"燥"释"躁"，而把王弼的注文"躁罢然后胜寒"释为待躁（燥）停止以后才能胜寒，并认为这是王弼对老子原文的曲解。笔者认为，这些学者之所以会得出这样的结论，完全是因为他们没有弄清王弼注文的确切含义。其实，王弼用"躁罢然后胜寒，静无为以胜热"释"躁胜寒，静胜热"，说明他是把"躁"理解为与"静无为"相反的含义，而与"静无为"相反的含义便是"动有为"。因此，王弼这里所说的"躁"，是"动"的意思，而不是"干燥"的意思。所谓"躁罢然后胜寒"，是说运动完毕后才能战胜寒冷（当然，把其中的"罢"释为疲劳、疲惫，亦能说通）。因此，王弼注文的实质含义是："躁胜寒"，指需要通过不断运动才能战胜寒冷；"静胜热"，则只要清静无为、什么都不做即可制服炎热。两相比较，岂不是"静"要远远优于"躁"吗？故王弼说："以此推之，则清静为天下正也。"而对于王弼接下来的注文——"静则全物之真，躁则犯物之性"，亦当作如是观：因为"静胜热"，是通过清静无为而自然达到的结果，并没有对事物的性质（"热"）有丝毫的改变，所以说"全物之真"；而"躁胜寒"，则是通过不断地运动才使原来的"寒"变成了"热"，由"寒"变"热"，则事物的性质发生了改变，所以才说"犯物之性"。

综上所述，我们可以得出这样的结论："清静为天下正"，是通过"躁胜寒"与"静胜热"的对比，发现"静"要优于"躁"而得出的，故"天下正"中的"正"字，当指准则的意思，即清静无为是天下的准则。而把"正"释为君长、模范等，则明显脱离了原文的语境。

四、功成弗居

衡量一个军事将领是否成功或所取得成功的大小，通常的标准是看他打过多少胜仗，消灭过多少敌人，夺取过多少城池，等等。因此，历史上常常出现一些将领为了获得更多的利益或更高的地位而争夺功劳的情形。如汉朝初年，一些开国将领为了能获封更高的爵位而争斗，这使汉高祖刘邦头疼不已。后来刘邦接受张良的建议，先封自己讨厌的雍齿为侯，才暂时平息了纷争。因此，在人们的观念中，军事将领肯定自己的功劳，并以此功劳为依据要求得到相应的报偿或封赏，这是天经地义的事情。

然而，老子的观念则与此不同。他认为一个人不应该肯定自己的功劳，而应该虽有功劳而不以功劳自居。如在《老子》第二章中说：万物生长而不据为己有，有作为而不自恃其能，功业成就而不以功自居。那么为什么不能以功自居呢？同样是在第二章中，老子说：正因为他不以功自居，所以他的功业始终伴随着他。

老子认为，一个人不仅要不以功自居，而且要在建立功业后，远离此项功业。如在第九章中，老子说：功业成就，自身隐退，这合乎自然的规律。

由上我们可以发现，老子之所以提倡有功而不以功自居，而且提倡功业成就后要自身隐退，主要有两个原因：一是只有不以功自居，你才能真正拥

● 《老子》第二章：
　　生而不有，为而不恃，功成而弗居。夫唯弗居，是以不去。

● 《老子》第九章：
　　功遂身退，天之道。

●《老子》第七章：

是以圣人后其身而身先，外其身而身存。非以其无私邪？故能成其私。

有此项功劳；二是这样做才符合"天之道"，即自然的规律。

关于第一个原因，它其实是老子一贯的思想主张。如在第七章中，老子说：所以圣人让自己处于众人之后，反而能居于众人之先；不考虑自己，反而使自身得以保全。不正是因为他无私吗？所以能成全自己。

不过，老子的这一思想也遭到一些人的非议。他们认为老子说只有通过不居功才能使功业始终伴随自己，只有通过"无私"才能"成其私"，这样的观点说明老子主张玩弄阴谋与权术。笔者认为，这是对老子思想的误解。因为所谓玩弄阴谋与权术，通常是指通过欺骗或坑害他人，来达到其不可告人的目的。而老子所说的以"无私"而"成其私"则不同，它是一个无尽的、没有止境的过程，即圣人是永远"无私"的，它不存在阶段性，更不会出现一旦圣人通过"无私"达到了某种目的，便会去做自私自利之事的情况；而正是因为圣人的永远"无私"，才不断地成就和完善圣人自身，使圣人之"私"与天下万民之利高度一致，并最终实现与"道"同一。因此，老子之主张通过"无私"而"成其私"，乍看之下似乎是在提倡玩弄权术，实质上却符合大道的本质要求，很好地体现了"道"的特性。

另外，老子揭示出因"无私"而"成其私"的深刻道理，有一个重要的目的，就是为人们的生活尤其是统治者的治国实践提供指导，这就不可避免地带有某种"术"的成分。因为大家知道，老子的思想多为对统治者的建议或忠告，而老子知道，统治者最关心的问题，无疑便是如何维护自己的统治，怎样才能让自己高枕无忧地享受荣华富贵。因此，老子便告诫统治者，应该一切为民众着想，把民众的利益放在首位，把自己个人的享受放在第二位，只有这样，民众才会发自内心地拥戴你，从而使国家长治久安，使你的统治地位固若金汤。

以上论述说明，要对老子"非以其无私邪？故能成其私"的思想实质作出恰当的理解，就必须从"道"和"术"两个方面入手。从"道"的方面说，因为大道是"无私"的，所以人只有真正做到"无私"，才能最终与"道"合一；从"术"的方面说，既然实行"无私"便能"成其私"，则作为现实的统治者，便可以以"无私"为手段，来达到"成其私"的目的。

关于第二个原因，为什么说"功遂身退"是自然的规律呢？我们可以通过这样的例子来说明：春夏秋冬，构成一年四季；当春季完成它的任务后，便由夏季来接替；夏季完成它的任务后，便由秋季来接替；秋季完成它的任务后，便由冬季来接替。之后便又由春季来接替，周而复始，这便是"天之道"，即自然的规律。试想一下，如果夏季完成它的任务后，霸着不走，这样便没有了秋季、冬季和春季，四季变成了一季，整个自然系统就会失调甚至崩溃。人也一样，一个人，当他完成了自己的功业，完成了自己的使命和任务，就应该让位于他人，这样，他人自然就会记住他的功业，并不断地加以传扬，从而使此项功业永远地伴随着他。

●《史记·越王句践世家》：

范蠡遂去，自齐遗大夫种书曰："蜚鸟尽，良弓藏；狡兔死，走狗烹。越王为人长颈鸟喙，可与共患难，不可与共乐。子何不去？"种见书，称病不朝。人或谗种且作乱，越王乃赐种剑曰："子教寡人伐吴七术，寡人用其三而败吴，其四在子，子为我从先王试之。"种遂自杀。

因此，老子"功成而弗居""功遂身退"的告诫，既是对自然规律的遵从，亦是对历史经验的总结，更为以后的历史事实所反复证明。从中国历史上看，功成名就后恋栈不退，因而遭受祸殃的例子，可谓数不胜数。比如，春秋时期，越国大臣文种辅佐越王勾践打败吴国后，不听范蠡"飞鸟尽，良弓藏；狡兔死，走狗烹"的警告，不愿抛弃荣华富贵，结果死于非命；伍子胥帮助吴王阖庐夺得君位，并率领吴军大破楚军，报了杀父之仇后，却仍想在吴国享有一人之下、万人之上的地位，最终被吴王逼令自杀；秦朝丞相李斯位极人臣，他为了长保富贵，在秦始皇死后，参与沙丘密谋，拥立胡亥为帝，最终惨遭灭族之祸；等等。血淋淋的事实让一些智者警醒，让他们能在名利关头看到危险，在富贵场中察觉祸患。据《汉书》记载，张良（字子房）为汉朝的建立立下了不朽功勋，汉高祖刘邦曾称赞他说："运筹帷幄中，决胜千里外，子房功也。"然而，在汉朝建立后大封功臣时，张良却辞掉了三万户的封赏，自愿封为留侯。他后来还对别人说："今以三寸舌为帝者师，封万户，位列侯，此布衣之极，于良足矣。愿弃人间事，欲从赤松子游耳。"意即我凭借三寸不烂之舌而成为帝王之师，得到万户的赏赐，并被封为侯，这对于一个普通人来说，已到了极点，已经足够了。因此，我希望能抛弃人间的俗事，追随赤松子（传说中的仙人）隐居修仙。在汉朝初年对功臣的血腥屠戮中，张良能够得以善终，就与他这种"功遂身退"的处世态度与做法有直接的关系。

而从中国古代军事斗争的历史实践中，我们也

張良

高鳥死良弓藏借箸而籌辟穀方

方下著者先酌琴產心快樂飲

▶清代画家任熊绘制的《列仙酒牌》中的《张良借箸图》，描绘了张良借用筷子为刘邦筹划的情形。左侧文字中的"高鸟死，良弓藏"，明确提醒人们应功成身退。

可以找到大量与之相关的正反两方面的例子。如南北朝时南梁军事将领湛僧智主动推让军功，便是十分典型的"功成而勿居"的正面例子。

据《资治通鉴卷第一百五十一·梁纪七》载，公元527年，南梁谯州刺史湛僧智围攻驻守广陵（今河南省息县）的北魏东豫州刺史元庆和，北魏将军元显伯前去援救元庆和，南梁司州刺史夏侯夔从武阳（今河南省信阳县南）带兵来援助湛僧智。夏侯夔来到广陵城下后，元庆和献出城池投降。夏侯夔把受降功劳让给湛僧智，湛僧智却说：元庆和希望向你投降，而不希望向我投降，我现在如果前去受降，一定不合他的心意。况且我所率领的都是应募而来的乌合之众，无法用法令来约束他们；你向来治军严肃，必定不会发生侵犯暴掠之事，所以你前去受降接管，再合适不过了。于是夏侯夔便登上城楼，拔去北魏的旗帜，插上梁朝的旗帜；元庆和放下兵器出城投降，全城吏民安居不乱，共获得男女四万多人。

对于此事，司马光评论说：湛僧智可以说是一个君子啊！能忘掉自己长期攻城的劳苦，把受降之事让给刚刚到达的将领，知道自己的短处，不掩盖他人的长处，事情成功而不以功自居，只求有利于国家，忠而无私，可以称得上是君子啊！

而唐末节度使高骈因为贪功而致军事行动功败垂成，便是十分典型的反面例子。

据《资治通鉴卷第二百五十三·唐纪六十九》载，唐末黄巢起义时，公元880年，黄巢军驻扎在信州（今江西省上饶市），军中发生传染病，士卒死

●《资治通鉴卷第一百五十一·梁纪七》：

臣光曰：湛僧智可谓君子矣！忘其积时攻战之劳，以授一朝新至之将，知己之短，不掩人之长，功成不取，以济国事，忠且无私，可谓君子矣！

●《资治通鉴卷第二百五十三·唐纪六十九》：

　　时昭义、感化、义武等军皆至淮南，骈恐分其功，乃奏贼不日当平，不烦诸道兵，请悉遣归。朝廷许之。贼讻（xiòng）知诸道兵已北渡淮，乃告绝于骈，且请战。

了很多。唐军将领张璘（lín）趁机急攻，黄巢以黄金引诱张璘，并向镇海军（今江苏镇江）节度使高骈致书请降，请求高骈向朝廷保奏；高骈也想引诱黄巢上钩，便答应为黄巢向朝廷求得符节和斧钺。当时昭义、感化、义武等军队都赶到淮南，高骈担心这些军队会分走他的功劳，于是上奏朝廷说盗贼用不了几日就能平定，不用麻烦诸道军队，请求将诸道军队全部遣归本镇。朝廷批准了他的奏请。黄巢探听到唐朝的诸道兵马已经北渡淮河返回，于是向高骈宣告绝交，并宣战。高骈得知后十分愤怒，命令张璘向黄巢军进攻，结果被杀得大败，张璘也战死沙场，于是黄巢的势力复振。

　　先前，宰相卢携曾声称：高骈有文武大才，如果将兵权全都委托于他，平定黄巢将不在话下。朝野人士虽然有人说高骈并不可靠，但仍对他抱有一线希望。等到张璘战死、高骈求救的奏章送达朝廷，朝野上下一片失望，人们都陷于恐慌。唐僖宗下诏谴责高骈妄自遣散诸道兵马，致使黄巢乘唐军无备而渡过长江。高骈上疏辩解说：我上奏建议遣归诸道兵马，也不能算是我专权。今天我竭尽全力保卫一方，也一定能够办到，只是恐怕盗贼辗转渡过淮河，应紧急命令东面诸道将士加强戒备。于是高骈宣称患有风痹症，不再出兵与黄巢军作战。后来，黄巢军队攻入长安，唐僖宗急命他勤王，高骈拥兵十余万，却按兵不动。朝廷无奈，便罢免了他的实职，只加授侍中的虚衔。

　　因此，如果不是高骈想独吞镇压黄巢起义的功劳，允许唐诸路大军一起围剿，本来应该是可以在公元 880 年彻底扑灭黄巢起义的。然而，就是高骈的一念之贪，违背了老子"功成而弗居"的为将之道，不仅使黄巢的势力重新振作，而且导致接下来首都长安失守。历史的教训不可谓不深刻。

【深度透讲】

本节论述老子"功成弗居"的为将之道，主要依据的是《老子》第二章中的"生而不有，为而不恃，功成而弗居。夫唯弗居，是以不去"，以及第九章中的"功遂身退，天之道"。关于这两段文字，需要我们深入分析的，主要有以下四个方面。

1. 从天道与人道的双重视角来理解"功成而弗居"的含义

对于《老子》第二章"生而不有，为而不恃，功成而弗居"一段文字的含义，古今学者有诸多不同的理解。笔者认为，"生而不有"与"为而不恃""功成而弗居"句型相同，因此，我们只要弄清"生而不有"的确切含义，便可据此理解"为而不恃""功成而弗居"的含义。

"生而不有"，直译的意思是生长而不占有，显得十分突兀，因为究竟是谁生长，谁不占有，并没有明确的交代。若联系上文，"是以圣人处无为之事，行不言之教；万物作焉而不辞"，则"生"的主语既可以指圣人，也可以指万物，当然也可以指圣人或万物之外的东西；"不有"的主语则既可以指圣人，也可以指天地、造物主等。正因如此，历代学者对于此"生"和"不有"的主语有种种不同的理解，概括起来，主要有以下三种。

● 《唐玄宗御制道德真
经疏》：

令物各得成全其生理，
圣人不以为己有。

● 陆希声《道德真经传》：

如天地之生万物而不
有其用。

● 林希逸《道德真经口义》：

万物之生，盈于天地，
而天地何尝以为有。

一是认为"生"和"不有"的主语都是圣人，古今学者中持这种理解的人最多。如《唐玄宗御制道德真经疏》中说：使万物各自得以成全生长繁殖之理，圣人不把它据为己有。蒋锡昌的《老子校诂》说："此谓任民自生，而圣人不私有其民，而为庇护保养也。"

二是认为"生"和"不有"的主语都是天地。如陆希声的《道德真经传》说：就像天地生长万物而不占有它们的功用。董平的《老子研读》也说："天地承载覆育一切万物，使一切万物皆得其生，但不会把任何一物据为己有，是即'生而不有'"。

三是认为"生"的主语是万物，而"不有"的主语是天地或圣人。如林希逸的《道德真经口义》说：万物的生长，充满天地之间，而天地何曾把它们据为己有。高亨的《老子注译》说："万物各自生长，而圣人不占为己有（无私）"。

那么，上述三种理解中，哪一种理解更为合理呢？笔者认为，上述三种理解无疑各有其道理，但又各有偏颇，只有把它们综合在一起，方显全面。那么如何综合呢？最好的办法，便是从天道和人道两个角度对"生而不有"的意义展开理解。从天道的角度，此"生"和"不有"的主语便可以是天地，也可以是某种非人格、像神一样的造物者；从人道的角度，此"生"和"不有"的主语便应该是圣人。正因为有天地"生而不有"的天道，而人道必须效法天道，所以才有圣人"生而不有"的人道。因此，只有把天道与人道合在一起来理解"生而不有"，方为全璧。至于把万物理解为"生"的主语，从天道的角度来说，则不如把造物者作为"生"的主语更恰当，因为根据中国传统观念，从根本上来说，是造物者创生万物，而不是万物自我出生；但从人道的角度来说，则以万物为"生"的主语，比以圣人为"生"的主语更为恰当，因为说圣人生出或生长万物或使万物生长，并不符合人们的常识。

"为而不恃"即有作为而不自恃其能。这里的"为"指作为，"恃"指依赖。以对"生而不有"的理解为依据来理解"为而不恃"，则"为而不恃"的意思便是：从天道的角度而言，天地有作为而不自恃其能；从人道的角度而言，便是圣人有作为而不自恃其能，当然也可理解为万物各有作为，而圣人不把它视为自己之能。

"功成而弗居"的意思也与上述类似。从天道的角度而言，指天地化生万物之功业成就，但天地不以功自居；从人道的角度而言，则指圣人之事功成就，但圣人不以功自居，当然也可理解为事业或民众取得成功，而圣人不以功自居。

不过，关于"弗居"的确切含义，学者们亦有不同的理解。有的认为指不自满自大或自我夸耀，如司马光的《道德真经论》说："不自满假"，"满假"即自满自大；陈鼓应的《老子今注今译》说："功业成就而不自我夸耀"。有的学者认为，"弗居"指功成身退，不居其名或其位，如《老子道德经河上公章句》说："功成事就，退避不居其位"；奚侗的《老子集解》说："功成身退，不居其名"。笔者认为，上述两种理解都能说通，但相比之下，不如把"弗居"理解为"不以功自居"，即不自认为有功劳显得更直接、更恰当。

"夫唯弗居，是以不去"，指正因为圣人不以功自居，所以他的功业始终伴随着他。对此可以从正反两个方面来理解。

从正的方面看，一个人有功而不居，说明他只讲奉献而不求回报，有很高的道德修养，所以人们自然会记得他的功劳，并称颂不已。此正如成玄英的《老子道德经开题序诀义疏》所说：有极大的功劳，而把它推让给别人，这只有圣人才能做到吧！正因为能忘记自己的功劳，从而使大功流传得更远。至高无上的道德就在这里，所以不会离去。另外，根据老子"有无相生，难易相成"等逻辑，得与失也是相伴而生的对立概念，有得才会有失，无得便不会有失，一个人既然不以功自居，当然也不会有失去之虞，所以《老子吕惠卿注》说：有居留才会有离去，自己不居留，又怎么会离去呢？

从反的方面看，若一个人立了一点功，便以功臣自居，四处宣扬，甚至居功自傲，目中无人，则此人就肯定不会有好的结果，等到他身败名裂，他的所谓功业便也烟消云散了。所以王弼的《老子道德经注》说：想使功劳只归于自己，则这种功劳不会长久。刘笑敢的《老子古今》也说："一事之成，如有人以创始者或最高功臣自居，必有后患。验之于历史或现实，查之于邦国大事或人世纠纷，实例层出不穷。"

2."功遂"的含义及其是否应作"功成名遂"

关于"功遂身退，天之道"中的"功遂"，首先要关注的，便是历史上有代表性的《老子》本子中，

● 成玄英《老子道德经开题序诀义疏》：

有大至功，而推功于物者，其唯圣人乎！只为能忘其功，而至功弥远。圣德斯在，是以不去。

● 《老子吕惠卿注》：

夫有居则有去，在己无居，夫将安去哉？

● 王弼《老子道德经注》：

使功在己，则功不可久也。

除了王弼本，不少本子如河上公本、景龙碑本、范应元的《老子道德经古本集注》等都作"功成名遂"，傅奕本作"成名功遂"，故易顺鼎的《读老札记》说："毕氏《考异》云：诸本并作'功成名遂身退，天之道'，鼎按：……是古本皆然"。然而，郭店竹简本和帛书乙本均作"功遂"（帛书甲本作"功述"），因此刘笑敢的《老子古今》认为，这里应作"功遂"，"成名"二字当系后人所加："'成名'二字，当是后人所加；……'功遂身退'当为古本之旧。"

笔者认为，"功遂"意为功业成就、功业建立了，"功成名遂"意为功业建立了，名声也有了，这两种表述在意思上并无实质性的差别，因为功业上取得成就的人，通常其名声也会自然得以确立。因此，这两种表述都是可以的。但是，考虑到王弼本作"功遂"，且竹简本和帛书乙本亦作"功遂"，故这里当以作"功遂"为妥。

"功遂"的"遂"，与"功成名遂"中的"遂"一样，都是完成、成功的意思。不过，值得注意的是，对于"功成名遂"，虽然从文字上看起来似乎十分简单，但是要真正确切地予以把握，却也并不容易，因为人们对什么样的情况属于功成，什么样的情况属于名遂，并无一个客观的标准。这就好比一个官场中的人，他担任了什么级别的官职，才算功成呢？一个商场中的人，他挣到了多少钱，才算功成呢？因此，若没有一个限度，便永远都不会有功成名遂的时候。所以，一些学者指出，在对"功成名遂"的理解上，一定要注意知足知止，而切忌好大喜功。如林希逸的《道德真经口义》说：功成名

●林希逸《道德真经口义》：
功成名遂，是随其大小而能自全者，故曰"成"、曰"遂"。若不知自足，则何时为"成"耶？何时为"遂"耶？此四字须子细看。

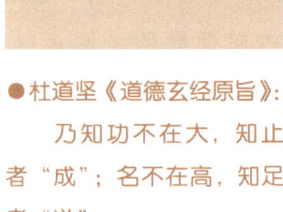

● 杜道坚《道德玄经原旨》：

乃知功不在大，知止者"成"；名不在高，知足者"遂"。

遂，是依据功和名的大小而能自我保全，所以说"成"、说"遂"。如果自己不知道知足，那么什么时候可以说是"成"，什么时候可以说是"遂"呢？这四个字一定要看仔细了。杜道坚的《道德玄经原旨》说：这才知道功不在于有多大，知道停止的就是"成"；名声不在于有多高，知道满足的就是"遂"。

另外，蒋锡昌的《老子校诂》特别强调，这里的"功遂"是对人民而言，而非对圣人而言："'功遂'与'功成'谊同，皆指人民而言。……'功遂身退，天之道'，谓人民功成，而圣人身退不居，……诸家解者，多以'功'字就圣人言，不知圣人名且无之，何有于功乎？"这种说法亦有一定的道理，世上的功业，多为集体奋斗的结果，而非圣人凭一己之力所能达成。

3. "身退"的含义：自身隐退，还是不以功自居？

"功遂身退"，意为功业成就，自身隐退，这里的"身退"，是自身隐退的意思，历史上有不少学者都作此种理解。如陆希声的《道德真经传》说：所以有道的人，功业成就而不以功自居，享有名声而不居留，自身隐退而得善名以终，让出位子以免除危险。杜道坚的《道德玄经原旨》也说：世界上能够超脱利益的罗网，脱去功名的缰绳，自身急流勇退，保全天道的，又有多少人？功业成就，自身隐退，合乎自然的规律，只有尧、舜能够做到。

然而，也有一些学者认为，这里所谓的"身退"，并不是指自身退隐，而是指在事业成功之后，心中不以功自居。如王真的《道德经论兵要义述》

● 陆希声《道德真经传》：

故有道之士，功成不居，名遂不留，退身以全其归，让位以免其危。

● 杜道坚《道德玄经原旨》：

世之超出利网，脱去名缰，身退急流，自全天道者，几何人哉？功成身退，天之道，惟尧、舜得之。

● 王真《道德经论兵要义述》：

此言"身退"者，非谓必使其避位而去也，但欲其功成而不有之耳。

● 魏源《老子本义》：

　　此言非必处山林，绝
人事，然后可以入道。虽
居功名富贵之域，皆可守
而行之也。

说：这里所说的"身退"，不是说必须让他避位离去，只是希望他功业成就而不以功自居罢了。魏源的《老子本义》说：这句话说的不是一定要住在山林中，断绝人间世事，然后才可以入道。即使身处功名富贵之中，都可以守道行道。

　　上述观点得到不少当代学者的认同。如陈鼓应的《老子今注今译》说："'身退'并不是引身而去，更不是隐匿形迹。……老子要人在完成功业之后，不把持，不据有，不露锋芒，不咄咄逼人。可见老子所说的'身退'，并不是要人做隐士，只是要人不膨胀自我。老子哲学，丝毫没有遁世思想。"董平的《老子研读》说："所谓'身退'，并不一定是要离职退休，而更是一种心灵状态，一种为人处世、待人接物的态度，具体讲就是不要执持自己的功名不放，不要把持功名而自恃其功。"

　　笔者认为，上述观点虽然看上去似乎更具包容性，亦更容易为人们所接受，实际上却在某种程度上误读了老子的思想，具体理由如下。

　　一是老子明确说"功遂身退"，所谓"身退"，就是让自身退下来。如《汉语大词典》释"功遂身退"说："谓大功告成之后，自身隐退，不再作官"，解释得十分清楚。而所谓虽身居富贵功名之域，而心中不以功自居的说法，只能说是"心退"，而不能说是"身退"。

　　二是所谓身不退而心退的说法，其实是缺乏可操作性的。放眼古代官场，一个身居高位的成功者，有谁不想再接再励，在功业或功名上更进一步？即使他自己不想，他的家人、他身边的利益集团也会不断地鼓动他、怂恿他，使他身不由己，投入对名利的不断争逐之中。当然也不乏有一些看似淡泊名利的官场中人，但这些人之所以看上去淡泊超脱，往往是因为缺乏一展身手的机会，一旦时机到来，他们大多不会轻易放过。在第三章中，老子说过："不见可欲，使民心不乱"，可见"可欲"之物会使人心迷乱，你让这些成功者整天身处名利场中，满眼都是可欲之物，却又让他们不动心，他们得有多么坚定的意志才能做到？

4. 为什么要"功遂身退"？

一个人辛辛苦苦，经过不懈的努力，好不容易功成名就了，为什么不能就此好好享受胜利果实，而必须功成不居，自身隐退呢？这其中的原因，综合古今学者的观点，主要有以下两个。

一个是"功遂身退"，是根据"天之道"的要求。所谓"天之道"，指自然的规律，这里的"天"，是自然的意思。那么这里的"天之道"的具体内涵又是什么呢？对此，学者们较为一致地认为，它指的是盈满则亏、物极必反等道理。如《老子道德经河上公章句》说：这是恒常的自然规律。就好比日到中天就会偏移，月亮盈满就会亏缺，事物旺盛就会衰败。苏辙的《老子解》亦说：日到中天就会偏移，月亮盈满就会亏缺，四季的变化，完成任务后就会退去。

也就是说，物极必反，事物在充分发挥它的本来价值或最大价值后必会让位或衰落，这便是"天之道"，即自然的规律。而这个规律本身，便蕴含了"功遂身退"的道理。因此，根据人道应当效法天道

●《老子道德经河上公章句》：

此乃天之常道也。譬如日中则移，月满则亏，物盛则衰。

●苏辙《老子解》：

日中则移，月满则亏，四时之运，功成者去。

●李荣《道德真经注》：

若贪荣不退，必致危亡。

●范应元《老子道德经古本集注》：

自古及今功成名遂而身不退者，祸每及之。

的原则，人们也必须在功成名就后自身隐退。

另一个是功成名就后若不及早隐退，恋栈权势地位，则必会有不测之祸。如李荣的《道德真经注》说：如果贪恋荣华，不愿退位，一定会导致危亡。范应元的《老子道德经古本集注》说：自古至今，功成名就后不愿退避的，常常会遭受灾祸。而这一点已为无数的历史事实所证明，前面已有论及，兹不赘述。

五、不矜不伐

谦虚使人进步，骄傲使人落后，而落后则常常与失败相伴随。有学者发现，《资治通鉴》有一个十分重要的特点，就是在介绍某个人物时，只要说到他骄傲自大，那么不用往下看，其结果不是功败垂成，便是身败名裂。因此，中国人长期有崇尚谦虚、反对骄傲的传统，如在《尚书·大禹谟》中，即有"满招损，谦受益"的说法。《周易》六十四卦，只有《谦》卦的卦爻辞皆预示吉祥、有利。另据《韩诗外传》载，周公旦曾告诫自己的儿子伯禽说：《周易》中有一个重要的原则，从大了说，足以守住天下；从中了说，足以守住国家；从小了说，足以守住自身。这个原则，就是谦虚。

话虽如此，然而在社会生活中，喜欢骄傲自大的却大有人在：手中有了点权力，便常常对人颐指气使；囊中有了点钱财，便喜欢在人前显摆；取得了一点成绩，便喋喋不休地自吹自擂；……作为一个普通人，你这么做是你的自由，因为最终倒霉的只是你自己；然而，如果你是一个手握千军万马的军中统帅，你骄傲自满，自以为是，目中无人，喜欢自我夸耀，会有什么结果呢？毫无疑问，你要么成为战场上的败军之将，给国家和百姓带来深重的灾难；要么被自己的身边之人果断清除，成为千古笑柄。

● 《韩诗外传》：

《易》有一道，大足以守天下，中足以守其国家，小足以守其身：谦之谓也。

● 《老子》第三十章：

善者果而已，不敢以取强。果而勿矜，果而勿伐，果而勿骄，果而不得已，是谓果而勿强。

● 《老子》第二十二章：

不自见，故明；不自是，故彰；不自伐，故有功；不自矜，故长。

● 《老子》第二十四章：

自见者不明，自是者不彰，自伐者无功，自矜者不长。其在道也，曰余食赘行，物或恶之，故有道者不处。

正因如此，在《老子》中，明确把不骄傲自满、不自我夸耀作为军事将领的重要素质。如在第三十章中，老子说：善于用兵的人，只求获得成功罢了，不敢依靠兵力来逞强。获得成功而不妄自尊大，获得成功而不自我夸耀，获得成功而不骄傲自满，获得成功而只是因为迫不得已，这叫作获得成功而不逞强。

反对骄傲自满、自我夸耀，这是老子一贯的思想主张。如在第二十二章中，老子明确指出了不骄傲自满、不自我夸耀的好处：不自我显现，所以明智；不自以为是，所以彰显；不自我夸耀，所以有功劳；不自高自大，所以长久。在第二十四章中，老子又再次强调了骄傲自满、自我夸耀会带来的恶果，并表达了自己对它们的厌恶之情：爱自我表现的人，不够明智；自以为是的人，不能得到彰显；爱自我夸耀的人，不会有功劳；自高自大的人，不能长久。从道的观点来看它们，就像是残剩的食物，是多余的、丑陋的行为，让人厌恶，所以有道的人不会这么做。

对于老子提倡谦虚、反对自我夸耀的原因，一些学者有深入的分析。他们认为，一个人骄傲自满、四处夸耀，首先，显得你的修养不够，容易引起别人的反感；其次，一场战争的胜利，一件功劳的取得，往往亦包含他人的辛勤付出，你到处夸耀自己的作用和重要性，便极易掠人之美，招致他人的忌恨；最后，一个喜欢自我夸耀的人，往往容易居功自傲，不可一世，从而给自己带来不测之祸。相反，一个人谦虚退让，有了功劳而不夸耀，甚至把功劳

大尉将軍

▲清代画家丁善长绘制的《历代画像传》中的"大树将军"冯异像。

● 《唐玄宗御制道德真经疏》：

　　言人不自伐取，尝为谦让，则人不与竞，其功归己。

● 《孙子兵法·形篇》：

　　古之所谓善战者，胜于易胜者也。故善战者之胜也，无智名，无勇功。故其战胜不忒，不忒者，其所措必胜，胜已败者也。故善战者，立于不败之地，而不失敌之败也。

● 《后汉书卷十七·冯岑贾列传第七》：

　　异为人谦退不伐，行与诸将相逢，辄引车避道。进止皆有表识，军中号为整齐。每所止舍，诸将并坐论功，异常独屏树下，军中号曰"大树将军"。及破邯郸，乃更部分诸将，各有配隶，军中皆言愿属大树将军，光武以此多之。

让给别人，则必会得到他人的衷心拥护，从而会有更多的收获。如《唐玄宗御制道德真经疏》说：一个人不自我夸耀、获取，常常谦让，那么别人就不会与他竞争，功劳反而会归于自己。张默生的《老子章句新释》说："你作出极大的功绩，反不自己夸张，别人就更觉得你的功勋浩大了，故说：'不自伐，故有功。'"董平的《老子研读》亦说："既自伐其功，就必贬抑他人之功，甚至攘夺他人之功而据为己有，如此则人必攻之，尚何功之有！"

　　在反对军事将领骄傲自大、自我夸耀的问题上，孙子的观点与老子一样。如《孙子兵法·形篇》中说：善于打仗的人取得胜利后，没有智慧的名声，没有勇敢杀敌的功劳。只是在反对骄傲自大、自我夸耀的原因上，孙子与老子存在区别。在孙子看来，取得战争的胜利，是一个军事将领应该做到的事情，这又有什么值得夸耀的呢：古代所谓善于打仗的人，是打败了容易战胜的敌人。所以他必将取得胜利，这不会出任何差错，之所以不会出差错，是因为他采取的措施能确保胜利，他战胜的是已经注定要失败的敌人。

　　笔者认为，孙子的观点无疑是有其道理的：战胜敌人，这是一个军事将领的分内之事；既然是分内之事，则打了胜仗，又有什么值得夸耀的呢？只是话虽如此，但打胜仗毕竟不是容易的事情，故不矜不伐才成为一个军事将领的重要素质。

　　在中国历史上，有一位因不矜不伐而闻名的军事将领，他就是东汉时期的名将冯异。据《后汉书》载，冯异字公孙，是颍川父城（今河南省宝丰县）

人。冯异初任颍川郡掾（yuàn）吏，后归顺刘秀，为建立东汉立下了汗马功劳。公元 25 年，东汉建立后，冯异封阳夏侯。公元 33 年，刘秀封冯异为征虏将军。冯异为东汉的云台二十八将之一，在其中排行第七。冯异虽功勋卓著，但是，他为人谦虚退让，不自我夸耀，在路上与其他将领相遇，常常让自己的车子退到路边。举止进退有度，被军中称为有秩序条理。每当军队停下来驻扎休息时，各位将领坐在一起谈论功劳，冯异常常一个人退坐到树下，军中因此称他为"大树将军"。等到攻破邯郸后，要调整军中将士的从属关系，将士们都说愿意归于"大树将军"麾下，光武帝刘秀因此特别看重他。

另外还有一个例子，发生在三国时期。据《资治通鉴卷第七十九·晋纪一》载，公元 272 年，曾任东吴丞相的步骘（zhì）的次子、镇守西陵（今湖北省宜昌市）的步阐叛变，投降晋国。东吴镇国大将军陆抗亲率大军包围西陵，晋国皇帝司马炎则派大军前往西陵接应步阐。

当时，东吴的众多将领建议集中力量，在晋国大军到来之前攻克西陵。陆抗则力排众议，他认为，西陵城池坚固，物资储备充足，易守难攻，一旦在晋国大军到达前不能攻下西陵，则东吴大军将面临内外夹击，最终彻底输掉战争的风险。因此，他主张围绕西陵修筑严密的工事，对西陵城围而不攻，对晋国大军寻机出击。果然，晋国大军对陆抗的做法无计可施，只好被迫撤军。之后陆抗再全力对付西陵守敌，步阐亦很快因城破被杀。

陆抗因指挥得当，成功地化解了东吴面临的一

● 《资治通鉴卷第七十九·晋纪一》：

（抗）东还乐乡，貌无矜色，谦冲如常。

次重大危机，因此，东吴皇帝孙皓论功行赏，加陆抗"都护"的官衔。然而，陆抗脸上没有一点自负的神色，谦虚虔诚，跟平常一样。

然而，在中国历史上，喜欢自我夸耀，不知天高地厚的军事将领也很多，这其中最为著名的当数战国时期只知纸上谈兵的赵括。关于赵括的故事，大家已耳熟能详，这里就不赘述了，在此要向大家介绍的，是秦朝末年一位名叫宋义的将军。

据《史记·项羽本纪》载，公元前209年，时任秦朝少府的章邯率军击败陈胜后，又攻杀反秦义军首领齐王田儋，逼魏王魏咎自焚，武信君项梁战死。

章邯打败项梁的军队后，就渡过黄河，来攻击北方的赵国。赵国仓促应战，被章邯打得大败。这时候，赵歇是赵国的国王，张耳是赵国的宰相，他们都退进了巨鹿城内。章邯命令王离、涉间二位将领把巨鹿团团围住，他自己则率大军驻扎在巨鹿的南面。

楚国自从项梁的军队在定陶被章邯击破后，楚怀王感到很惶恐，于是他到了彭城，把项羽、吕臣的军队收过来，归自己统领。

这时齐国的使者高陵君显对楚怀王说：武信君项梁的手下宋义曾劝告武信君骄兵必败，但武信君不听劝告，结果没过几天，武信君果然失败了。还没有打仗，就能先看出他失败的征兆，这真可以说是懂得用兵之道了。楚怀王一听，立即派人把宋义找了来，和他谈论了一回，心里很满意，便任命他为上将军，封项羽为鲁公，任次将，范增为末将，

● 《史记·项羽本纪》：

宋义曰："不然。夫搏牛之虻不可以破虮虱。今秦攻赵，战胜则兵罢，我承其敝；不胜，则我引兵鼓行而西，必举秦矣。故不如先斗秦赵。夫被坚执锐，义不如公；坐而运策，公不如义。"因下令军中曰："猛如虎，很如羊，贪如狼，强不可使者，皆斩之。"

派他们一起率兵救赵。还有其他的一些将领，楚怀王也通通把他们划到了宋义的部下，使得宋义尊崇无比，号称卿子冠军。但是，当这支军队前进到安阳的时候，宋义忽然下令停下来不走了，而且一停就是四十六天。项羽对宋义说：现在赵王正被秦军围困于巨鹿，我们应该赶紧率兵渡河，与赵军里应外合，这样绝对可以打败秦军。宋义说：不对，牛虻是用来蜇牛的，而不是为了对付那些虱子。现在秦兵正在攻打赵国，如果打赢了，那他们自己也必然会疲惫不堪，到那时我便可乘机收拾他们；如果败了，我就可以大摇大摆地长驱西进，可以一下子灭掉秦朝。所以目前我们不如先让秦、赵两方互斗。论冲锋陷阵，我比不上你；说到运用计策，你就不如我了。说罢宋义就命令全军：凡是像虎一样凶猛，像羊一样狠毒，像狼一样贪婪，顽固而不听使唤的，一律斩首。而后他又派他的儿子宋襄到齐国去做宰相，还亲自把宋襄一直送到无盐县，并在那里大摆筵席。

当时天气很冷，又下着大雨，士兵们都又冷又饿。项羽说：现在最重要的是集中一切力量与秦兵作战，可是我们却在这里长期停留不前。现在年荒人穷，士兵们吃的都是山芋野菽，军中连一点存粮都没有，却还在那里大摆筵席，不赶紧领兵渡河到赵国就地取粮，和赵国一起合力攻秦，却说什么要等秦军疲惫不堪。让强大的秦军去攻打一个新建不久的赵国，势必会灭掉赵国。赵国一被灭掉，秦军就会变得更加强大，还有什么疲惫不堪的机会等着我们去乘呢！可是上将军竟然完全不体恤士兵，只顾徇他的私情，他不是一个忠于国家的人！于是他就趁着早晨参见宋义的机会，在大帐中把宋义杀了。然后提着宋义的人头出来对全军说：宋义与齐国密谋反楚，怀王暗中命令我把他杀掉。这时所有的将领都被吓得服服帖帖，没有一个人敢吱声。于是大家一致推举项羽代行上将军的职权。项羽为了斩草除根，就派人追到齐国，把宋义的儿子宋襄也杀掉了。然后项羽派桓楚去向怀王报告这件事情的过程。怀王于是任命项羽做了上将军。

项羽杀了卿子冠军宋义以后，威震楚国，名闻天下。之后他又采用破釜沉舟之策，终于大破秦军，俘虏了王离。涉间不投降，自焚而死。当时各地前来援救巨鹿的军队有十几座大营，但是没有一支援军敢出来与秦军作战。等到楚军击败了秦军之后，项羽召见不敢作战的各路将领，这些将领们进辕门的时候，一个个都是跪在地上，用膝盖挪着进去的，谁也不敢抬头看项羽一眼。项羽从此便成了诸侯们共同的上将军，各路诸侯都归项羽统辖。

公元前208年，项梁得知刘邦和项羽在雍丘（今河南省杞县）大胜秦军，便准备将秦军一举击败。当时宋义劝项梁不可心急，要防止骄兵必败。项梁没有听从宋义的劝告，结果兵败身死。这说明宋义还是有一定的军事常识和先见之明的。正是凭着这点先见之明，宋义被楚怀王任命为上将军，位居项羽之上。然而宋义毕竟缺乏丰富的实战经验，从他对当时形势的判断来看，认为应先让秦、赵互斗，然后再乘秦军之弊而下手，亦十分不切实际。因为秦军的实力远超赵国，一旦秦军灭了赵国，士气更盛，楚军就不可能是秦军的对手。只有趁着赵军尚存，楚军与赵军内外夹击，才有可能击败秦军。然而宋义根本看不到这一点，反而大言不惭地对项羽说：在运用策略方面，你比不上我。并武断地下令，凡敢不服从他的命令的，一律斩首。把宋义送上黄泉路的，正是他自己的骄矜傲慢、自以为是、刚愎自用。

在中国历史上，还有一位军事将领，其所作所为可与赵括、宋义"媲美"，他就是唐朝时的李元平。

据《资治通鉴卷第二百二十八·唐纪四十四》载，公元782年，南平郡王李希烈反叛唐朝，自称天下都元帅、建兴王。第二年，李希烈派部将李克诚袭击唐将李元平守卫的汝州（今河南省汝州市）。李元平本是湖南道判官，颇有点聪明才干，但生性疏阔，态度傲慢，敢说大话，尤其喜爱谈论军事。宰相关播认为他是天下奇才，便把他推荐给皇帝李适，赞扬他有担任大将、宰相的才能。因为汝州距许州（今河南省许昌市）最近，于是擢升李元平当汝州别驾，兼代理州长。李元平到任后，立刻招募工人修建城墙。李希烈暗中派人冒充工匠服役，有数百人之多，李元平没有察觉。于是，当李克诚率数百名骑兵突然抵达城下时，埋伏在城里的工匠立即响应，生擒李元平，飞奔出城献俘。李元平个子矮小，没有胡须，看见李希烈，心中恐惧，屎尿同时流出来，撒得一地都是。李希烈诟骂说：瞎眼宰相，派你这样的人来对付我，竟这么看不起人！

对于李元平的表现，柏杨在《现代语文版资治通鉴》中有这样的评论："宋王朝有'带汁诸葛亮'，唐王朝有'屎尿李元平'，前后辉映，成为奇观。泡沫人物当身处绝对安全之境，说些慷慨激昂之话，捶胸打跌，向人夸耀天下第一忠义兼第一韬略，甚至第一英勇，到最后往往演出'带汁''屎尿'节目，并不足怪。"

老子说爱自我表现的人，不够明智；爱自我夸耀的人，不会有功劳；自高自大的人，不能长久，并认为上述表现是多余的、丑陋的行为，让人厌恶。此话用在赵括、宋义、李元平等人身上，可谓十分恰切。

【深度透讲】

本节讲述老子关于不矜不伐的为将之道，主要依据的是第二十二章中的"不自见，故明；不自是，故彰；不自伐，故有功；不自矜，故长"，以及第二十四章中的"自见者不明，自是者不彰，自伐者无功，自矜者不长。其在道也，曰余食赘行，物或恶之，故有道者不处"。关于这两段文字的确切含义，学者们有不同的理解，需要我们深入分析的，主要有以下五个方面。

1. "不自见，故明"中"见"的含义

"不自见，故明"中的"明"字，古今学者多释为明智、明察或高明。然而，对于"不自见"的含义，学者们则有不同的理解，概括起来，主要有以下四种。

一是认为"见"读作xiàn，是显现、显露的意思。因此，所谓"不自见"，便是不自我显现、不自我炫耀的意思。如范应元的《老子道德经古本集注》

● 范应元《老子道德经古本集注》：

"见"，音"现"；彰，明也。有道而不自显露，故明。

●苏辙《老子解》：

　目不自见，故能见物；镜不自照，故能照物。如使自见自照，则自为之不暇，而何暇及物哉。

●魏源《老子本义》：

　夫目至明而不自见，使目而自见，则不明矣。

●《老子道德经河上公章句》：

　圣人不以其目视千里之外，乃因天下之目以视，故能明达也。

●《老子吕惠卿注》：

　故因天下之所见而见之，而我不自见也，则所见无不察，故曰"不自见，故明"。

●《宋徽宗御解道德真经》：

　不蔽于一己之见，则无所不烛，故明。

说："见"的读音是"现"，意为明显。虽然有道而不自我显露，所以明智。张默生的《老子章句新释》说："你有远识明见，反不自己表现，别人就更觉得你高明了。"

二是认为"见"是看见的意思，"不自见"即看不见自己或不用来看自己的意思。如苏辙的《老子解》说：眼睛看不见自己，所以能看见外物；镜子照不见自己，所以能照见外物。如果它们能看见自己、照见自己，便会忙于自见、自照，怎么会有空去见或照外物呢？魏源的《老子本义》也说：眼睛明察而看不见自己，假如眼睛能看见自己，就不会明察了。

三是认为"见"是看见的意思，"不自见"指不靠自己的眼睛去看，而靠天下人的眼睛去看。如《老子道德经河上公章句》说：圣人不用他的眼睛去看千里之外的东西，而是根据天下人的眼睛去看，所以能够明达。《老子吕惠卿注》说：根据天下人所看见的东西去看，而不靠自己的眼睛去看，则所见到的东西无不明察，所以说"不自见，故明"。

四是认为"见"指看见或意见，"不自见"指不局限于自己所见或不固执己见。如《宋徽宗御解道德真经》说：不为一己之见所蒙蔽，则没有什么东西不能洞悉，所以能明察。沙少海等的《老子全译》说：不固执己见，所以事事物物看得分明。

笔者认为，以上解释均有一定的道理，但相比之下，第一种解释要显得更顺畅一些。因为圣人怀"道"，品行智慧超群，但不显现、不炫耀，这正符合老子提倡的和光同尘的处世之道，故称之为

"明"，即明智、高明。

2. 对"不自是，故彰"中"彰"的含义的不同理解

"不自是，故彰"中的"不自是"，古今学者多释为不自以为是。然而，对于"彰"字的含义，学者们则有诸多不同的理解，其中有代表性的，主要有以下三种。

一是认为"彰"是名声彰显的意思。如吴澄的《道德真经注》说："自是"意为自以为贤能，"彰"指的是名声彰显，不自以为贤能的人，看上去似乎昏暗不明，实际上却名声日益彰显。汤漳平等译注的《老子》说："不自以为是，所以声名昭彰。"

二是认为"彰"是德行显著或彰显的意思。如成玄英的《老子道德经开题序诀义疏》说：认为自己与他物平等，不认为自己对而他物不对，所以他的德行显著。李荣的《道德真经注》说：抛弃物我之别而保全天性，道德自然彰显。

三是认为"彰"指道理或事情的真相彰显出来。如陆希声的《道德真经传》说：不认为自己对而别人不对，道理自然会彰显出来。董平的《老子研读》说："不自以为是，……事实的真相便以它应有的状态而彰显出来。"

笔者认为，一个人能做到不自以为是、不固执己见，能虚心听取别人的意见，从善如流，便既能得到很好的名声，同时也能反映他有很好的德行。因此，前面两种理解均是很有道理的。至于第三种理解，一个人不自以为是，便能以客观的态度对待问题或事物，从而有利于事理或事情真相的揭示，

● 吴澄《道德真经注》：

自是犹云自贤，彰谓名之彰，不自是者，暗然而日彰也。

● 成玄英《老子道德经开题序诀义疏》：

自他平等，不是己而非物，故其德行显著。

● 李荣《道德真经注》：

捐物我以全真，道德自彰。

● 陆希声《道德真经传》：

不自是而非人，则理自彰。

这样来理解当然也是可以的，只是在意思上稍显曲折；而且，从该句前后文来看，"故明""故有功""故长"均是指圣人明智、有功、长久，则"彰"亦当指圣人的名声或德行彰显，而不宜将其理解为道理或真相彰显。

"不自伐，故有功"，意即不自我夸耀，所以有功。这里的"伐"，是自我夸耀的意思。这两句的意思十分清晰，古今学者的理解亦较为一致。

3."不自矜，故长"中"长"的含义

对于"不自矜"的含义，古今学者多认为指不自负、不自恃、不自高自大。分歧较多的是对"长"的含义的理解。关于"长"的含义，古今学者主要有以下三种理解。

●吴澄《道德真经注》：
　　负其长曰矜，长谓能之过人。

一是认为指长处、优点，此时读作 cháng。如吴澄的《道德真经注》说：为自己的长处而自负叫作"矜"，"长"指的是能力超过别人。张默生的《老子章句新释》说："不去和人争胜，来显自己的长处。"

二是认为指君长、首领或担任首领，此时读作 zhǎng。如任继愈的《老子绎读》说："不自高自大，所以当首领。"汤漳平等译注的《老子》说："不自高自大，所以能领导众人。……长，领导者。"

三是认为指长久。如高亨的《老子注译》说："不自骄满，所以长久。"林语堂的《老子的智慧》亦说："不自我矜持，反而能够长久。"

在古今学者中，有较多的学者把"长"释为长久。但是，对于是什么东西长久，学者们又有不同的理解。有的认为指德行长久，有的认为指功名长久，有的认为指能力长久，等等。

"长"是个多义字，又是多音字，故对于上述三种理解，我们很难说谁对谁错。但相比之下，释为长久，在意思上显得更顺畅些。

4."自见者不明，自是者不彰，自伐者无功，自矜者不长"与第二十二章类似文字的关系

第二十四章"自见者不明，自是者不彰，自伐者无功，自矜者不长"一段文字，会令我们很自然地想到第二十二章中的类似表述："不自见，故明；不自是，故彰；不自伐，故有功；不自矜，故长"，只不过第二十四章中表述的是负面的意思，第二十二章中表述的则是正面的意思。因此，有不少学者认为，这两者文异义同，其具体意思见第二十二章。如奚侗的《老子集解》说："四句与二十二章所载文反谊同。"董平的《老子研读》亦说："其意义与二十二章的'不自见故明……'完全一致，此不赘述。"

从对该段文字意思的具体解释来看，不少学者也正是这么理解的。不过，这两段话在不同章节的不同语境中出现，其意蕴还是存在区别的。第二十二章中的"不自见，故明"等是用来具体说明圣人的不争之德的，第二十四章中的"自见者不明"等则是用来告诫自私自利、以自我为中心之人的，此正如李荣的《道德真经注》所言：这不是君子的行为，这么做的人怎能称得上是能放下世俗牵挂之人。

5."余食赘行"的确切含义

"其在道也，曰余食赘行"中的"曰"，可以释为"是"，也可以释为"叫作"。"余食"，就是残余

●李荣《道德真经注》：

此非君子之行，岂是忘怀之士。

的食物、吃剩的食物，亦可叫作残羹剩饭。不过，也有学者把"余食"释为"多余的或过多的食物"，这样的理解也能说通，但不如释为"残剩的食物"更显贴切，因为紧接后面有"物或恶之"一句，对于过多的食物，人们似乎不会厌恶，而对于别人吃剩的食物，若再让人们去吃，人们才会感到厌恶。

对于"赘行"的理解，则存在较多的争议。从古今学者的解释来看，关于"赘行"的含义，主要有以下两种理解。

●《唐玄宗御制道德真经疏》：

赘行者，疣赘之行也。……以此自见自是等行，其于道而论之，如残余疣赘，人所共恶也。

一是认为"赘行"的"赘"，是赘瘤、肉瘤的意思；"行"，指的是行为。因此，所谓"赘行"，指的是像赘瘤一样多余的、丑陋的行为。如《唐玄宗御制道德真经疏》说：赘行，指的是像疣赘那样多余的行为。这些自我显现、自以为是等行为，从"道"的角度而论，就像残余疣赘一样，是人们所共同讨厌的。张默生的《老子章句新释》说："此处'余食赘行'，就是多余的东西，赘疣的行为。"

●焦竑《老子翼》：

赘，疣赘也。"行"，当作"形"，古字通也。

●易顺鼎《读老札记》：

"行"疑通作"形"，"赘形"即王注所云"疣赘"。疣赘可言形，不可言行也。

二是认为"赘行"的"赘"，是赘瘤、肉瘤的意思；"行"，则通"形"，指形体、形状。因此，所谓"赘形"，即指赘瘤。如焦竑（hóng）的《老子翼》说：赘，指的是疣赘。"行"，应当写作"形"，它们在古代文字中是相通的。易顺鼎的《读老札记》说：怀疑"行"应通作"形"，"赘形"即王弼注中所说的"疣赘"。疣赘可以从形状上去说，不可以从行为上去说。

当代学者的解释则大多与上述第二种理解相同，把"赘行"释为赘瘤。如朱谦之的《老子校释》说："'行'读作'形'，是也。……附赘悬疣出乎形，故曰赘形。'赘行'当读作'赘形',古字通。"陈鼓应的《老子今注今译》亦说:"'赘形',王弼本及其他通行古本都作'赘行'。'形'与'行'古字相通。但作'赘行'易生误解,仍应改为'赘形'。"

笔者认为,把"赘行"的"行"释为"形",并认为"赘形"即指赘瘤,这样的理解当然也是可以的,但不如把"赘行"的"行"释为"行为"更为妥当,理由如下。

一是正如陈鼓应所言,"王弼本及其他通行本都作'赘行'",马王堆帛书甲乙本亦作"赘行",目前所见的各种《老子》本子没有作"赘形"的。那么,为什么一些学者要把"赘行"的"行"释为"形"呢?易顺鼎的理由是"疣赘可言形,不可言行也",陈鼓应的理由是"作'赘行'易生误解"。当然,还有一个前提,就是"形"和"行"古字相通。对此,笔者认为,前面介绍的对"赘行"的第一种理解,把"赘行"释为像赘瘤那样多余的、丑陋的行为,在意思上是十分顺畅、合理的,因为"自见""自伐""自矜"等行为,在老子看来,恰如长在人身上的赘瘤一样,既多余,又丑陋。因此,把"赘行"的"行"释为"行为",不但不会引起误解,而且是十分恰当的。另外,在对古文的含义进行解释时,通常情况下,只有当用其本字的意义解释不通时,才会用它的通假字来解释,现在用"行"的"行为"义来释"赘行",完全能够说通,因此,实在没有必要绕个弯子把"行"释为"形"。

而且,易顺鼎说"疣赘可言形,不可言行也",这样的说法也是值得商榷的。因为"赘行"的"赘"

可作两种理解，其一，释为赘瘤，则"赘行"指像赘瘤一样多余的、丑陋的行为。其二，把"赘"直接释为多余、无用，则"赘行"指多余的行为，这其实是从"赘"的引申义来理解的。如扬雄的《太玄·莹》中说："譬诸身，增则赘而割则亏"，其中的"赘"，即"多余"的意思。还有如我们平时所说的"赘言"，指的是多余的、不必要的话，若按易顺鼎的逻辑："疣赘可言形，不可言言也"，大家肯定会觉得很荒唐。

二是易顺鼎说"'行'疑通作'形'，'赘形'即王注所云'疣赘'"，这样的表述亦明显存在断章取义或误导之嫌。为了说明这一问题，我们先来看王弼的《老子道德经注》中对"余食赘行"所作的解释。

> 其唯于道而论之，若郄至之行，盛馔之余也。本虽美，更可薉（huì）也。本虽有功而自伐之，故更为疣赘者也。

从以上引文可知，王弼释"赘行"为"若郄至之行"，指的是像郄至那样的行为，因此，王弼是把"行"释为"行为"，而不是"形"。这里的"郄至"，是春秋时晋国的大夫，他曾在别人面前夸耀自己的功劳，所以王弼把他作为"自伐""自矜"的例子。虽然易顺鼎没有明确说王弼释"行"为"形"，但"'赘形'即王注所云'疣赘'"的说法，很容易让人误以为王弼亦是释"行"为"形"的。

综上所述，笔者认为，把"余食赘行"的"余食"释为残剩的食物，而把"赘行"释为多余的、丑陋的行为，这样的解释是十分恰当的。因为残剩的食物肮脏而不可再食，赘瘤长在身上，既多余又丑陋，故老子用"余食赘行"来比喻"自伐""自矜"等不明智的、必然导致失败的行为。

六、宝持慈爱

　　用兵打仗的实质，从某种意义上说，即以人的生命为筹码或赌注，去一赌输赢。因此，凡领兵打仗的将领，必须看淡生死，无惧伤亡，否则，便无法在血肉横飞的战场上，沉着冷静，指挥若定。故中国历史上一直有"慈不掌兵"之说，意即生性仁慈的人，不适宜统领军队。

　　然而，老子的观点则恰好与此相反。老子认为，一个领兵打仗的人，如果不懂得慈爱，不知道爱惜生命，那么，他终将在战场上被打败；反之，只有恪守慈爱的人，才能获得战争的胜利，因为这样的人会获得上天的眷顾和保佑。如在第六十七章中，老子说：我有三件宝贝，一直持守并珍视它们。一是慈爱，二是俭约，三是不敢居于天下人的前面。慈爱，所以能勇敢；俭约，所以能丰富；不敢居于天下人的前面，所以能成为万物之长。现在舍弃慈爱而逞勇，舍弃俭约而求丰富，舍弃居后而争先，那就必死无疑！慈爱，用来作战就能取胜，用来防守就能坚固。天将要救助谁，就用慈爱来卫护他。

　　老子说我有三件宝贝，第一件就是慈爱，因为慈爱能使人勇敢；用慈爱来作战，就一定能取得胜利；用慈爱来守卫，就一定能固守。

　　或许是怕有人认死理，跟老子较真：既然只要慈爱，就能取得战争的胜利，那么所谓的计谋，用

● 《老子》第六十七章：

　　我有三宝，持而宝之。一曰慈，二曰俭，三曰不敢为天下先。慈，故能勇；俭，故能广；不敢为天下先，故能成器长。今舍慈且勇，舍俭且广，舍后且先，死矣！夫慈，以战则胜，以守则固。天将救之，以慈卫之。

●《老子》第六十九章：

故抗兵相若，哀者
胜矣。

兵策略，军队的强弱，军纪是否严明，等等，是否就都不重要了？故在第六十九章中，老子又进一步强调或补充说：当双方举兵，军力相当时，慈悲的一方能获得胜利。

这样的说法就显得比较全面了：两支军队相遇作战，当它们各方面的条件都相当时，如果其中的一方心中充满慈悲，则该方必将取得最终的胜利。

但是，这样的说法仍然会遭到人们的质疑：打仗是逞勇斗狠之事，对方凶猛无比，什么事都敢干，可是你却心怀慈悲，下不了狠手，这样去打仗，怎么能打得过对方呢？这就好比两个势均力敌的人打架，对方往死里打你，可是你却总是留有余地，你又怎么能打得赢呢？

那么这样的质疑有无道理呢？笔者认为，从表面上看，它无疑是有道理的：打仗是玩命的事，打仗时讲慈爱，那不是拿自己的性命开玩笑吗！但从根本上说，这样的质疑又是没有道理的，因为它是以对老子慈爱观念的误解为前提的。

老子的慈爱观念，有两个重要的特点：一是对自己手下的将士，对普通百姓，要心怀慈爱；二是当已经取得战争的胜利后，对战败的敌人，或对俘虏的敌人，要心怀慈爱，不嗜杀，不炫耀武力，而不是在双方激战、以性命相搏时对敌人心怀慈爱。因为只有一支爱护百姓的军队，才能得到百姓的支持，从而拥有强大的力量；只有爱护自己手下将士的统帅，才能受到将士们的衷心爱戴，从而激发出强大的战斗力；只有不嗜杀，优待俘虏的军队，才能让失败的敌人心悦诚服，从而不敢再动干戈，为祸作乱。

以此为依据，再来回头看本节开头所说的"慈不掌兵"的观点，便可发现，这样的观点其实是存在偏颇的，因为对自己手下的将士、对百姓充满慈爱，是一个军事统帅必须具备的素质。

而且，老子这一重视慈爱的观点，亦为孙子所继承。如《孙子兵法·地形篇》中说：将帅把士卒当成婴儿一样去呵护，因此可以与他们一起赴汤蹈火；把士卒当成自己的爱子一样看待，因此可以与他们一起赴死。

老子说"夫慈，以战则胜，以守则固"，即慈爱，用来作战就能取胜，用来防守就能坚固。此观点已为中国历史上大量的军事实践所证实。我们先来看依靠慈爱"战则胜"的例子。

据《资治通鉴卷第一百·晋纪二十二》载，公元 356 年，前燕大司马慕容恪，包围齐王段龛的根据地广固（今山东省益都县西北），手下将领要求马上发动攻击，慕容恪却说：军事行动，有时应该缓慢，有时应该迅速，不可以不作分辨。如果敌我势均力敌，敌人外面又有强大的援军，我们面临腹背受敌的危险，攻势就不可不急。如果我们强，敌人弱，敌人又没有外援，完全在我们能力的控制之下，就应该把它围困住，等待它自行毙命。兵法中说："十围五攻"，兵力超过敌人的十倍，则包围敌人；兵力只超过敌人五倍，就必须发动攻击。段龛的军队兵力还多，军心还没有瓦解，而今他仗恃坚固的城池，上下同心合力，我如果用精锐发动攻击，计算起来，几天工夫，就能夺取，然而，我们的伤亡

●《孙子兵法·地形篇》：
视卒如婴儿，故可与之赴深谿（xī）；视卒如爱子，故可与之俱死。

●《资治通鉴卷第一百·晋纪二十二》：

恪曰："……自有事中原，兵不暂息，吾每念之，夜而忘寐，奈何轻用其死乎！要在取之，不必求功之速也。"诸将皆曰："非所及也。"军中闻之，人人感悦。

一定十分惨重。自从进入中原，战争征伐，始终没有停息，我常常感到哀伤，每一次想起，夜间都难以入睡，怎么可以轻率地要士卒去送死呢？我们只要求攻克，不要求成功的速度。各位将领都说：这不是我们所能想得到的。军中将士听到慕容恪的这一番话，人人感动欢欣。于是，挖更深的壕沟，筑更高的墙，包围圈更为严密。当地人民争着捐赠粮食给围城部队。

段龛固守城池，砍柴的路径都被切断，城中饥饿，居民们互相格杀吞吃。段龛率全军出战，慕容恪就在包围圈内击败段龛的突击，并派出骑兵封锁所有城门，切断守军的退路。段龛亲自冲锋，勉强冲进城门，其他部队覆没。城中残余守军情绪低落，意志消沉，不能再守。段龛只好双手反绑在背后，出城投降。慕容恪安抚新归降的居民，故齐国地区，全部平定，并任命段龛为伏顺将军。

慕容恪是十六国时期前燕著名的政治家、军事家，位列十六国十大名将之一。观察慕容恪攻克广固的整个过程，确实具有名将风范。他爱惜将士的生命，没有为了逞一时之快而催逼将士攻城，而是待守敌无力再守，主动投降，这样便大大减少了因攻城带来的伤亡。而且，在守城将令段龛投降后，也没有把他处死，反而任命他为伏顺将军。因此，慕容恪的做法，很好地体现了老子"夫慈，以战则胜"的思想。

接下来再来看依靠慈爱"守则固"的例子。据《史记·平原君虞卿列传》载，战国时期，秦国大军包围了赵国首都邯郸，赵国的平原君赵胜前往楚国、魏国等求救。平原君回到赵国后，楚国就派了春申君带领军队来援救赵国，魏国的信陵君也假传王命夺取了晋鄙所统率的军队赶来救助赵国，但是他们都还在路上。这时秦国的军队对邯郸加紧攻击，邯郸随时面临失守的危险，平原君很着急。这时邯郸负责招待的管理员的儿子李同对平原君说：您不担心赵国灭亡吗？平原君说：赵国灭亡我就会成为俘虏，怎么会不担心呢？李同说：现在邯郸的老百姓，已经到了拿人骨当柴烧，互相交换着小孩吃的地步，可以说情况已经十分危急了，然而您的家里光是姬妾就有上百人，丫头仆人都穿着绫罗绸缎，有吃不完的好菜好饭，而百姓们却连件完整的粗布短衣都没有，连糟糠都吃不上。现在百姓困苦，兵器用尽，有的只好拿着刀削的棍子棒子作战，可是您家中还在享受着各种宝物乐器。如果秦国灭了赵国，到那时您还能够占有这些东西吗？如果赵国得到了保全，以后您还用担心没有这些东西吗？现在您要是能把您夫人之外的家人都编入军队，让他们与别人一样分担各种工作，把您家里的全部财产都拿出来犒赏军队，处在危难关头的人们，是最容易感恩的。平原君立刻就按李同的建议办了，于是，很快组成了一支三千人的敢死队。李同就带着这三千人猛烈地攻击秦军，竟使秦军被迫后退了三十里。不久，楚国和魏国的救兵赶到了，秦军只好撤兵而去，邯郸得到了保全。

在邯郸被围，即将被攻破的情况下，平原君赵胜散尽家财，犒赏将士，从而使将士们万众一心，死守城池，终于等到援兵到来，邯郸逃过一劫。因此，邯郸最终没有失守，与平原君赵胜的慈爱之举有十分密切的关系。

而南北朝时期，南朝宋的司州刺史毛德祖守卫虎牢关，对手下将士以恩义相结，众将士誓死坚守，更是震动了几乎整个北魏，谱写了军事史上可歌可泣的一页。据《资治通鉴卷第一百一十九·宋纪一》载，公元423年，南宋帝刘裕去世，北魏发大军攻打南宋。楚兵将军叔孙建，自滑台（今河南省滑县）向西增援，跟大将军奚斤会师，猛烈攻击虎牢（今河南省荥阳县西北氾水镇）。虎牢被围二百天，没有一天不发生战斗，守军精锐士卒几乎全都战死，而北魏围城军则越来越多。北魏军摧毁虎牢外城，毛德祖又构筑三层内城抵抗，北魏再摧毁其中二城。毛德祖只保持最后一城，日夜奋战，将士们不能睡眠，眼睛都生了疮。毛德祖以恩义相结，大家始终没有离心。这时候，南宋的镇北将军檀道济、豫州刺史刘粹、龙骧将军沈叔貍都率军救援虎牢，可是大家畏惧北魏南征军的强大，都不敢靠近。北魏国主拓跋嗣见虎牢久攻不下，又亲自率大军进抵虎牢，并切断了虎牢的大部分水源。虎牢关地势甚高，外面的水源断绝后，城中仅靠一口深达四十丈的水井供水。拓跋嗣得知后，又命人凿开山体，挖掘地道，宣泄虎牢城里的井水。因山势陡峭，险如刀削，无法防阻北魏围城军挖掘，故城中开始缺水，人马干渴，受伤的人已流不出鲜血，再加上饥饿、瘟疫，实在不能支撑。而北魏军突然发动最猛烈的一次攻击，城池终于被攻破，将士们打算保护毛德祖撤退，毛德祖说：我发誓跟此城共存亡，大义所在，不可使

● 《资治通鉴卷第一百一十九·宋纪一》：

德祖唯保一城，昼夜相拒，将士眼皆生创；德祖抚之以恩，终无离心。

城陷落而我仍然生存。拓跋嗣下令：对毛德祖，必须生擒。毛德祖及南宋将领在虎牢城中的，都落入北魏之手，只有军事参军范道基率二百人突围，返抵江南。北魏南征军死于瘟疫的，也有十分之二三。毛德祖被俘后，宁死不屈，于公元 429 年死于北魏。

对于毛德祖坚守虎牢关之事，柏杨在《现代语文版资治通鉴》中有很高的评价："毛德祖先生和他麾下的数千无名战士，在真正的英雄谱上，写下血泪互映、最光辉的一页史诗。虎牢以一座孤城，与兴旺中的北魏帝国对抗，北魏投下去的是全国兵力，一连三次增援，连皇帝也都亲自攻城。二十世纪四十年代，我曾经访问虎牢，万壑千山，仍隐约响起哀兵的哭声和杀声。泪血俱下，永不屈服，中华男儿的英烈在此，千古同钦！"

毛德祖依靠慈爱守城，一个小小的虎牢关，几乎牵制了半个北魏的兵力，而且给北魏军队造成巨大的伤亡，充分体现了慈爱的威力和作用。虽然虎牢关最终还是被攻陷了，但那是因为攻城的军力远远超过了守城的军力，若当时"抗军相若"，攻城兵力与守城兵力的差距不是如此悬殊，虎牢是根本不可能被攻破的。

虽然在军力悬殊的情况下，仅靠慈爱，并不能确保"以守则固"，但是，若军事统帅残忍好杀，或酷待军民，最终必归于失败，这样的例子，则是数不胜数。

如据《资治通鉴卷第一百四十四·齐纪十》载，萧宝卷是南朝齐的第六任皇帝（后被称为东昏侯）。公元 498 年，萧宝卷即位后，大肆屠杀大臣，苛待

● 《资治通鉴卷第一百四十四·齐纪十》：

东昏尤惜金钱，不肯赏赐；法珍叩头请之，东昏曰："贼来独取我耶！何为就我求物。"后堂储数百具榜，启为城防，东昏欲留作殿，竟不与。又督御府作三百人精仪，待围解以拟屏除，金银雕镂杂物，倍急于常。众皆怨怠，不为致力。

百姓，搞得民不聊生，怨声载道。公元501年，雍州刺史萧衍起兵造反，逼近首都建康。

当时守卫建康的武装部队有七万人，萧宝卷轻视萧衍，认为萧衍不久就会被打败。因此，命令相关部门准备守城物资，只供应一百天。后来，因政府军屡战屡败，佞臣茹法珍便下令关闭城门，隔绝内外。不久，萧衍军用来包围宫城的长墙筑成，壕沟深广，木栅坚固。

东昏侯萧宝卷尤其爱惜金钱，不肯赏赐，茹法珍磕头请他用财物赏赐将士，东昏侯说：难道贼寇只是因为我一个人而前来吗？为什么向我要东西赏赐？后堂之中存放了几百块木料，有人向东昏侯启奏要拿它们去做城防之用，东昏侯则想留下来盖宫殿时使用，竟然不同意给。东昏侯又督促御府制作了供三百人使用的精制仪仗，准备等萧衍之围解除之后，出外游玩时，作帐幔用。至于金银雕镂的杂项物品，东昏侯亦让人赶制，限定的时间要比平时更为急迫。众人都心有怨气，消极怠工，根本不愿为他出力。外面围困的时间已经很久，城中的人都希望能早点逃走，只是谁也不敢先这么做罢了。

茹法珍和另一佞臣梅虫儿给东昏侯出主意说：大臣们不用心，以致城围不能解除，应该把他们全部杀掉。负责守城的征虏将军王珍国和广陵刺史张稷惧怕大祸临头，王珍国就派遣自己的亲信给萧衍献了一块明镜，以示自己的心意。兖州中兵参军张齐是张稷的心腹，王珍国就通过张齐秘密与张稷谋划，要一同杀掉东昏侯。这天晚上，东昏侯在含德殿笙歌弹唱，休息之后，还没有睡熟，听到有兵进来，就急忙从北门跑出去，宦官黄泰平用刀砍伤了东昏侯的膝盖，他倒在了地上，张齐上来斩下了他的脑袋。

东昏侯困守危城，大祸临头却不自知。他不仅不像平原君那样广散钱财去鼓舞士气，反而认为萧衍攻城的受害者不止他一个，所以用于守城的钱财不应由他一个人来出。作为一国之君，实在是颟顸（mān hān）糊涂之至，如果像东昏侯这样的人不失败，那还有谁该失败？

因为军队统帅不慈爱而导致用兵失败，历史上还有一个十分典型的例子。据《资治通鉴卷第二百五十四·唐纪七十》载，唐朝末年，黄巢起兵反叛，公元880年，黄巢率农民军攻入长安称帝，国号大齐。

黄巢称帝后，因麻痹轻敌，未能乘胜消除隐患，导致唐政府军死灰复燃，各路大军重新集合，进逼长安。公元881年4月，齐帝黄巢放弃长安，率军向东撤退。唐将程宗楚首先发动攻击，从延秋门进城，唐弘夫随后而至，王处存率精锐士兵五千人于夜晚也进入长安。长安市民欢欣鼓舞，争着出来迎接唐军，有的人用瓦片投击齐军，有的人拣起箭来拿给唐军使用。然而，程宗楚等却默许手下官兵闯进民众住宅，大肆抢夺金银、绸缎、布匹、妇女，使长安城内一片混乱。齐军在霸上（今陕西省西安市东灞河畔）扎营，发现唐军只知奸淫掳掠，已失去战斗力，又没有增援部队，于是发动反击，程宗楚、唐弘夫被杀，唐军官兵因抢劫的东西太多，十分沉重，驮在身上，根本跑不快，因此大败，死亡人数达总人数的十分之八九。于是齐帝黄巢再进长安，且对市民帮助唐军恨之入骨，纵兵四出屠杀，长安城血流成河，被称为"洗城"。

黄巢在长安称帝后，百姓们盼望唐军，如大旱之盼云霓，因此，等到唐将程宗楚、王处存等率兵攻入长安时，百姓们纷纷表示欢迎。可是谁能想到，这些将士竟然禽兽不如，直接对手无寸铁的百姓下手，奸淫劫掠，无恶不作。这对于尚未远离长安的黄巢来说，无疑是天赐良机，于是他立即回军长安，把唐军打得落花流水。因此，正是唐军背离了老子"夫慈，以战则胜，以守则固"的思想，才导致了大败亏输。

【深度透讲】

本节论述老子关于慈爱的思想，主要依据的是《老子》第六十七章中的"我有三宝，持而宝之。一曰慈，二曰俭，三曰不敢为天下先。慈，故能勇；俭，故能广；不敢为天下先，故能成器长。今舍慈且勇，舍俭且广，舍后且先，死矣！夫慈，以战则胜，以守则固。天将救之，以慈卫之"，以及第六十九章中的"故抗兵相若，哀者胜矣"两段文字。关于这两段文字，需要我们深入分析的，主要有以下五个方面。

1. "慈"的含义及为什么"慈"就"能勇"

老子说"我有三宝"，"一曰慈"，说明"慈"是老子所说的"三宝"，即三件宝贝中最重要的宝贝。关于"慈"的含义，学者们多认为指慈爱、仁爱。如李荣的《道德真经注》说：对万物仁慈惠爱，好生而恶杀，这就是慈的意思。高亨的《老子注译》

● 李荣《道德真经注》：

仁惠于万物，好生而恶煞，慈之义。

释"一曰慈"说："第一是慈爱"，等等。然而，任继愈的《老子绎读》认为，这里的"慈"，不应释为仁慈，而应释为宽容："'慈'，宽容。这里不是仁慈的意思。……第一是'宽容'"。不过，这只是任继愈的一家之言，可作为参考。

关于"慈"的作用，老子说："慈，故能勇"，意即一个人慈爱，因此能勇敢。那么，为什么说慈爱的人就能勇敢呢？对此，学者们有各种不同的解释，其中值得我们注意的，主要有以下三种。

一是认为慈爱的人对待别人就像慈母对待自己的孩子一样，会不顾一切地去加以保护，所以慈爱的人一定勇敢。如《韩非子·解老》中解释说：慈母对于幼小的孩子，一定要给他幸福；一定要给他幸福，就会从事于除去灾祸；从事于除去灾祸，思虑就会很周全；思虑周全，就会了解事物的道理；了解事物的道理，就一定能成功；一定能成功，那么行动时就不会有疑虑；没有疑虑就称为勇。圣人对于世上万事，都像慈母替幼小的孩子考虑一样，所以能看到一定要实行的道理。看到一定要实行的道理就明智，他做事情也不会有疑虑；没有疑虑称为勇。没有疑虑是因为慈爱，所以说："慈爱，所以能勇敢。"张默生的《老子章句新释》也说："慈何以能勇？慈是由中心发出的，……这种力量表现到人事上，如慈母之于子，她是尽上百般调护的心力，……如果她的孩子将遇什么危险，她是不顾一切的去防护他，真是勇敢极了，这种勇敢，完全是出于'慈'。所以说，'慈故能勇'。"

二是认为慈爱者必柔弱忍让，而柔弱能胜刚强，

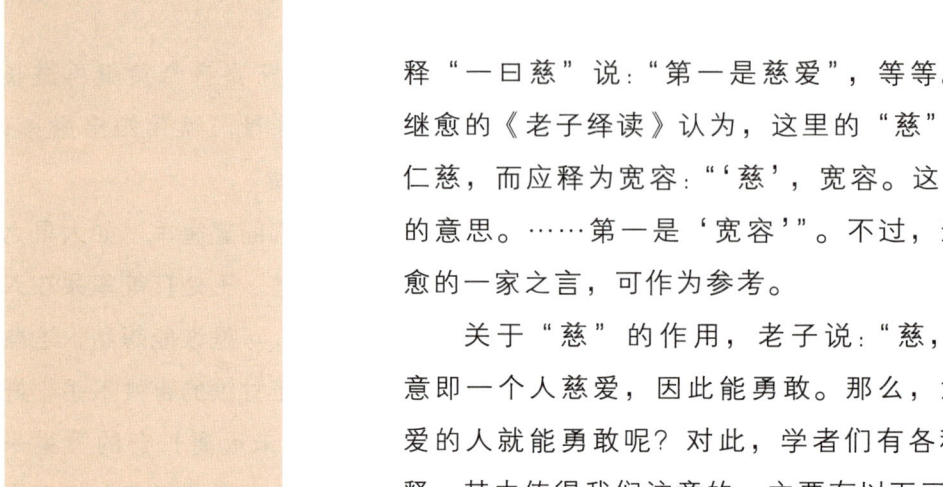

● 《韩非子·解老》：

慈母之于弱子也，务致其福；务致其福，则事除其祸；事除其祸，则思虑熟；思虑熟，则得事理；得事理，则必成功；必成功，则其行之也不疑；不疑之谓勇。圣人之于万事也，尽如慈母之为弱子虑也，故见必行之道。见必行之道则明，其从事亦不疑；不疑之谓勇。不疑生于慈，故曰："慈，故能勇。"

●王安石《老子注》：

　　慈则能柔，柔则能胜天下之至坚，故能勇。

●《老子吕惠卿注》：

　　夫慈为柔弱矣，而能胜刚强，是能勇也。

●陆希声《道德真经传》：

　　夫慈悯于物者，必能勇于拯救，所谓"仁者必有勇"也。

●《老子道德经河上公章句》：

　　以慈仁，故能勇于忠孝也。

●王弼《老子道德经注》：

　　夫慈，以陈则胜，以守则固，故能勇也。

所以说："慈，故能勇"。如王安石的《老子注》说：慈爱就能柔弱，柔弱就能战胜天下最坚硬的东西，所以能勇敢。《老子吕惠卿注》也说：慈爱属于柔弱，却能胜过刚强，所以能勇敢。

三是认为"慈，故能勇"，即《论语·宪问》中所说的"仁者必有勇"即仁爱的人一定勇敢的意思。如陆希声的《道德真经传》说：对事物仁慈怜悯的人，一定会勇于去拯救，也就是"仁者必有勇"的意思。司马光的《道德真经论》则直接用"仁者必有勇"去解释"慈，故能勇"。

此外还有各种别的解释，如《老子道德经河上公章句》释"慈，故能勇"为"慈仁的人一定会勇于忠孝"；王弼的《老子道德经注》释为"慈爱的人必能取得战争的胜利，所以能勇"；等等。

由上可知，学者们对于慈爱就能勇敢的解释可谓五花八门。而在笔者看来，一个慈爱的人之所以能勇敢，是因为他真心关爱身边的人。因此，当身边的人遇到危险、遭受伤害或遭到不公正的待遇时，他会感同身受，从而想方设法、甚至不顾一切地去保护他们、帮助他们，而这种为了道义奋不顾身的行为，便是勇敢。

2．"慈""以战则胜，以守则固"的原因

"夫慈，以战则胜，以守则固"，意思为：慈爱，用来作战就一定能胜利，用来防守就一定能坚固。如高亨的《老子注译》说："慈爱，用之于战争，就能胜利；用之于守卫，就能巩固。"

关于上段文字，人们很自然地会发出这样的疑问：为什么慈爱用于作战就一定能胜利，用于防守

●《老子道德经河上公
章句》：

　　夫慈仁者，百姓亲附，
并心一意，故以战则胜敌，
以守卫则坚固。

●苏辙《老子解》：

　　以慈御物，物之爱之
如己父母，虽为之效死而
不辞，故可以战，可以守。

●吴澄《道德真经注》：

　　慈者，人人亲之如父
母，岂有子而敌其父母，
攻其父母者哉？故以慈而
战守，则人不忍敌攻，是
能胜能固也。

就一定能坚固呢？对此，有不少学者解释说，因为统治者以慈爱之心待人，所以能使百姓亲附，上下一心，故"以战则胜，以守则固"。如《老子道德经河上公章句》说：慈善仁爱的人，百姓一定会对他亲近归附，上下一心，所以用来作战就能战胜敌人，用来守卫就能坚固。苏辙的《老子解》也说：用慈爱对待别人，别人就会像爱自己的父母一样爱他，即使为他去死也不会辞让，所以可以用来作战，可以用来固守。

也有学者认为，一个慈爱的人，人人亲之如父母，又有谁会与之开战呢？故必然是"以战则胜，以守则固"。如吴澄的《道德真经注》说：慈爱的人，人人都像对待自己的父母一样亲近他，怎么会有作为儿子而与父母为敌，攻击自己的父母之事呢？所以用慈爱来作战或守卫，则别人不敢与他为敌，不敢攻击他，所以能取胜、能固守。董平的《老子研读》也说："'慈'是对一切人物的普遍博爱，'玄德'溥施，则人物皆化，故以'慈'而战，则天下不与之战，是不战而能胜；以'慈'而守，则人不攻之，是为能固。"

笔者认为，以上两种解释均有一定的道理，不过，相比之下，第一种解释显得更为合理一些。因为老子在此既然说"以战则胜，以守则固"，则其无疑是就战场上的"战""守"即开战和防守两种情况而言的。一个仁慈的统治者或将帅，爱民如子，爱兵如子，则在战场上必人人效死，在守卫时亦必万众一心，当然就能战则胜、守则固了。因此，这样的解释是很合理的。第二种解释则认为不会有人攻击慈爱的人，所以就能战则胜、守则固。这样虽然也能说通，但显得立论过高，脱离了"战"和"守"的具体语境，故值得商榷。

需要说明的是，对于"以战则胜"一句，一些本子有不同的表述，如傅奕本、范应元的《老子道德经古本集注》作"以陈则正"。对此，奚侗的《老子集解》明确反对此种表述，说："范应元本'战'作'陈'，'胜'作'正'，非是。"

"以战则胜"一句，今所见王弼本所据《老子》原文如此。然而，王弼的《老子道德经注》在对"慈，故能勇"等所作的注中说："夫慈，以陈则胜，以守则固，故能勇也。"据此，马叙伦的《老子校诂》认为，王弼本所据《老子》原文应作"以陈则胜"。

另外，王弼注"夫慈，以战则胜"说："相慜（mǐn）而不避于难，故胜也。"然而，注释中的"胜"字，《道藏》王本作"正"，故蒋锡昌的《老子校诂》、朱谦之的《老子校释》等进一步认为，王弼本所据《老子》原文应作"以陈则正"。

然而，该句文字帛书乙本作"以战则胜"（甲本残损），对此，高明的《帛书老子校注》认为，"以战则胜"与"以陈则正"的意思相同，只是用字不同："'战'与'陈''阵'，'胜'与'正'，古读音相同，义亦相近，可互为假用。"

笔者认为，该句文字，河上公本、景龙碑本、严遵《老子指归》等历史上有代表性的《老子》本子多作"以战则胜"，帛书乙本亦作"以战则胜"，则自当以作"以战则胜"为妥。

3. "天"是怎样保护慈爱之人的？

老子说"天将救之，以慈卫之"，其中的"天"，指天道，亦即自然的规律。如高亨的《老子注译》说："天，天道。老子所谓天道，即自然规律，有时指社会人事规律。""救"，意为救助、援助。因此，就文字本身来说，"天将救之，以慈卫之"，意即天将要救助谁，就会用慈爱来保护他。

那么，天怎样用慈爱来保护人呢？对此，一些学者认为，天将救助某人，必会赋予他慈爱之性，从而使其能设法保护自己或受到众人的保护，这便是天以慈爱来保护他的表现。如《老子道德经河上公章句》说：天将要救助某个善良之人时，一定会赋予他慈善仁爱的天性，使他能够自己救助。苏辙的《老子解》说：天将要救某个人时，就会开通他的思想智慧，使他对一切事物都有慈爱之心，对一切事物都有慈爱之心，那么所有的事物都会来保卫他。

有的学者则进一步指出，"天将救之，以慈卫之"系针对上文的"夫慈，以战则胜，以守则固"而言。慈爱的人之所以能战则胜、守则固，就是因为天护佑慈爱之人，所以能让慈爱之人得到众人的保护而"战胜守固"。如《唐玄宗御制道德真经疏》说：天道赐福善良的人，善良的人就会吉祥，无往而不利，所以用慈爱来作战，天将帮助他；用慈爱来守卫，天将护佑他。战则胜，守则固，开始时依靠慈爱的作用救助他，护卫他，最终则将获得上天之助。张默生的《老子章句新释》亦说："既是爱惜民命，民反乐为之助，民助即是天助，故说：'天将

●《老子道德经河上公章句》：

　　天将救助善人，必与慈仁之性，使能自营助也。

●苏辙《老子解》：

　　天之将救是人也，则开其心志，使之无所不慈；无所不慈，则物皆为之卫矣。

●《唐玄宗御制道德真经疏》：

　　天道福善，善人则吉无不利，故以慈战者，天将助之；以慈守者，天将护之。战胜守固，始赖用慈之功救之卫之，终获孔明之助尔。

救之，以慈卫之。'所谓'以慈卫之'，并不是天来以慈卫护你，因为你时时保守慈道，甚至用兵时，还是以慈为主，这'慈'，就卫护着你了。"

笔者认为，这样的解释是有道理的。天无人格无意志，其不可能真的以慈爱之心来保护慈善之人。但是，"天道无亲，常与善人"，天道没有偏爱，永远帮助善人，这是自然的规律。慈爱之人能得到众人的保护，战则胜，守则固，这恰是自然规律的体现，所以老子说"天将救之，以慈卫之"。

4."哀者胜矣"中"哀"的含义：慈悲，怜悯，还是悲哀？

《老子》第六十九章中"故抗兵相若，哀者胜矣"的"抗兵"，指举兵、出兵。如王弼的《老子道德经注》、《唐玄宗御注道德真经》、吴澄的《道德真经注》中均说："抗，举也。"李荣的《道德真经注》说："两边举众，名曰抗兵。""相若"意为同样、相当。如董平的《老子研读》说："'相若'则指双方的军事力量旗鼓相当，相差不多。"因此，所谓"抗兵相若"，即双方举兵，军力相当的意思。

然而，对于"哀者胜矣"中的"哀"字，学者们则有各种不同的理解，其中有代表性的，主要有以下三种。

一是认为这里的"哀"是"慈"，即慈爱的意思。如易顺鼎的《读老札记》说："哀即爱，古字通。……抗兵相加哀者胜，即上章慈以战则胜也。"蒋锡昌的《老子校诂》亦说："《说文》：'哀，闵也'；闵者，即六十七章所谓'慈'也。此言两方举兵相当，其结果必慈者胜；六十七章所谓'慈，以战，则胜'也。"

二是认为这里的"哀"是悲伤、悲哀或悲愤的意思。如林希逸的《道德真经口义》说：哀，指的是内心悲伤，不把用兵打仗看作喜事。任继愈的《老子绎读》说："'哀'，沉痛，悲愤。……悲愤的一方必胜。"

三是认为这里的"哀"是"慈"，即慈爱的意思，但又认为其有怜惜、怜悯的意思。如王弼的《老子道德经注》说：慈爱的人一定会有怜惜之心，不会趋利避害，所以一定能获胜。范应元的《老子道德经古本集注》说：能够不轻视敌人而又有怜悯人的性命的慈爱之心的人必将获得胜利。

笔者认为，"哀"的本义是怜悯，又有悲伤、悲哀之义。因怜悯、悲哀均是慈爱之心的表现，故可引申为慈爱、慈悲。如《老子道德经河上公章句》说："哀者慈仁"。吴澄的《道德真经注》说："哀者，慈心之见。"故所谓"哀者胜矣"，可释为慈悲的一方获胜。如林语堂的《老子的智慧》说："圣人不得已而用兵，但内心仍须怀着慈悲的心情而战。就因心存慈悲，才能得到最后的胜利。"

那么，为什么当交战的双方兵力相当时，慈悲的一方能获胜呢？对此，一些学者认为，因为慈悲的人爱护百姓，百姓也一定会起而保护慈悲的人。而且，天道有好生之德，所以心怀慈悲的一方必能获胜。如陆希声的《道德真经传》说：双方举兵作战，如果在胜负未定的情况下，那么能爱护百姓的一方必将获得全胜。为什么呢？因为爱护百姓的人，一定会哀怜百姓死亡，百姓知道君主哀怜自己的死

● 林希逸《道德真经口义》：
哀者，戚然不以用兵为喜也。

● 王弼《老子道德经注》：
哀者必相惜而不趣利避害，故必胜。

● 范应元《老子道德经古本集注》：
能不轻敌而有哀矜人命之慈者必胜也。

● 陆希声《道德真经传》：
举兵相加，若胜负未定者，能爱其民则必全其胜矣。何者？夫爱其民者，必哀其死，民知君之哀民之死，必反哀君之亡，故相率用命，以致其胜。始以爱民为本，终以哀死致胜，故曰哀者胜焉。

●范应元《老子道德经古本集注》:

故抗拒之兵虽多寡强弱相似，则能不轻敌而有哀矜人命之慈者必胜也。是何故邪？天道恶杀而好生尔。吁，兵以禁暴卫民，岂可以非迫于不得已而用之，辄轻举以荼毒生灵也哉。

亡，一定会反过来哀怜君主的死亡，所以会一起拼命，从而取得胜利。开始时以爱护百姓为本，最终却因为哀怜死亡而获胜，所以说"哀者胜"焉。范应元的《老子道德经古本集注》说：所以双方作战的部队虽然多少强弱相似，那么能够不轻视敌人而有哀怜人的生命的慈悲之心的人一定能获得胜利。这是什么原因呢？这是因为天道是厌恶杀戮而爱好生命的。啊，军队是用来禁止暴行、保卫百姓的，怎么能不在迫不得已的情况下用它，动不动就发动战争来残害生命呢？

笔者认为，慈悲者必珍惜他人的生命，故既不会主动挑起战争，也不会在战争中崇尚杀戮，更不会轻视敌人，白白牺牲自己将士的生命。这样的军队，必然既能使将士们上下同心，又可得到百姓的衷心拥护，故当其与骄横残忍、视生命如草芥的军队作战时，当然没有不胜的道理。值得注意的是，由老子"故抗兵相若，哀者胜矣"而有了成语"哀兵必胜"，意为受压抑而奋起反抗的军队，必然能打胜仗。

需要指出的是，"故抗兵相若"一句，河上公本、王弼本、景龙碑本、范应元的《老子道德经古本集注》等均作"故抗兵相加"。对于"故抗兵相加"的含义，学者们多释为举兵相加。如《唐玄宗御注道德真经》说："两国举兵以相加"。张默生的《老子章句新释》说："'相加'，是互相以兵力加于人的意思。"然而，一些学者认为，这里的"加"字，当是"如"字之误。如劳健的《老子古本考》说："据'加'字形误所由，当作'如'。今注家多循讹文解成相交之义，失其旨矣。"朱谦之的《老子校释》说："'如'字义长，'加'疑形似'如'字而讹。"

不过，傅奕本、成玄英的《老子道德经开题序诀义疏》、李荣的《道德真经注》均作"故抗兵相若"，帛书甲本作"故称兵相若"，乙本作"故抗兵相若"，故张松如的《老子说解》、高明的《帛书老子校注》、刘笑敢的《老子古今》等均认为，这里应作"故抗兵相若"。如刘笑敢的《老子古今》说："'抗兵相加'，傅奕本、帛书乙本皆作'抗兵相若'，甲本作'称兵相若'，此处当以帛书本'相若'为是，众说皆同。这是大家公认的帛书本可纠正通行本之误的例证。"

笔者认为，上述学者的观点有理，这里应作"故抗兵相若"。不过，作"故抗兵相若"，除了有帛书甲乙本等的依据，还有一个关键的理由，就是"故抗兵相加，哀者胜矣"的说法并不正确。因为当交战双方的实力相差悬殊时，弱小的一方再"哀"，也是很难取得胜利的。因此，只有当交战双方的实力接近时，说慈悲的一方必能获胜，才是合理的。故劳健的《老子古本考》说："举兵能相当，而后哀者胜，非云凡交兵皆哀者胜"。而且，值得注意的是，一些其所据《老子》原文作"故抗兵相加"的学者在解释"故抗兵相加，哀者胜矣"的意思时，亦专门强调了交战双方力量相似或胜负未定的前提。如陆希声的《道德真经传》说："由此言之，则举兵相加，若胜负未定者，能爱其民则必全其胜矣。"这亦进一步证明了这里不应作"故抗兵相加"。

5. 宝持慈爱与圣人不仁的关系

老子认为军队统帅重视慈爱，对于取得战争的胜利有着十分重要而关键的作用，这说明老子是从正面肯定慈爱的价值的。然而，这又不免令我们想起老子在第五章中的论述：天地不仁爱，把万物看成祭祀时用草扎成的狗；圣人不仁爱，把百姓看成祭祀时用草扎成的狗。"刍狗"作为一种用草扎成的祭品，在未祭祀前人们对它十分重视，祭祀完毕后则受到轻视而丢弃。老子把百姓比喻成刍狗，又说圣人不仁爱，这说明老子对仁爱持否定的态度。可是从含义上来说，慈爱意为仁慈而充满怜爱之情，仁爱意为能同情、爱护和帮助人，两者并无实质性的区别，那么老子为什么要肯定慈爱而否定仁爱呢？

其实，这里有一个关键性的问题，我们必须首先弄清楚，这就是老子虽然说"圣人不仁"，但是这并不代表老子否定仁爱，理由有二。一是老子说"圣人不仁"，是圣人对天地仿效的结果，因为"天地不仁"。而根据第二十五章中的说法，人应该效法天地，即所谓"人法地，地法天，天法道"。而既然天地是不仁爱的，那么圣人也应该不仁爱。然而，老子说天地不仁爱，并不代表老子否定仁爱，而是认为仁爱的价值恰恰体现在不仁爱之中，而这正是老子思想的深刻和博大之处。为什么这么说呢？举个例子来说，狼是食肉动物，当狼捕食其他弱小动物时，如果天地有仁爱之心，便会去救助这些弱小动物，但是这么一来，狼就会活活饿死，食物链就会被破坏，自然界就会出现很大的混乱，甚至还有

● 《老子》第五章：

天地不仁，以万物为刍狗；圣人不仁，以百姓为刍狗。

其实，严格来说，老子也没有否定仁爱，因为在第八章中，老子明确说："与善仁"，即施与善于仁爱，明确肯定了仁爱的价值。

●《老子》第四十九章：

圣人无常心，以百姓心为心。善者，吾善之；不善者，吾亦善之，德善。信者，吾信之；不信者，吾亦信之，德信。圣人在天下，歙（xī）歙焉，为天下浑其心。

可能导致生物种群的灭绝。因此，天地没有仁爱之心，它为万物的生长提供了良好的条件和环境，之后便任万物自然生长存亡，这恰恰维护了天地间的秩序与和谐，从而体现了最大的仁。

而圣人正是从天地不仁中汲取智慧，从而对天下百姓一视同仁，既不偏心，亦不偏爱，看上去仿佛是没有仁爱，实际上却体现了最大的仁爱。如老子在第四十九章中说：圣人没有成见，而以百姓的心为自己的心。善良的人，我善待他；不善良的人，我也善待他，从而使人人都得到了善。诚实的人，我信任他；不诚实的人，我也信任他，从而使人人得到诚信。圣人在天下，心无偏执，使天下人的心都归于混沌。

二是老子说"圣人不仁"，又有明显的针对儒家仁爱观的味道。因为大家知道，提倡仁爱，这是儒家思想的核心观点，而在老子看来，只有像"道"那样自然无为，才是最高的境界，儒家人为地去提倡仁爱，在境界上未免就差了些。故老子在第十八章中明确说："大道废，有仁义"，即大道被废弃了，仁义才会彰显。在第三十八章中又说："故失道而后德，失德而后仁"，意即失去了道，然后就有了德；失去了德，然后就有了仁。因此，老子与孔子思想的根本区别并不在于是否认同仁义的价值，因为孔子宣扬仁义，老子也不否定仁义的作用，而在于对于仁义之价值的定位上。仁义在孔子那里是核心观念，在老子那里则并非核心观念。其中的原因，大略而言，在于孔子是现实主义者（虽然孔子的思想亦常常被人们认为过于理想），面对当时天下大乱、礼崩乐坏的状况，他认为只有依靠弘扬仁义的价值，才能使天下恢复秩序。而老子则可谓理想主义者，他把无为而治视为最理想的社会状态，而依靠仁义治国，无疑属于典型的人为。因此，老子认为这不是最好的治理方式，所以他在第十七章中说："太上，下知有之；其次，亲而誉之"，意即最好的君主，百姓只知道他的存在；次一等的君主，百姓亲近并且赞美他。这里的"太上"，其实指的就是无为而治；而"其次"，则是指以仁义治国。

所以，我们必须清楚，老子并不否定仁爱的价值，他在不少地方都是明确肯定仁爱的价值的。老子否定的是把仁爱的价值看得比"道"更重要，以及各种对仁爱的人为提倡。

七、谦下待人

●《老子》第六十七章：
慈，故能勇；……夫
慈，以战则胜，以守则固。

●《老子》第六十八章：
善用人者，为之下。
是谓不争之德，是谓用人
之力，是谓配天，古之
极也。

战争需要人们以性命相搏。尤其是在冷兵器时代，它需要将士们冒着敌人的剑锋刀刃，强弓利箭，不顾生死地向前冲锋。一支军队，如果人人胆小怯懦，贪生怕死，是不可能取得战争的胜利的。因此，如何充分调动和激励将士们的士气，让他们奋不顾身地执行自己的命令，便是军中主帅必须解决的重要任务。关于这个问题，老子亦有十分周详的考虑。老子的观点主要有二：一是军中将帅必须慈爱，如在《老子》第六十七章中，老子说，只有慈爱，才能勇敢，用来作战就能取胜，用来防守就能坚固。对此，我们在前面的"宝持慈爱，哀兵必胜"一节中有详细的介绍，兹不赘述。第二个观点就是军中主帅必须谦下待人，如《老子》第六十八章中说：善于用人的人，对人谦下。这是不与人相争的品德，是善于运用别人的能力或力量，这是与天相合，是自古就有的中正的准则。

老子说"善用人者"，即善于使用人的人，而所谓使用人，即用人的才智或能力。"为之下"，意为处在别人的下面。一个人自愿处在别人的下面，亦即对人表示谦下、谦虚。如《老子道德经河上公章句》说："常为人执谦下也。"陈鼓应的《老子今注今译》说："善于用人的，对人谦下。"

那么为什么善于用人的人要对人表示谦下呢？

●《唐玄宗御制道德真经疏》：

　　夫善用其人，以言谦下，人必尽力，可以成功。

●范应元《老子道德经古本集注》：

　　谦下者，人心悦服而愿为之用也。

对此，一些学者认为，只有对人表示谦下，别人才能心悦诚服地为你所用。如《唐玄宗御制道德真经疏》说：善于使用别人，用语言对他表示谦下，别人便一定会尽力而为，这样便能取得成功。范应元的《老子道德经古本集注》说：对人谦下，别人就会心悦诚服而甘愿为你所用。

"善用人者，为之下"，主要是指地位高的人用地位低的人时，要持谦下的态度。如蒋锡昌的《老子校诂》说："人主谦下，则物归之也。"因为一个人如果在所用之人面前颐指气使，傲慢骄横，即使你有再高的权势，人家也不会心甘情愿为你所用，故王弼的《老子道德经注》说："用人而不为之下，则力不为用也。"

需要指出的是，老子说"善用人者，为之下"，并未专门强调这是就军事上的用人而言，故一些学者在解释该句文字时，通常都是泛泛而言，把它作为一种用人的通则。不过，笔者认为，从"善用人者，为之下"前面的文字来看，"善为士者，不武；善战者，不怒；善胜敌者，不与"，都是专门就军事而言的，则"善用人者，为之下"，亦当以从军事的角度去理解为妥。而且，亦有一些学者明确指出，这里的"善用人"，指的就是在军事上善于用人。如高亨的《老子注译》说："战争与守卫均依靠人民的力量，统治者使用人民要谦卑，'为之下'。"张松如的《老子说解》说："此章以兵事喻不争之德。它揭示了战略战术的原则，要不逞武，不激怒，避免正面冲突，善于利用别人力量，以不争达到争的目的。"

在中国历史上，军中统帅因为对手下之人谦下，从而使手下之人充分发挥自己的聪明才智，取得了战争的胜利，有的甚至因此夺得了天下，有两个较为著名的例子，一个便是刘邦封韩信为大将的例子。

据《资治通鉴卷第九·汉纪一》载，公元前206年，秦朝灭亡后，刘邦被封为汉中王。当时有很多军中将士因为思念故乡，偷偷离开刘邦逃亡。在刘邦军中任治粟都尉的韩信，虽然受到宰相萧何的赏识，但刘邦对他并不重视，于是也弃职而去。萧何听到韩信逃走的消息，来不及向刘邦报告，便翻身上马，亲自追赶。有人向刘邦报告：丞相也逃走了。刘邦听后，如五雷轰顶，张皇失措，好像失去了左右手。过了两天，萧何前来晋见，刘邦又怒又喜，问他：你为什么逃走？萧何说：我不敢逃走，我是去追赶逃走的人。刘邦说：你追的是谁？萧何说：韩信。刘邦骂道：将领们逃走的有十几个，你都不去追，却去追韩信，分明是在骗我！萧何说：那些将领我们很容易物色到，可是像韩信这样的天下奇才，无人可以相比。大王如果打算一辈子当汉中王，可以不要韩信；如果要夺取天下，除了韩信，就再也没有第二个人能帮助你出谋划策，现在只看大王怎么决定。刘邦说：我也想回到东方，怎么能长久闷在这里。萧何说：如果确实想要东进，且能重用韩信，韩信自然会留下来。否则，我们留不住韩信。即使令他暂时留住，他也终会逃走。刘邦说：看你的面子，我请他当将军。萧何说：仅只当一名将军，韩信不可能留下来。刘邦说：好吧，我请他当大将。萧何说：那太好了！

登壇拜將

▲清末民国时期画家马骀绘制的《登坛拜将图》，描绘了刘邦拜韩信为大将的情形。

于是刘邦准备把韩信召来，任命他为大将。萧何说：大王待人，素来傲慢无礼，现在任命一位大将，竟像叫一个小孩子来那么轻率，韩信所以逃走，就是为此。大王如果决定封他为大将，那么就得选择一个良辰吉日，沐浴斋戒，设立高台，礼仪俱备，才可以。刘邦应诺。消息传出，将领们大为欢喜，每个人都以为自己将当大将军。

正式拜将的时候，大家才发现被任命的竟然是韩信，于是全军震惊。典礼已毕，大家坐下，刘邦对韩信说：丞相多次谈到将军，将军有什么良策可以教导我？韩信自谦，并问刘邦：如今向东去争夺天下，您的对手难道不就是项羽吗？刘邦说：是的。韩信道：大王您自己估量一下，在勇敢、骠悍、仁爱、刚强等方面，与项羽相比谁更强呢？刘邦沉默了许久，说：我不如他。韩信拜了两拜，称赞道：我韩信也认为大王您在这些方面比不上他。不过我曾经侍奉过项羽，就请让我来谈谈他的为人吧！项羽厉声怒斥呼喝时，成千上万的人都为之屈服，但是他却不能任用有德才的将领。这只不过是匹夫之勇罢了。项羽待人，恭敬慈爱，言语温和，有人生了病，他会流下泪来，把自己的饮食分给病人；但当所任用的人立了功，应该封爵位时，他却把刻好的印章握在手里，把玩得磨去了棱角，还舍不得给人家。这便是人们所说的妇人之仁啊！项羽虽然称霸天下而使诸侯臣服，却不占据关中而建都彭城。背弃义帝怀王的约定，把自己亲信偏爱的人分封为王，诸侯们因此愤愤不平。他还驱逐原来的诸侯国国王，而让诸侯国的将相当国王，又把义帝迁移到江南，他的军队所经过的地方没有不残破毁灭的。老百姓都不愿亲近依附他，只不过是迫于他的威势勉强归顺罢了。因此，他虽然名义上是霸主，实际上却已经失去了天下人的心，所以他的强盛很容易被削弱。现在大王您如果真的能反其道而行，任用天下英武勇敢的人才，还有什么对手不能消灭？把天下的城邑封给有功之臣，那还有什么人不心悦诚服？用为正义而战的军队去顺从惦念东归故乡的将士，那还有什么敌人打不垮呀！况且分封在秦地的三个王都是过去秦朝的将领，他们率领秦朝的子弟作战已经有好几年了，伤亡的人多得数不清；而他们又欺骗自己的部下，投降了诸侯军，结果抵达新安时，遭项羽欺骗而被活埋的秦军降兵有二十多万人，只有章邯、司马欣、董翳得以活命。秦地的父老兄弟们把这三个人恨得痛彻骨髓。现今项羽倚仗自己的威势，强行把此三人封为王，秦地的百姓没有拥护他们的。大王您进入武关时，秋毫无犯，废除了秦朝的苛法，与秦地的百姓约法三章，秦地的百姓没有不希望您在关中做王的。而且按照原来与诸侯的约定，大王您理当在关中称王，这一点关中的百姓都知道；您失掉了应得的王位而进入汉中，对此，秦地的百姓没有不痛惜的。如今大王您起兵向东，三秦之地可传檄而定。

听了韩信的分析，刘邦大喜过望，自认为得韩信得到得太迟了，于是听从韩信的计策，布置众将领所要攻击的目标，留下萧何收取巴、蜀两郡的租税，为军队供给粮食。

之后，韩信率领军队平定三秦、攻魏伐赵、取赵降燕，为汉朝的建立立下了汗马功劳。汉朝建立后，公元前202年，高帝刘邦在洛阳南宫举行酒宴，高帝说道：各位列侯、将军，不要对朕隐瞒，都来说说实情：我能取得天下的原因是什么？项羽失掉天下的原因又是什么？听了大家的不同回答后，刘邦说：你们是只知其一，不知其二啊。谈到运筹帷幄之中，决胜千里之外，我不如张良；镇守国家，安抚百姓，供给粮饷，保持运粮道路畅通无阻，我不如萧何；统率百万大军，战必胜，攻必克，我不如韩信。这三位都是人中豪杰，而我能够任用他们，这就是我能取得天下的原因。群臣听后，都心悦诚服。

因此，刘邦从善如流，在与韩信深入交谈，了解韩信的真实才能后，便倾心相交，谦下以待，其所遵循的，正是老子"善用人者，为之下"的原则。

刘邦因重用韩信而夺得天下，此事对后世产生了很大的影响。如据《资治通鉴卷第九十七·晋纪十九》载，十六国时期，公元346年，前凉文王张骏去世，其子张重华继位。后赵皇帝石虎派兵攻打前凉，企图一统北方。前凉司马张耽认为谢艾有军事才能，向张重华推荐，便专门借用了刘邦重用韩信之事。张耽对张重华说：国家存亡，全看军队；军队胜败，关键在于将领。而今参与决策的人，推荐将领，都是论资排辈。当初，韩信被重用，他并没有年资善绩。英明的君王任用推荐出来的人选，并没有固定的模式，只要有才干，就交付给他大事。现在，强大的贼寇已侵入国境，各将领在前方，却不能向前推进，人心恐惧不安。主簿谢艾，文武全

● 《资治通鉴卷第九十七·晋纪十九》：

夫韩信之举，非旧德也。盖明主之举，举无常人，才之所堪，则授以大事。

才，可以命他统领大军，抵抗后赵。张重华召见谢艾，询问他的方略，谢艾请求交给他七千人，当击破赵军以报答。张重华遂任命谢艾为中坚将军，配备步骑兵五千人，命他攻打麻秋。谢艾率军从振武（今内蒙古和林格尔县西北）出发，大破后赵军队，杀五千人。张重华封谢艾为"福禄伯爵"。

还有一个著名的例子，是前秦时王猛对邓羌的容忍和任用。据《资治通鉴卷第一百二·晋纪二十四》载，公元370年，前秦王苻坚命王猛率大军讨伐前燕。十月二十一日，王猛派将军徐成去侦察前燕军队的阵地布阵，要求他日到中天时返回。而徐成到了黄昏时分才回来，王猛大怒，要把他杀掉。邓羌向王猛请求说：如今敌众我寡，明天一早将要开战。徐成是大将，请姑且宽恕他。王猛说：如果不杀掉徐成，军法就无法确立。邓羌坚持请求说：徐成是我邓羌的郡守，虽然说延误了期限应该斩首，但邓羌愿意和徐成一起效力决战以赎罪。王猛仍不同意。邓羌大怒，回到军营，急促地敲响战鼓，率领士兵，将要攻打王猛。王猛问他这样做的缘故，邓羌说：我们接受诏令讨伐远方的敌寇，现在敌兵迫近你却要自相残杀，我想先把他除掉！王猛认为邓羌仗义而又勇敢，派人去告诉他说：将军别这样干了，我现在就赦免徐成。徐成获免以后，邓羌到王猛那里谢罪。王猛握着他的手说：我这是试探将军罢了，将军对郡守尚且如此，何况是对国家呢，我不再担心敌人了！

十月二十三日，关系两国生死的大战即将打响，王猛在渭源布阵并向将士们宣布说：我王猛身受国

●《资治通鉴卷第一百二·晋纪二十四》：

猛谓羌义而有勇，使语之曰："将军止，吾今赦之。"成既免，羌诣猛谢。猛执其手曰："吾试将军耳，将军于郡将尚尔，况国家乎，吾不复忧贼矣！"

家的厚恩，肩负朝廷内外的重任，如今与诸君深入敌境，应当竭尽全力，殊死战斗，有进无退，共立大功，以报效国家，然后接受贤明君主的封爵，在父母面前举杯庆祝，不也是美事吗！将士们全都踊跃欢呼，打破饭锅，抛弃粮秣，高声喊叫着竞相前进。

王猛望见前燕的兵力众多，就对邓羌说：今天的战事，非将军不能攻破强大的敌人，成败在此一举，请将军尽力！邓羌说：如果能让我担任司隶校尉的话，您就不必担心了。王猛说：这不是我所能做到的，但我一定可以让你当安定太守、万户侯。邓羌不高兴地退走了。不一会儿，双方军队交战，王猛召唤邓羌，邓羌没有答应。王猛骑马跑到邓羌那里，答应任命他为司隶校尉的要求，邓羌于是就在军帐中畅怀大饮，然后与徐成等跨上战马，挥舞长矛，奔赴前燕军阵。出入多次，旁若无人，杀伤数百人。到中午时分，前燕军队大败，被俘获斩首的有五万多人，前秦军队乘胜追击，前燕被杀死和投降的又有十万多人。

徐成违背军令，王猛要把他处死，这样做无可非议，可是邓羌却因此要率领部下去攻打王猛；王猛命令邓羌出战，邓羌应毫不犹豫地执行命令，可是邓羌却与王猛讨价还价，非要王猛答应任命自己为司隶校尉他才出战。对于这样的部下，估计很少有上级领导能够容忍，然而王猛不仅容忍了，还一一答应了邓羌的要求。王猛这样做，从表面上看，是损害了自己的脸面与权威，但是，却取得了击败前燕大军的巨大胜利。因此，为了战争大局而谦下待人，从而充分发挥对方的能力与积极性，王猛做得是十分到位的。故对于王猛与邓羌之事，北魏的崔鸿有这样的评论：邓羌为郡守求情而扰乱军法，这是徇私情；想要率兵攻打王猛，这是目无上级长官；临战前要求委任司隶校尉，这是要挟君主。还有比这些更大的罪过吗！王猛能容忍他的短处，利用他的长处，就像驯服猛虎、驾驭烈马一样，终成大功。《诗经·谷风》中说：有谁采集蔓菁和芥菜，会放弃它的块根不收？说的就是王猛啊！

【深度透讲】

本节论述老子关于军事将领应该谦下待人的素质，主要依据的是《老子》第六十八章中的"善用人者，为之下。是谓不争之德，是谓用人之力，是谓配天，古之极也"。关于该段文字，需要我们深入分析的，主要有以下两个方面。

1. "是谓用人之力"中"之力"二字是否应该删除

"是谓用人之力"，意即这叫作能运用别人的能力或力量。学者们较为一致地认为，"是谓用人之力"，系就前面的"善用人者，为之下"而言。如李荣的《道德真经注》说：这是就"善用人为下"而言，能这么待人的人，他人也愿意为他尽力。蒋锡昌的《老子校诂》说："能'为之下'者，是谓用人之力。"

也就是说，一个人能对别人谦下，就是善于运用别人的能力或力量。这样的观点是很有道理的，因为一个傲慢自大的人，是很少有人会心甘情愿地为他出力的。故张默生的《老子章句新释》说："因为用人不肯处下，人也不肯为你所用。"

●李荣《道德真经注》：
此结善用人为下，人为之尽力也。

值得注意的是，"是谓用人之力"一句，帛书甲乙本均作"是谓用人"，无"之力"二字。因此，一些学者认为，这里的"之力"二字系衍文，应该删去。如高明的《帛书老子校注》说："今本中间多出'之力'二字，格局全非。再从前后经文分析，前文曾言'善胜敌者不与，善用人者为之下'，故此言'是谓不争之德，是谓用人'。前后均无'之力'二字，文例相合。从而可见帛书甲、乙本无'之力'二字为是，今本有此二字者乃为后人所增，或为古注文羼（chàn）入。"刘笑敢的《老子古今》亦说："此处帛书本作'用人'是一般的用人、待人之道，但传世本作'用人之力'则意义狭窄，变成了仅借用别人之力，又会产生用计谋利用别人的歧义。"

然而，董平的《老子研读》认为，作"是谓用人之力"，亦能说得过去："作'是谓用人之力'，窃以为也未必不可，更未必就'格局全非'。'力'是'功'的意思。……本句的意思即'是谓用人之功'，即是指善于处人之下才能够收到用人的功效，似乎依然是讲得过去的。"

笔者认为，该句文字应以作"是谓用人之力"为妥，理由如下。

一是河上公本、王弼本、傅奕本、景龙碑本等历史上有代表性的《老子》本子均作"用人之力"，作"用人"的仅为帛书甲乙本，不宜仅据帛书甲乙本就贸然作出修改。

二是所谓"用人之力"，即使用人的能力或力量，因为"力"既有力量的意思，亦有能力的意思。而所谓"用人"，亦即选择与使用人员，而选择与使用人员的实质，即用人的能力或力量。因此，说"用人之力"，并不存在刘笑敢所说的"'用人之力'则意义狭窄，变成了仅借用别人之力，又会产生用计谋利用别人的歧义"的问题。

三是作"是谓用人之力"，与上一句"是谓不争之德"，在文字形式上很协调。高明说："前文曾言'善胜敌者不与，善用人者为之下'，故此言'是谓不争之德，是谓用人'。前后均无'之力'二字，文例相合。"若按此类推，则前文所言"不武""不怒""不与"亦只是讲"不争"，"之德"二字是否亦应删去？因此，这样的论证方式，无疑属于强为之说，并不可取。

2."配天"的含义及"不争""为之下"为何能"配天"

对于"是谓配天"中"配"的含义，学者们多释为合、配合，因此，所谓"配天"，即与天相合或合于天的意思。也有学者把这里的"天"释为"自然"，故"配天"即合于自然的意思。如成玄英的《老子道德经开题序诀义疏》说："配，合也。天，自然。……能合至理之自然"。高亨的《老子注译》说："这叫做配合自然之道"。不过，当代学者大多释这里的"天"为"天道"，故"配天"即配合天道或与天道配合的意思。笔者认为，因"天道"意为自然的规律。因此，把这里的"天"释为自然或天道，意思都差不多。

那么，老子为什么说"不争之德"、用人时"为之下"与天道相配合呢？对此，一些学者认为，老子明确说"天之道，不争而善胜"；甘愿处于人下，

●吴澄《道德真经注》：

不武、不怒、不与为敌而自胜者，以不争为德，如天之不争而胜也；为之下者，不恃智能而用人之力，成己之事，如天之无为而成，故曰"配天"。

亦符合柔弱无为之义，故"不争""为之下"可与天道相配。如吴澄的《道德真经注》说：不逞勇武、不发怒、不和敌人对阵交锋而自然取胜的人，以不与人相争为德行，就像天不争而胜一样；对人谦下的人，不依仗自己的智慧能力而善于运用别人的力量来成就自己的事业，这就像天无为而自然成功一样，所以说"配天"。卢育三的《老子释义》说："配天，与天道相配合。'天之道不争而善胜'（第七十三章），'不武''不怒''不与'，都是不争；不争，则莫能与之争，所以称为'善胜'。这就是与天道相配合。'天之道损有余而补不足'（第七十七章），'为之下'，对人表示谦下，自以为不足（损己之有余），则可'用人之力'，以补己之不足。这也是与天道相配合。"

笔者认为，以上论述是颇有启发意义的。一个军事将领，能做到不逞勇武，能面对敌人而不发怒，能不战而屈人之兵，体现的正是其不争的品德，而老子曾说"天之道，不争而善胜"。因此，此种品德是与天道相合的；一个人在用人时能始终"为之下"即保持谦下，而"天道亏盈而益谦"（《周易·谦·象传》），老子第六十六章亦说：江和海之所以能成为众多小河流之王，是因为它们善于处在众多小河流的下面，所以能成为众多小河流之王。因此，谦下也是与天道相合的，故老子说"是谓不争之德，是谓用人之力，是谓配天"。当然，不争和谦下也是密切关联的，因为一个不争之人，必然谦下；而一个谦下之人，也必然不会与人相争。

●《老子》第六十六章：

江海所以能为百谷王者，以其善下之，故能为百谷王。

八、不得轻敌：轻敌几丧吾宝

对于一个领兵打仗的将帅来说，如何正确地对待敌人，是一个十分重要的问题，因为它直接关系到战争的胜败。首先当然不能恐惧、害怕，因为一旦你害怕敌人，便会丧失与敌作战的勇气，成为一个胆小鬼，而一个胆小鬼是很难取得战争的胜利的。俗话说，"两军相遇勇者胜"，便很好地说明了这个道理。既然不能害怕敌人，那么把敌人不当一回事，视之为蝼蚁、草芥，不堪一击，行不行呢？当然也不行，因为敌人毕竟也是武装到牙齿的，将其视为蝼蚁、草芥，只不过是自欺欺人罢了，轻视敌人，把实力强大的敌人看作不堪一击的对手，最后只会在残酷的现实面前头破血流，不是成为敌人的阶下囚，就是成为敌人的刀下鬼。故在《老子》第六十九章中，老子明确指出：绝对不能轻视敌人，祸患没有比轻视敌人更大的了，轻视敌人几乎丧失了我的宝贝。

老子说"祸莫大于轻敌"，说明轻视敌人是最大的祸患，那么老子为什么会把轻视敌人看作最大的祸患呢？对此，一些学者解释说，轻视敌人，不把敌人当回事，就必然会毫无顾忌地去攻击敌人，这便与爱好杀人无异。如苏辙的《老子解》说：轻视敌人就会轻忽战事，轻忽战事就会轻视杀人。《宋徽宗御解道德真经》说：轻视敌人就会喜欢战争，喜欢战争就是爱好杀人。而一个好战、乐杀人的人，

● 《老子》第六十九章：
　　祸莫大于轻敌，轻敌几丧吾宝。

● 苏辙《老子解》：
　　轻敌则轻战，轻战则轻杀人。

● 《宋徽宗御解道德真经》：
　　轻敌则好战，好战是乐杀人也。

● 李荣《道德真经注》：

轻侮前敌，国破人亡，祸之大也。

●《唐玄宗御制道德真经疏》：

夫为祸之大，莫大于轻侮前敌，……以战则败亡，以守则离散，代间之祸，虽非一途，离散败亡，祸之大者也。

必会面临大祸，故老子说祸患没有比轻视敌人更大的。关于不能轻敌，《孙子兵法·计篇》中有这样的论述："兵者，国之大事，死生之地，存亡之道"，即战争是国家的大事，它关系到人的生死，国家的存亡。因此，对于如此重大的事情，如果你不慎重地对待，而视之为儿戏，则必然会面临兵败国亡之大祸，故李荣的《道德真经注》说：轻慢、欺侮你面前的敌人，必会导致国破人亡，这就是大祸。《唐玄宗御制道德真经疏》说：祸患没有比轻慢、欺侮你面前的敌人更大的，这样去进攻就会失败灭亡，去守卫就会兵心涣散，世间的祸患虽然并不相同，但是兵心涣散，失败灭亡，则是最大的祸患。

"轻敌几丧吾宝"中的"几"，是将近、几乎的意思；"宝"，指宝贝，具体而言，当指慈爱，也有学者认为指"慈""俭"和"不敢为天下先"三宝，因为老子在《老子》第六十七章中说："我有三宝，持而宝之。一曰慈，二曰俭，三曰不敢为天下先。"这么说也有其道理，对此，我们将在下文作深入的分析。

其实，在战争中不要轻视敌人，正如我们在日常生活中不要轻视自己的竞争对手，这个道理是比较好理解的，关键是如何把握好其中的度。因为有的人一听不能轻视对手，便会过分重视对手，甚至害怕对手，这便又走向了另一个极端。因此，笔者认为，关于如何正确地对待敌人，毛泽东在《关于目前党的政策中的几个重要问题》的论述很有启发意义："当着我们正确地指出在全体上，在战略上，应当轻视敌人的时候，却决不可在每一个局部上，在每一个具体问题上，也轻视敌人。"① 这一思想后来被概括为"在战略上藐视敌人，在战术上重视敌人"。这里的"战略"，指的是指导战争全局的计划和策略；"战术"，指的是进行战斗的原则和方法。因此，这两句话便是说，从宏观上，从总体上，我们要轻视敌人，从而确立战胜敌人的信心；而从微观上，从具体的行动上，我们则要重视敌人，从而制定战胜敌人的切实可行的计划和措施。

就此而言，我们也可以说，老子告诫我们"祸莫大于轻敌"，是就"战术上"而言的，是指在具体与敌人对阵作战时，千万不可骄傲轻敌。中国历史上战争无数，其中有很多战争的失败，均与将帅骄傲轻敌有直接的关系。在此仅举其中有代表性的两例。

一例发生在秦末楚汉相争之时。据《资治通鉴卷第十·汉纪二》载，公元前203年，韩信平定齐国首都临淄以后，即向东追赶齐王田广。项羽派龙且领兵，号称二十万大军，前来援救齐国，在高密（今山东省高密县）与齐王的军队会师。

有人劝龙且说：汉军远离本土，拼死战斗，它的锋芒很难抵挡。而齐、楚两军在自己的领土上作战，士兵容易逃散。因此不如修筑深沟高垒固守，让齐王派遣他的亲信大臣去招抚已经丢失的城邑；那些城邑听说自己的君王还健在，楚军又前来救援，必定都会反叛汉军。汉军客居在远离本土两千里的齐地，如果齐国的城邑全都起来反叛，汉军势必无

---

① 《毛泽东选集》第4卷，人民出版社1991年版，第1267页。

●《资治通鉴卷第十·汉
纪二》：

龙且曰："吾平生知韩
信为人，易与耳！寄食于
漂母，无资身之策；受辱
于袴下，无兼人之勇；不
足畏也。且夫救齐，不战
而降之，吾何功！今战而
胜之，齐之半可得也。"

处获得粮草，这样就可以不战而使他们投降了。龙
且说：我一向了解韩信的为人，容易对付得很！他
曾依靠漂洗丝绵的老太太分给他饭吃，毫无自己养
活自己的办法；还曾蒙受胯下之耻辱，毫无胜过他
人的勇气，这样的人实在不值得害怕。况且现在我
前来援救齐国，不打一仗便让汉军主动投降，我还
有什么功劳！如今通过与他作战而战胜了他，半个
齐国就可以归我了。

于是，齐、楚两国军队与汉军隔潍水摆开阵势。
韩信命人连夜做了一万多个袋子，在里面装满沙土，
用来堵塞潍水的上游；然后率领一半部队渡河去袭
击龙且，随即假装战败，往回逃跑。龙且高兴地说：
我本来就知道韩信胆怯！于是渡潍水追击韩信。韩
信即派人搬开堵塞在潍水上游的沙袋，大水立刻奔
泻而下，龙且的军队因此大半没能渡过河去。韩信
迅速反击，杀了龙且，留在潍水东岸的楚军四散奔
逃，齐王田广也逃走了。韩信于是追逐败兵到了城
阳，俘获了齐王田广。

龙且是项羽手下的悍将，他当时手下兵多将广，
就实力而言，可彻底碾压韩信。但是，因为他局限
于对韩信发迹前的了解，认为韩信无勇无谋，不堪
一击，再加上内心对通过战胜敌人而耀武扬威、获
取更多利益的贪欲，把本来可以稳操胜券的战争打
成了败仗，自己也身死疆场，为后人所笑，这都是
他骄傲轻敌导致的。

无独有偶，七百多年后，历史又上演了十分类
似的一幕。南北朝时期，东魏相国高欢与西魏丞相
宇文泰率军会战，当时高欢实力强大，但是因为轻

视宇文泰，把本可唾手而得的胜利"拱手相让"。据《资治通鉴卷第一百五十七·梁纪十三》载，公元537年，高欢率领的东魏军与宇文泰率领的西魏军在渭曲（即渭水弯曲处）附近相遇，宇文泰召集各位将领商量对策。开府仪同三司李弼说道：眼下敌众我寡，我们不能在平坦的地方布置战阵，此处以东十里有一个叫渭曲的地方，可以先占据那里等待高欢的人马。宇文泰听从了李弼的意见，在渭曲背靠河水，东西两面列阵，由李弼指挥右翼的方阵，赵贵指挥左翼的方阵，同时命令将士们手持长兵器埋伏在芦苇丛中，约定听到鼓声响起之后再冲出来。

到了午后三时至五时之间，东魏的兵马来到了渭曲，都督斛律羌举对高欢说道：宇文泰把全国的部队都差不多带了出来，要和我们决一死战，就好像一条疯狗一样，有时候也能咬人一口；况且渭曲这个地方芦苇丛生，土地泥泞，无法用力，我们还不如暂缓脚步，在此与他们相持，再秘密地分出精锐部队径直突袭长安，一旦他们的巢穴倾覆，则宇文泰可以不战而擒。高欢问道：放火焚烧芦苇丛，怎么样？侯景说：我们应当活捉宇文泰，把他带到老百姓面前展示，如果他被烧死在人群中，谁会相信他真的死了！彭乐更是情绪高昂地请求出战，说：我们人多，敌军人少，一百人抓一个人，还担心什么打败不了他们！高欢接受了他们的意见。东魏的士兵看到西魏的士兵人数少，便争先恐后地冲上前去攻击对方，原来的队列已经不复存在。等双方的人马刚要交战的时候，西魏的丞相宇文泰敲响了战鼓，战士们都奋勇而起，北雍州刺史于谨等人的六支部队与敌兵展开作战，李弼率领铁骑横向打击敌军。东魏部队被从中间切开，分为两部分，于是一败涂地。

这一仗，高欢丧失了八万名士兵，丢弃了十八万副盔甲与兵器。宇文泰追赶高欢，一直到了黄河边上，他在被打散的东魏的军人中挑选了两万多名士兵，其余的都释放回去。

这便是历史上著名的渭曲之战，在此战中，高欢的东魏军拥有绝对优势的兵力。因此，他或者听从斛律羌举的建议，兵分两路，一路与西魏军相拒，一路直奔长安；或者直接火烧芦苇，获胜的概率都是很大的。可是，就是因为侯景、彭乐等部将的骄傲轻敌，高欢受他们的影响，从而陷入西魏军的埋伏圈，胜利瞬间转为失败。因此，战争有自己的规律，排兵布阵符合规律，便能取胜，否则，如果你违背战争的规律，指挥失当，轻敌冒进，即使你拥有再强大的实力，也会最终失败。

【深度透讲】

本节论述老子反对轻敌的思想，主要依据的是《老子》第六十九章中的"祸莫大于轻敌，轻敌几丧吾宝"。关于这两句文字，需要我们作出深入的分析的，主要有以下两个方面。

1."轻敌几丧吾宝"中的"宝"的含义

对于"轻敌几丧吾宝"中的"宝"字，学者们有不同的理解，其中值得我们注意的，主要有以下两种。

一是认为这里的"宝"，指的是《老子》第六十七章中的"三宝"，即"慈""俭"和"不敢为

● 《老子》第六十七章：
我有三宝，持而宝之。一曰慈，二曰俭，三曰不敢为天下先。

天下先"。如王弼《老子道德经注》说："宝，三宝也。故曰'几亡吾宝'。"董平《老子研读》亦说："'吾宝'即六十七章的'慈''俭''不敢为天下先'之'三宝'。"

二是认为这里的"宝"，指的是"慈"，即慈爱。如吴澄的《道德真经注》说：轻敌就会轻率出战，以至于杀人而丧失我的慈爱之宝。奚侗的《老子集解》说："宝，即六十七章之'慈'。"

此外还有别的理解。如《老子道德经河上公章句》认为这里的"宝"指身体："宝，身也。"林希逸的《道德真经口义》认为指"不争而胜"："不争而胜，宝也"。许抗生的《帛书老子注译与研究》认为指"不敢为天下先"："这里的宝指三宝（一慈，二俭，三不敢为天下先）中的第三宝。"等等。

笔者认为，因为老子没有明确说这里的"吾宝"指的是什么，故我们当然可以作各种各样的猜测。但从《老子》一书来看，第六十七章中明确说："我有三宝，持而宝之。一曰慈，二曰俭，三曰不敢为天下先。"则这里的"宝"，可以理解为"三宝"。而从"轻敌几丧吾宝"一句来看，如前面所说，"轻敌"则好战，好战则乐杀人，亦即失去了慈爱之心，故这里的"宝"，可理解为"慈"。不过，相比之下，把这里的"宝"理解为"慈"，似更恰当些，因为"三宝"中的"俭"与"不敢为天下先"（尤其是其中的"俭"），与"轻敌"的关系并不如"慈"那么紧密。

2."轻敌"是否应作"无敌"

值得我们注意的是，"祸莫大于轻敌，轻敌几丧吾宝"中的两个"轻敌"，傅奕本、帛书甲乙本均作

● 吴澄《道德真经注》：
　　轻敌则轻战，以至杀人而丧吾慈宝矣。

"无敌"。因此，一些学者认为，这里应作"无敌"，如高明的《帛书老子校注》说："陶邵学云：'王弼注曰："非欲以取强无敌于天下也。"则王本亦作"无敌"，今作"轻"字，殆后人所改。'陶说甚是。……可见王本原亦作'无敌'，今作'轻敌'者乃后人改动。足证帛书甲、乙本作'无敌'者，殆为《老子》本义。"

另外，在第六十九章中，"祸莫大于轻敌，轻敌几丧吾宝"前的文字为"是谓行无行，攘无臂，执无兵，扔无敌"，一些学者认为，其中的"扔无敌"应作"乃无敌"。因此，把"轻敌"改为"无敌"，正好与前面的"乃无敌"相应。如董平的《老子研读》说："从句子的语序语气来看，作'无敌'与前一句'乃无敌'相顺承，更符合句子结构的内在逻辑。不过同样应当特别加以注意的是，'乃无敌'是'行无行'三句的'结果'，是老子所肯定的，而'祸莫大于无敌，无敌几丧吾宝'的所谓'无敌'，则显然为老子所批评，是他所不取的。那么也即是说，'乃无敌'与后二句的'无敌'，意义并不相同，已经有了意义上的转移。"

然而，也有学者明确表示这里应作"轻敌"。如蒋锡昌的《老子校诂》说："王注：'非欲以取强无敌于天下也'，系释经文'轻敌'二字，陶说恐非。"张松如的《老子说解》亦说："今从王、范作'轻敌'，取其浅显易解。……如作'无敌'，在一句之中固通，综合上文便发生牴牾了。未及'轻敌'义长。"

笔者认为，这里当以作"轻敌"为妥，理由如下。

一是河上公本、王弼本、景龙碑本、范应元的

《老子道德经古本集注》等历史上有代表性的《老子》本子多作"轻敌",作"无敌"的仅为傅奕本、帛书本等少数几个本子。

二是"无敌"有两个义项:其一,是没有对手、没有可与对抗的;其二,是无视敌人,意思与"轻敌"类似。因此,这里若作"无敌",也应是无视敌人即"轻敌",而不应是没有对手的意思,因为老子不可能把没有对手视作最大的祸,而说"祸莫大于无敌"。因此,许抗生的《帛书老子注译与研究》说:"然'无敌'(无视敌人)与'轻敌'(轻视敌人)义相近",是很有道理的,但是,人们通常会把"无敌"理解为没有对手的意思,故为了避免误解,这里应以作"轻敌"为妥。

三是陶邵学以王弼的注文"言吾哀慈谦退,非欲以取强无敌于天下也。不得已而卒至于无敌,斯乃吾之所以为大祸也"为依据,认为王弼本所据原文亦当作"无敌",对此,蒋锡昌明确表示反对,他认为王弼的注文是用来解释"轻敌"的,"陶说恐非"。事实上,王弼的上述注文在逻辑上显得比较混乱,很难把握其确切含义,故其文字或存在舛误。因此,以王弼的上述注文为据,来确定其所依据的原文为"无敌",并不可靠。

关于本书所引
《老子》原文的说明

《老子》一书，历来注本极多，不过，值得我们注意的是，这些不同的注本，其所依据的《老子》原文并不完全相同，有的甚至存在很大的差别。原文不同，则其意思自然也就不同。因此，阅读和研究《老子》，首先要解决的一个重要难题，便是《老子》的原文究竟是怎样的。此正如蒋锡昌所说："治《老子》者有二难：一曰，本多舛异，不先校勘，无以知古本之真；苟不知古本之真，而率读焉，是读伪书也。二曰，字多殊谊，不先训诂，则不辨古谊之真；苟不辨古谊之真，而为解焉，是解己意也。"（《老子校诂·自序（一）》，第 1 页）

正是为了获得《老子》的"古本之真"，历代学者已经做了大量的工作。如唐初太史令傅奕的《道德经古本篇》，即以汉以前的项羽妾冢本《老子》为底本，与其他多种《老子》传本校勘而成。南宋时的范应元作《老子道德经古本集注》，亦是以古本《道德经》（其底本亦应为项羽妾冢本）为依据，同时广泛参阅了当时所能见到的各种《老子》本子。至清代，随着考据之风的盛行，各种考证《老子》原文的著作层出不穷。但是，这些著述，虽于《老子》原文考证方面取得了不少成绩，但它们或仅就

《老子》一书中的某些文字发表观点，缺乏系统性和完整性；或仅为罗列各种不同《老子》本子中的原文之异，而缺乏作者自己的观点；或虽有作者的观点，亦多为简单的结论，缺乏系统的论证，故均存在明显的缺憾。而此后出版的一些《老子》原文考证方面的著作，如劳健的《老子古本考》、马叙伦的《老子校诂》、蒋锡昌的《老子校诂》、朱谦之的《老子校释》等，则对《老子》全书文字作了较为系统的考证，创获颇丰；但这些著作均出版于马王堆汉墓帛书《老子》和郭店楚墓竹简《老子》出土之前，故其中亦不乏纯属臆测、明显错误的观点。

至 20 世纪 70 年代马王堆汉墓帛书《老子》出土、20 世纪 90 年代郭店楚墓竹简《老子》出土以后，因为发现了前所未见的《老子》古本资料，使《老子》原文的考证工作跃上了一个新的台阶。与通行本《老子》相比，竹简本和帛书本《老子》在文字上存在诸多的差异。因此，一些学者认为，竹简本和帛书本《老子》的出土，有利于我们订正通行本《老子》中的一些文字讹误。有不少学者则直接在其《老子》注译著作中把原文依据竹简本、帛书本作了较多的修改。

深入分析历代学者的各种《老子》原文考证之作，我们可以发现这样两个特点：一是恢复《老子》的"古本之真"，这是历代研"老"学者孜孜以求的目标；二是恢复《老子》"古本之真"的主要方法，是以作者认为的某种较为可靠的《老子》本子为底本，尽可能多地参考历史上有代表性的各种《老子》本子，以确定《老子》的原文。对此，高明有这样的总结："自玄宗开元《御注》本出，始创异本勘合之风，玄宗《御注》本即依违王弼、河上之间。兹后各家注释《老子》，无不选择'善本'，'善本'来源无非效法《御注》，即异本勘合，择善而取，美其名曰'校定'。"（《帛书老子校注·帛书老子校注序》，第3页）

由上可知，历代学者恢复《老子》"古本之真"的主要方法便是高明所说的"异本勘合，择善而取"。那么何谓"善"，又如何"择善"呢？这其实是一个较难确定的标准，因为某学者所认为的"善"，在另一个学者看来，极有可能便是"不善"，而这也正是《老子》一书异本众多的根本原因。因此，要想通过对迄今所见的各种《老子》本子的比照，得到一种能为人们所接受或公认的《老子》本子，其实是存在极大难度的，而这也正是目前学界一直未见所谓的《老子》"新定本"的原因所在。

然而，难度极大并不代表事无可为，以前人的诸多考证成果为基础，有新近出土的简帛文字为依据，我们还是有可能整理出一部较为"完善"的"老子五千言"来的。正是基于这样的考虑，笔者整理出了一本《老子五千言新考》手稿（共四十多万字）。概括而言，该手稿主要作了以下几个方面的努力：

一是尽可能充分地了解和掌握前人在《老子》原文考证方面的成果，并在此基础上，比较各种观点的优劣长短、是非得失，以最终确定《老子》的原文。笔者在对各种《老子》本子进行研究时，发现了一个颇有意味的现象，即历史上不同的《老子》

本子虽多，但它们对某一字、词、句子等的表述均可归纳为不同的类，然后对每一类中的学者的观点进行概括、归纳，再把各类观点作横向比较、研究，便可找到问题的症结所在，获得对《老子》原文的较为准确的选择。

二是尽量以《老子》的思想宗旨和内在逻辑为依据，来确定具体的文字表述。

三是尽量客观而又理性地对待简帛本文字与通行本文字之间的关系。简帛本《老子》出土以后，学界存在两种明显不同的观点：一种认为简帛本《老子》更古老，更接近《老子》"古本之真"，因此应以简帛本《老子》为依据来修改通行本；一种认为简帛本《老子》长期埋于地下，并未对中国思想史产生实际的影响，因此，还是应以通行本《老子》为准。笔者认为，在这个问题上，我们不应局限于谈论某些抽象的原则，而应着眼于如何具体地来解决问题。在应该如何正确对待简帛本《老子》的问题上，我们可以大致归纳出这样三种有代表性的情况：（1）对于简帛本《老子》出土以前，各种传世的《老子》本子之间存在的文字表述上的差异，有的可依据简帛本来加以厘定；（2）当通行本的文字表述并无问题的情况下，不宜轻率地以简帛本文字为依据作出修改；（3）当简帛本中的文字有利于厘清通行本文字造成的思想或逻辑混乱时，亦应以简帛本为依据作出修改。

正是依照上述原则或方法，《老子五千言新考》对一些充满争议的《老子》原文作了详细的考证，对其中的二百八十多处文字表述提出了新的看法，或在前人观点的基础上作出了深入的论证，从而整理出了一个笔者认为较为可靠的《老子》新本子。2024年1月，笔者在华夏出版社出版了《国学经典详注·全译·精解——老子》一书，其中的《老子》原文，即完全以《老子五千言新考》为依据。而《不战而善胜：老子的军事智慧》引用的《老子》原文，则完全以《国学经典详注·全译·精解——老子》中的《老子》原文为依据。

冯国超

2025年1月

附 录 《老子》

一 章

道可道，非常道；名可名，非常名。无名，天地之始；有名，万物之母。故常无欲，以观其妙；常有欲，以观其徼。此两者同出而异名，同谓之玄。玄之又玄，众妙之门。

二 章

天下皆知美之为美，斯恶已；皆知善之为善，斯不善已。故有无相生，难易相成，长短相形，高下相倾，音声相和，前后相随。是以圣人处无为之事，行不言之教；万物作焉而不辞，生而不有，为而不恃，功成而弗居。夫唯弗居，是以不去。

三 章

不尚贤，使民不争；不贵难得之货，使民不为盗；不见可欲，使民心不乱。是以圣人之治，虚其心，实其腹，弱其志，强其骨。常使民无知无欲，使夫智者不敢为也。为无为，则无不治。

四 章

道冲，而用之或不盈。渊兮，似万物之宗。挫其锐，解其纷，和其光，同其尘。湛兮，似或存。吾不知谁之子，象帝之先。

五 章

天地不仁，以万物为刍狗；圣人不仁，以百姓为刍狗。天地之间，其犹橐籥乎？虚而不屈，动而愈出。多言数穷，不如守中。

六 章

谷神不死，是谓玄牝。玄牝之门，是谓天地根。绵绵若存，用之不勤。

七 章

天长地久。天地所以能长且久者，以其不自生，故能长生。是以圣人后其身而身先，外其身而身存。非以其无私邪？故能成其私。

八 章

上善若水。水善利万物而不争，处众人之所恶，故几于道。居善地，心善渊，与善仁，言善信，正善治，事善能，动善时。夫唯不争，故无尤。

九 章

持而盈之，不如其已。揣而锐之，不可长保。金玉满堂，莫之能守。富贵而骄，自遗其咎。功遂身退，天之道。

十 章

载营魄抱一，能无离乎？专气致柔，能婴儿乎？涤除玄览，能无疵乎？爱民治国，能无为乎？天门开阖，能为雌乎？明白四达，能无知乎？生之，畜之，生而不有，为而不恃，长而不宰，是谓玄德。

十一章

三十辐，共一毂，当其无，有车之用。埏埴以为器，当其无，有器之用。凿户牖以为室，当其无，有室之用。故有之以为利，无之以为用。

十二章

五色令人目盲，五音令人耳聋，五味令人口爽，驰骋畋猎令人心发狂，难得之货令人行妨。是以圣人为腹不为目，故去彼取此。

十三章

宠辱若惊，贵大患若身。何谓宠辱若惊？宠为下，得之若惊，失之若惊，是谓宠辱若惊。何谓贵大患若身？吾所以有大患者，为吾有身，及吾无身，吾有何患？故贵以身为天下，若可寄天下；爱以身为天下，若可托天下。

十四章

视之不见，名曰夷；听之不闻，名曰希；搏之不得，名曰微。此三者不可致诘，故混而为一。其上不曒，其下不昧，绳绳兮不可名，复归于无物。是谓无状之状，无物之象，是谓惚恍。迎之不见其首，随之不见其后。执今之道，以御今之有，能知古始，是谓道纪。

十五章

古之善为士者，微妙玄通，深不可识。夫唯不可识，故强为之容：豫兮若冬涉川，犹兮若畏四邻，俨兮其若客，涣兮其若凌释，敦兮其若朴，旷兮其若谷，混兮其若浊。孰能浊以静之徐清？孰能安以动之徐生？保此道者，不欲盈。夫唯不盈，故能敝复成。

十六章

致虚极，守静笃。万物并作，吾以观复。夫物芸芸，各复归其根。归根曰静，静曰复命，复命曰常，知常曰明。不知常，妄作凶。知常容，容乃公，公乃王，王乃天，天乃道，道乃久，没身不殆。

十七章

太上，下知有之；其次，亲而誉之；其次，畏之；其次，侮之。信不足，焉有不信。犹兮其贵言。功成事遂，百姓皆谓我自然。

十八章

大道废，有仁义；智慧出，有大伪；六亲不和，有孝慈；国家昏乱，有忠臣。

十九章

绝圣弃智，民利百倍；绝仁弃义，民复孝慈；绝巧弃利，盗贼无有。此三者，以为文不足，故令有所属：见素抱朴，少私寡欲。

二十章

绝学无忧。唯之与阿，相去几何？美之与恶，相去何若？人之所畏，不可不畏。荒兮，其未央哉！众人熙熙，如享太牢，如春登台。我独泊兮，其未兆，如婴儿之未孩；傫傫兮，若无所归。众人皆有余，而我独若遗。我愚人之心也哉！沌沌兮！俗人昭昭，我独昏昏；俗人察察，我独闷闷。澹兮其若海，飂兮飀兮若无止。众人皆有以，而我独顽且鄙。我独异于人，而贵食母。

二十一章

孔德之容，惟道是从。道之为物，惟恍惟惚。惚兮恍兮，其中有象；恍兮惚兮，其中有物。窈兮冥兮，其中有精；其精甚真，其中有信。自今及古，其名不去，以阅众甫。吾何以知众甫之然哉？以此。

二十二章

曲则全，枉则直，洼则盈，敝则新，少则得，多则惑。是以圣人抱一为天下式。不自见，故明；不自是，故彰；不自伐，故有功；不自矜，故长。夫唯不争，故天下莫能与之争。古之所谓"曲则全"者，岂虚言哉？诚全而归之。

二十三章

希言自然。飘风不终朝，骤雨不终日。孰为此者？天地。天地尚不能久，而况于人乎？故从事于道者，同于道；德者，同于德；失者，同于失。同于道者，道亦得之；同于德者，德亦得之；同于失者，失亦得之。信不足，焉有不信。

二十四章

企者不立，跨者不行。自见者不明，自是者不彰，自伐者无功，自矜者不长。其在道也，曰余食赘行，物或恶之，故有道者不处。

二十五章

有物混成，先天地生。寂兮寥兮，独立而不改，周行而不殆，可以为天下母。吾不知其名，字之曰道，强为之名曰大。大曰逝，逝曰远，远曰反。故道大，天大，地大，王亦大。域中有四大，而王居其一焉。人法地，地法天，天法道，道法自然。

二十六章

重为轻根，静为躁君。是以君子终日行不离辎重。虽有荣观，燕处超然。奈何万乘之主而以身轻天下？轻则失本，躁则失君。

二十七章

善行，无辙迹；善言，无瑕谪；善数，不用筹策；善闭，无关楗而不可开；善结，无绳约而不可解。是以圣人常善救人，故无弃人；常善救物，故无弃物。是谓袭明。故善人者，不善人之师；不善人者，善人之资。不贵其师，不爱其资，虽智大迷，是谓要妙。

二十八章

知其雄，守其雌，为天下谿。为天下谿，常德不离，复归于婴儿。知其白，守其黑，为天下式。为天下式，常德不忒，复归于无极。知其荣，守其辱，为天下谷。为天下谷，常德乃足，复归于朴。朴散则为器，圣人用之，则为官长，故大制不割。

二十九章

将欲取天下而为之，吾见其不得已。天下神器，不可为也。为者败之，执者失之。故物或行或随，或嘘或吹，或强或羸，或载或隳。是以圣人去甚，去奢，去泰。

三十章

　　以道佐人主者，不以兵强天下。其事好还。师之所处，荆棘生焉。大军之后，必有凶年。善者果而已，不敢以取强。果而勿矜，果而勿伐，果而勿骄，果而不得已，是谓果而勿强。物壮则老，是谓不道，不道早已。

三十一章

　　夫佳兵者，不祥之器，物或恶之，故有道者不处。君子居则贵左，用兵则贵右。兵者不祥之器，非君子之器，不得已而用之，恬淡为上。胜而不美，而美之者，是乐杀人。夫乐杀人者，则不可以得志于天下矣。吉事尚左，凶事尚右。偏将军居左，上将军居右，言以丧礼处之。杀人众多，以悲哀泣之；战胜，以丧礼处之。

三十二章

　　道常无名、朴，虽小，天下莫能臣。侯王若能守之，万物将自宾。天地相合，以降甘露，民莫之令而自均。始制有名，名亦既有，夫亦将知止，知止所以不殆。譬道之在天下，犹川谷之与江海。

三十三章

　　知人者智，自知者明。胜人者有力，自胜者强。知足者富。强行者有志。不失其所者久，死而不亡者寿。

三十四章

　　大道泛兮，其可左右。万物恃之而生而不辞，功成不名有。衣养万物而不为主，常无欲，可名于小；万物归焉而不为主，可名为大。是以圣人终不为大，故能成其大。

三十五章

执大象，天下往。往而不害，安平太。乐与饵，过客止。道之出口，淡乎其无味，视之不足见，听之不足闻，用之不可既。

三十六章

将欲歙之，必固张之；将欲弱之，必固强之；将欲废之，必固兴之；将欲夺之，必固与之。是谓微明。柔弱胜刚强。鱼不可脱于渊，国之利器不可以示人。

三十七章

道常无为而无不为。侯王若能守之，万物将自化。化而欲作，吾将镇之以无名之朴。无名之朴，夫亦将不欲。不欲以静，天下将自定。

三十八章

上德不德，是以有德；下德不失德，是以无德。上德无为而无以为，下德为之而有以为。上仁为之而无以为，上义为之而有以为。上礼为之而莫之应，则攘臂而扔之。故失道而后德，失德而后仁，失仁而后义，失义而后礼。夫礼者，忠信之薄，而乱之首。前识者，道之华，而愚之始。是以大丈夫处其厚，不居其薄；处其实，不居其华。故去彼取此。

三十九章

昔之得一者：天得一以清，地得一以宁，神得一以灵，谷得一以盈，万物得一以生，侯王得一以为天下正。其致之，天无以清，将恐裂；地无以宁，将恐发；神无以灵，将恐歇；谷无以盈，将恐竭；万物无以生，将恐灭；侯王无以贵高，将恐蹶。故贵以贱为本，高以下为基。是以侯王自谓孤、寡、不谷。此其以贱为本邪？非乎？故致数舆无舆。不欲琭琭如玉，珞珞如石。

四十章

反者道之动，弱者道之用。天下万物生于有，有生于无。

四十一章

上士闻道，勤而行之；中士闻道，若存若亡；下士闻道，大笑之，不笑，不足以为道。故建言有之：明道若昧，进道若退，夷道若纇，上德若谷，大白若辱，广德若不足，建德若偷，质真若渝，大方无隅，大器晚成，大音希声，大象无形，道隐无名。夫唯道，善贷且成。

四十二章

道生一，一生二，二生三，三生万物。万物负阴而抱阳，冲气以为和。人之所恶，唯孤、寡、不谷，而王公以为称。故物或损之而益，或益之而损。人之所教，我亦教之。强梁者不得其死，吾将以为教父。

四十三章

天下之至柔，驰骋天下之至坚。无有入无间，吾是以知无为之有益。不言之教，无为之益，天下希及之。

四十四章

名与身孰亲？身与货孰多？得与亡孰病？甚爱必大费，多藏必厚亡。故知足不辱，知止不殆，可以长久。

四十五章

大成若缺，其用不弊。大盈若冲，其用不穷。大直若屈，大巧若拙，大辩若讷。躁胜寒，静胜热，清静为天下正。

四十六章

天下有道，却走马以粪；天下无道，戎马生于郊。罪莫大于可欲，祸莫大于不知足，咎莫大于欲得。故知足之足，常足矣。

四十七章

不出户，知天下；不窥牖，见天道。其出弥远，其知弥少。是以圣人不行而知，不见而名，不为而成。

四十八章

为学日益，为道日损。损之又损，以至于无为。无为而无不为。取天下常以无事，及其有事，不足以取天下。

四十九章

圣人无常心，以百姓心为心。善者，吾善之；不善者，吾亦善之，德善。信者，吾信之；不信者，吾亦信之，德信。圣人在天下，歙歙焉，为天下浑其心。百姓皆注其耳目，圣人皆孩之。

五十章

出生入死。生之徒，十有三；死之徒，十有三；人之生生，动之死地，亦十有三。夫何故？以其生生之厚。盖闻善摄生者，陆行不遇兕虎，入军不被甲兵；兕无所投其角，虎无所措其爪，兵无所容其刃。夫何故？以其无死地。

五十一章

道生之，德畜之，物形之，势成之。是以万物莫不尊道而贵德。道之尊，德之贵，夫莫之命而常自然。故道生之，德畜之，长之育之，亭之毒之，养之覆之。生而不有，为而不恃，长而不宰，是谓玄德。

五十二章

天下有始，以为天下母。既得其母，以知其子；既知其子，复守其母，没身不殆。塞其兑，闭其门，终身不勤；开其兑，济其事，终身不救。见小曰明，守柔曰强。用其光，复归其明，无遗身殃，是谓袭常。

五十三章

使我介然有知，行于大道，唯施是畏。大道甚夷，而民好径。朝甚除，田甚芜，仓甚虚；服文采，带利剑，厌饮食，财货有余，是谓盗夸。非道也哉！

五十四章

善建者不拔，善抱者不脱，子孙以祭祀不辍。修之身，其德乃真；修之家，其德乃余；修之乡，其德乃长；修之邦，其德乃丰；修之天下，其德乃普。故以身观身，以家观家，以乡观乡，以邦观邦，以天下观天下。吾何以知天下之然哉？以此。

五十五章

含德之厚，比于赤子。蜂虿虺蛇不螫，猛兽不据，攫鸟不搏。骨弱筋柔而握固，未知牝牡之合而朘作，精之至也。终日号而不嗄，和之至也。知和曰常，知常曰明，益生曰祥，心使气曰强。物壮则老，谓之不道，不道早已。

五十六章

知者不言，言者不知。塞其兑，闭其门，挫其锐，解其纷，和其光，同其尘，是谓玄同。故不可得而亲，不可得而疏；不可得而利，不可得而害；不可得而贵，不可得而贱。故为天下贵。

五十七章

以正治国，以奇用兵，以无事取天下。吾何以知其然哉？以此：天下多忌讳，而民弥贫；民多利器，国家滋昏；人多伎巧，奇物滋起；法令滋彰，盗贼多有。故圣人云："我无为，而民自化；我好静，而民自正；我无事，而民自富；我无欲，而民自朴。"

五十八章

其政闷闷，其民淳淳；其政察察，其民缺缺。祸兮，福之所倚；福兮，祸之所伏。孰知其极？其无正？正复为奇，善复为妖。人之迷，其日固久。是以圣人方而不割，廉而不刿，直而不肆，光而不耀。

五十九章

治人事天，莫若啬。夫唯啬，是以早服；早服，谓之重积德；重积德，则无不克；无不克，则莫知其极；莫知其极，可以有国；有国之母，可以长久。是谓深根固柢、长生久视之道。

六十章

治大国，若烹小鲜。以道莅天下，其鬼不神；非其鬼不神，其神不伤人；非其神不伤人，圣人亦不伤人。夫两不相伤，故德交归焉。

六十一章

大国者下流，天下之交；天下之牝，牝常以静胜牡，以其静，故为下也。故大国以下小国，则取小国；小国以下大国，则取大国。故或下以取，或下而取。大国不过欲兼畜人，小国不过欲入事人。夫两者各得其所欲，大者宜为下。

六十二章

道者，万物之奥。善人之宝，不善人之所保。美言可以市，尊行可以加人。人之不善，何弃之有？故立天子，置三公，虽有拱璧以先驷马，不如坐进此道。古之所以贵此道者何？不曰求以得，有罪以免邪？故为天下贵。

六十三章

为无为，事无事，味无味。大小多少，报怨以德。图难于其易，为大于其细。天下难事，必作于易；天下大事，必作于细。是以圣人终不为大，故能成其大。夫轻诺必寡信，多易必多难。是以圣人犹难之，故终无难矣。

六十四章

其安易持，其未兆易谋，其脆易泮，其微易散。为之于未有，治之于未乱。合抱之木，生于毫末；九层之台，起于累土；千里之行，始于足下。为者败之，执者失之。是以圣人无为故无败，无执故无失。民之从事，常于几成而败之。慎终如始，则无败事。是以圣人欲不欲，不贵难得之货；学不学，复众人之所过。以辅万物之自然，而不敢为。

六十五章

古之善为道者，非以明民，将以愚之。民之难治，以其智多。故以智治国，国之贼；不以智治国，国之福。知此两者亦稽式。常知稽式，是谓玄德。玄德深矣，远矣，与物反矣，然后乃至大顺。

六十六章

江海所以能为百谷王者，以其善下之，故能为百谷王。是以圣人欲上民，必以言下之；欲先民，必以身后之。是以圣人处上而民不重，处前而民不害。是以天下乐推而不厌。以其不争，故天下莫能与之争。

六十七章

天下皆谓我道大，似不肖。夫唯大，故似不肖。若肖，久矣其细也夫。我有三宝，持而宝之。一曰慈，二曰俭，三曰不敢为天下先。慈，故能勇；俭，故能广；不敢为天下先，故能成器长。今舍慈且勇，舍俭且广，舍后且先，死矣！夫慈，以战则胜，以守则固。天将救之，以慈卫之。

六十八章

善为士者，不武；善战者，不怒；善胜敌者，不与；善用人者，为之下。是谓不争之德，是谓用人之力，是谓配天，古之极也。

六十九章

用兵有言："吾不敢为主，而为客；不敢进寸，而退尺。"是谓行无行，攘无臂，执无兵，扔无敌。祸莫大于轻敌，轻敌几丧吾宝。故抗兵相若，哀者胜矣。

七十章

吾言甚易知，甚易行。天下莫能知，莫能行。言有宗，事有君。夫唯无知，是以不我知。知我者希，则我贵矣。是以圣人被褐怀玉。

七十一章

知不知，上；不知知，病。是以圣人不病。以其病病，是以不病。

七十二章

民不畏威，则大威至。无狎其所居，无厌其所生。夫唯不厌，是以不厌。是以圣人自知不自见，自爱不自贵。故去彼取此。

七十三章

勇于敢则杀，勇于不敢则活。此两者，或利或害。天之所恶，孰知其故？天之道，不争而善胜，不言而善应，不召而自来，䋄然而善谋。天网恢恢，疏而不失。

七十四章

民不畏死，奈何以死惧之？若使民常畏死，而为奇者，吾得执而杀之，孰敢？若民常且必畏死，则常有司杀者杀。夫代司杀者杀，是谓代大匠斫。夫代大匠斫者，希有不伤其手矣。

七十五章

民之饥，以其上食税之多，是以饥。民之难治，以其上之有为，是以难治。民之轻死，以其求生之厚，是以轻死。夫唯无以生为者，是贤于贵生。

七十六章

人之生也柔弱，其死也坚强；草木之生也柔脆，其死也枯槁。故坚强者死之徒，柔弱者生之徒。是以兵强则不胜，木强则共。强大处下，柔弱处上。

七十七章

天之道，其犹张弓与？高者抑之，下者举之；有余者损之，不足者补之。天之道，损有余而补不足。人之道则不然，损不足以奉有余。孰能有余以奉天下？唯有道者。是以圣人为而不恃，功成而不处，其不欲见贤。

七十八章

天下莫柔弱于水，而攻坚强者莫之能胜，以其无以易之也。柔之胜刚，弱之胜强，天下莫不知，莫能行。是以圣人云："受国之垢，是谓社稷主；受国不祥，是谓天下王。"正言若反。

七十九章

和大怨，必有余怨，安可以为善？是以圣人执左契，而不责于人。故有德司契，无德司彻。天道无亲，常与善人。

八十章

小国寡民。使有什伯之器而不用，使民重死而不远徙。虽有舟舆，无所乘之；虽有甲兵，无所陈之。使民复结绳而用之。甘其食，美其服，安其居，乐其俗。邻国相望，鸡犬之声相闻，民至老死，不相往来。

八十一章

信言不美，美言不信。善者不辩，辩者不善。知者不博，博者不知。圣人不积，既以为人己愈有，既以与人己愈多。天之道，利而不害；圣人之道，为而不争。